天津市高等学校创新团队培养计划资助

| 光明社科文库 |

媒介仪式与社会再现

——三十六载除夕舞台的传播学解读

王　娟◎著

光明日报出版社

图书在版编目（CIP）数据

媒介仪式与社会再现：三十六载除夕舞台的传播学
解读 / 王娟著 . -- 北京：光明日报出版社，2019.4
（光明社科文库）
ISBN 978 - 7 - 5194 - 5290 - 2

Ⅰ.①媒… Ⅱ.①王… Ⅲ.①春节—晚会—研究—中
国 Ⅳ.①G249.2

中国版本图书馆 CIP 数据核字（2019）第 081517 号

媒介仪式与社会再现：三十六载除夕舞台的传播学解读
MEIJIE YISHI YU SHEHUI ZAIXIAN：SANSHILIUZAI CHUXI WUTAI DE
CHUANBOXUE JIEDU

著　者：王　娟			
责任编辑：史　宁		责任校对：赵鸣鸣	
封面设计：中联学林		责任印制：曹　净	

出版发行：光明日报出版社

地　　址：北京市西城区永安路 106 号，100050

电　　话：010 - 67017249（咨询）　　63131930（邮购）

传　　真：010 - 67078227，67078255

网　　址：http：//book.gmw.cn

E - mail：shining@ gmw.cn

法律顾问：北京德恒律师事务所龚柳方律师

印　　刷：三河市华东印刷有限公司

装　　订：三河市华东印刷有限公司

本书如有破损、缺页、装订错误，请与本社联系调换，电话：010 - 67019571

开　本：170mm×240mm			
字　数：228 千字		印　张：16	
版　次：2019 年 9 月第 1 版		印　次：2019 年 9 月第 1 次印刷	
书　号：ISBN 978 - 7 - 5194 - 5290 - 2			
定　价：85.00 元			

目 录
CONTENTS

第一章

绪　论

第一节　研究问题的提出

春晚，是人们对春节联欢晚会的简称，有广义与狭义的区分。广义来讲，包括每逢春节（特别是除夕）广电媒体各个频道举办的综艺型晚会，如天津电视台春节联欢晚会、东方卫视"春满东方"春节联欢晚会等；多省市联合录制的春节节目联播；国务院相关职能部门录制的本部委联欢晚会，如公安部春节联欢晚会等；各类社会团体及组织举行的联谊或晚会，如中国文联春节联合晚会等。

而狭义的春晚特指每年除夕夜，中央电视台制作的春节联欢晚会。自1983年以来，中央电视台除夕联欢晚会秉承一贯的风格，以其实力、权威性和影响力成为华人世界年度最盛大的综艺晚会，领各类春节晚会之先。因此，提到"春晚"，人们第一时间想到的就是央视的春晚，即习惯将春晚以此代替之，而在《广播电视辞典》中"春晚"被定义为："春节联欢晚会是由中央电视台举办的大型综合性文艺晚会之一，创办于1978年，1983年起改为现场直播方式，于每年农历除夕之夜播出。"①，同时搜索百度百科，春晚词条被解释为"中国中央电视台春节联欢晚会，通常简称为央视春晚，或直接称为'春晚'，是中国中央电视台在每年农历除夕晚上为庆祝农历新年举办的综艺性文艺晚会"②。故本文研究对象也特指中央电视台春节联欢晚会，并在后文中简称为"春晚"。

一、精神盛宴：春节联欢晚会的历史与意义

（一）春晚产生与发展的历史

广义上讲，春节联欢晚会的历史可以追溯到 1956 年。1956 年春节，中央新闻纪录电影制片厂推出一部记录电影，即由张骏祥任总执导，谢晋、林农、岑范、王映东任导演，由中央新闻记录电影制片厂出品的《春节大联欢》，可以称得上是新中国最早的"春节晚会"。这部纪录片的特色在于真实地把当时社会工、农、商、学、兵、知识分子等各界最优秀的人才聚集到一起。因此这部纪录电影中，有劳动模范、战斗英雄；有中国还有科学界的"宝石"中的华罗庚、钱学森；有著名的作家老舍、巴金、周立波；表演艺术家梅兰芳、新凤霞、袁雪芬、白杨、赵丹以及后来担任国家副主席的著名工商界人士荣毅仁。他们欢聚一堂，走进新中国历史上有记录的第一个春节晚会，展示了当时新中国精英们的精神面貌，也折射出当时人民对美好生活的热爱和向往。

1979 年，具有春晚性质的"迎新春文艺晚会"播出，这台由中央电视台独立组织的"茶座"形式的新春晚会，成为具有公众影响力的一届春晚。此后虽然每年都有不同规模和形式的新春晚会，但因为 1983 年的晚会各方面都在以往的基础上各方面都进行了创新，并采用了直播的形式，所以成了更多电视观众心中的"第一届"春晚。而那一年除夕也由此成为日后人们提及春

---

① 赵玉明，王福顺. 广播电视辞典［M］. 北京：北京广播学院出版社，1999：150.
② http://baike.baidu.com/view/55996.htm

晚的"元年"。

自此以后，春节联欢晚会成为中国人过春节不可或缺的一道精神大餐，折射出中国变革的同时也引领着时代的发展。春晚在演出规模、演员阵容、播出时长和海内外观众收视率上，曾创下了中国世界纪录协会世界综艺晚会3项世界之最——世界收视率最高的综艺晚会、世界上播出时间最长的综艺晚会、世界上演员最多的综艺晚会。

20世纪80年代的节目内容以主旋律歌曲为主，反映出改革开放初期人们欢愉的心情，涌现出《难忘今宵》《十五的月亮》《故乡的云》等一批至今传唱的歌曲；而80年代末特别是90年代的春晚开始注重情节，内容上也变得更加轻松，语言类节目增多，产生了《羊肉串》《虎口》《英雄母亲的一天》《懒汉相亲》《小九老乐》《打扑克》等经典节目，也捧红了一批至今仍活跃在舞台上的"笑星"，另一方面随着开放程度的放宽和文化的进一步融合，港台明星成为了春晚舞台上的常客；进入新千年后，娱乐成为节目不容忽视的新要求，网络语言和以网络为题材的创作走进了春晚的舞台，一些前卫新潮的台词往往成为当年流行语言的风向标，同时各种选秀催生的"草根"明星也开始在春晚上崭露头角；而除了节目形式的多样和创新，春晚作为一种科技形象化的综合载体，在灯光、音响、舞美设计、道具等方面不断采用新技术，使晚会场面带有浓厚的时代气息。尽管主持人换了一茬又一茬，节目内容及形式创新了一次又一次，人们对春晚的评价也是起起伏伏，但除夕看春晚却始终是中国人情感的寄托。

（二）春晚之于中国人的意义

社会学家、文艺家艾君在2008年中国网回顾改革开放30年活动中撰文说，"春晚"是伴随着改革开放之后因为电视的普及和发展，由央视打造出来并诞生在文艺百花园里的一朵奇葩，也是春节文艺晚会这种文艺形式中的变异儿。从"春晚"25年的发展历程看，它经历了八十年代启动发展期的火爆，走过了九十年代成长期的壮大，也迎来了二十一世纪成熟期的稳定。但无论如何变化，央视"春晚"这个诞生在改革开放初期的电视综合文艺形式，已经成为家喻户晓，文明海内外的节日文化大餐；成为所有炎黄子孙追求和谐、进步、吉祥的民俗盛典。25 年的发展，"央视的春节文艺晚会"已经成为"春晚"一词的固有概念被公众接受认可。

春节是中国人千年承袭的传统节日，也是整个华人世界最看重的一个节日，它意味着旧岁的终结和新年的开始，更是一个象征着团聚的特殊时刻。城市化的进程使得传统的民俗活动受到地域、场地和社会规范的约束而无法传承，而高速发展的现代科技特别是电视的普及使得春节联欢晚会这一电视综艺晚会在某种程度上填补了中国人民俗文化缺失的遗憾，以一种"新民俗"的形式庆祝除夕这一仪式性的神圣时刻。三十余年的春晚以相对稳定的"团结""奋进""欢乐""祥和"等主题展开叙事；以电视媒体特有的声画合一的特点营造了一个其乐融融、举国欢庆的节日氛围；通过一系列精心挑选的内容、形式、题材紧扣时代脉搏，塑造了一个个美好的时代形象；运用文本设计与安排上的处理，传递出国家、民族、社会等意义，制造意识形态的解读，鼓励人们稳定社会、维护现有的秩序。因此，无论春晚怎样发展，无论对春晚的评价如何起伏，人们仍然年年期待，因为春晚已经成为和中国年共生的一部分。

二、彷徨与徘徊中的春节联欢晚会现状

三十多年来，春晚以其特殊性成为影响力巨大的文艺形式，它既承载着人们对过去一年的总结回顾，又寄托了对新一年的美好憧憬。与 20 世纪 80 年代春晚的轰动效应相比，如今春晚的影响力已慢慢衰减，人们对它不再是惊喜的心情与赞扬的态度，更多的是产生了无奈、厌倦和质疑，且这种负面的评价从世纪末的偶发变成了近两年的必然。似乎越来越多的人认为春晚成为了鸡肋，既有年年的期待又有年年的指责。纵观其三十六年的发展，春晚的现状既有时代的无奈、发展的必然，又有人为的制约。

（一）文化市场繁荣与公众文化需求的丰富导致春晚遇冷

20 世纪八十年代，春晚的兴起来源于难得的历史机遇。一方面，改革开放初期，我国各项事业百废待兴，特别在精神层面上，精神的贫瘠和文化的饥渴使人们急需乐观向上的精神鼓舞和欢乐、祥和、喜庆的社会氛围。在此时出现的春节联欢晚会为大家献上了一台名人荟萃、丰富多彩的文艺盛事。这顺应了人民群众的心理需求与审美期待，同时文艺节目与传统节日的结合也为中华民族历经千年的"年"文化注入了新民俗的特征。另一方面，电视的迅速普及也为春节联欢晚会进入家庭提供了物质基础。文艺工作者在实践中迅速成长，中央电视台水到渠成地创办了春晚，发挥面向全国传播的特有优势，趁电视技术普及的"东风"，在除夕夜创造了一种文明、健康、多彩、欢乐的新型集体文化娱乐方式。其清新的时代气息迅速被全国人民认同和接受。①

而时至今日，随着时代的进步，当初春晚获得成功的某些客观条件已经发生了巨大的变化。文化市场的繁荣使春晚面临着前所未有的挑战，观众的心理和审美需求已经由"饥不择食"变成了"食不厌精"。进入 90 年代中期，伴随着有线电视、卫星电视、网络电视的发展，中国的电视频道迅速激增，在一些城市仅免费频道就由原来的几个发展到了几十个，同时电视文艺节目的数量和质量也与日俱增，仅中央电视台就先后出现了《综艺大观》《同一首歌》《星光大道》《欢乐中国行》等热门综艺节目，加之各地方卫视的选秀节目、跨年演唱会、春节联欢晚会等。文艺的工业化生产使得这个时代的电视文艺节目不是太少而是过剩。因此，与 80 年代初的"供不应求"、审美饥渴相比，如今的中国百姓已明显表现出审美上的过剩和疲劳。在日常化电视文艺节目极大丰富的基础上，观众必然对节日的盛宴呈现出高期待以及不满足的心态。而在电视之外，人们精神层面的选择也日益丰富，最典型的是网络的发展"拉走"原来固定在电视前的一部分人，网络春晚也成为了人们春节的新宠。这些变化一方面让我们看到了经济繁荣、社会发展带给人们精神文化生活的丰富，但也必然使央视春晚面临着外部的巨大压力。

---

① 胡妙德．雄关漫道真如铁——春节联欢晚会探踪［J］．中国广播电视学刊，1994
（6）．

（二）春晚自身存在的硬伤与软肋

春晚的"失宠"既有来源于社会发展所带来的必然，也同时存在属于自身的问题。这其中有主观上多种因素造成的"硬伤"，也有身份赋予其不可承受的"软肋"。

春晚的硬伤大体表现在一些创作中的忽略和编导思维的固化上。首先，春晚的模式和内容在、贴近现实、贴近百姓生活方面存在欠缺。除夕夜是凝聚了传统、亲情、欢乐的特殊时刻，而春节联欢晚会是每一个华人寄托了各种美好情感的精神归宿。说到底，春晚是给亿万普通百姓看的，因此春晚从形式到内容一定要贴近百姓才能真正赢得喝彩。历年春晚观众最喜爱节目的评选正说明了观众心中的这种倾向。例如《十五的月亮》《常回家看看》《吉祥三宝》等，都因为浓缩了乡情、亲情等要素，感人至深而红极一时。同样，那些反映工人、农民等普通社会一员思想、生活、情感的情节类节目也往往深入人心。而近年春晚在创作上，很难再出现当年那些街头巷尾反复传唱的歌曲，也不再有《英雄母亲的一天》《张三其人》《小九老乐》等温馨幽默的小品，春晚的节目让观众感到更多是在"延续"和"模仿"。

而另一方面，近年来春晚的舞台上却显露出了形式大于内容的趋势。豪华的舞美、耀眼的灯光、唯美而奢侈的服装、精致的道具一年胜似一年，似乎追求完美的奢华成了一种时尚惯例。虽然在某种程度上，隆重的形式可以从一个侧面突出国家的兴盛、经济的发展、社会的和谐和节日的喜庆，但归根到底能留给人们长久记忆的不是技术的先进和形式的奢华，而是那些真正能够反映时代体现生活的节目内容，如果过度渲染，则会给人喧宾夺主、铺张浪费的感觉。

再有就是演员阵容"老面孔"难突破。在对春晚的非议中，最多的不满集中在春晚的"老"问题上，最典型的是多年来积累下来的"四老"弊端，即老班子、老路子、老面孔、老调子。① 春晚的模式似乎永远是歌舞、语言

---

① 郝爽，刘永祥. 央视春晚如何再度辉煌［J］. 文化月刊，2008（2）.

类等大版块节目加上京剧、杂技和魔术等，特别是在主持人和演员的选择上也总是一些熟悉的老面孔。

春晚渐渐被冷淡的原因也来源于另外一些无法规避的社会责任。央视春晚作为春晚阵营里的"国家队"，肩负了更多的责任。除了提供高水平的节目以外，面面俱到也是节目无法承受之重。这种面面俱到一方面是政治需要，另一方面也是进入了试图取悦每一个人的误区。中国地域广博并拥有56个民族，为了体现地域融合、民族大团结，每个省份每个民族都要兼顾；守在电视机前的观众里有老中青三代，因此节目中要包含京剧、民歌、流行元素也要有少儿节目；为了体现春节晚会的全民参与性，要安排非专业演员的参与，还要朗读来自国内外的贺电等等。这些都使弘扬主旋律的责任与观众兴趣需求间的平衡成为春晚面临的挑战。

总之，无论是内因还是外因，春晚已经走过了辉煌并呈现出令人担忧的现状，而其存在的很多问题都可以进一步的挖掘和探讨。春晚是中国国家意识形态、社会变迁、文化传承的一个缩影，对于春晚的研究既是一个意识形态塑造、社会议题设置、文化传承的问题，又是一个媒介系统发展以及满足受众需求的传媒话题。春晚的多年实践，为研究这些问题提供了丰富的素材。本书拟从传播学的角度出发，在媒介依赖系统理论的框架下，通过分析三十六年间春晚呈现的相关特征为切入点探讨期间体现的社会背景因素、媒介系统和受众三者间的互动，特别是其中社会性因素与媒介呈现间互动造成的传播效果及其对受众的影响。一方面，假设这些呈现的内容并不是随意的组合而是根据一定观念和意识形态进行架构后具有完整的意义结构的系统，对于春晚的研究可以解释其中的整体倾向性；另一方面希望探求春晚呈现的特征和社会发展之间是否存在相关性，即春晚是否能够体现社会变迁、是否具有一定的时代性。此外，本研究中拟以此探讨在春晚三十六年的发展变化中，社会性因素和媒介系统间的互动关系，是否是影响受众依赖以及影响传播效果的原因。

第二节 研究的内容及意义

通过前期的资料查询和阅读可知，关于央视春晚的著作、论文及文章大多可以划分为以下几类：第一，文艺理论的框架下讨论央视春晚的美学观赏性；第二，央视春晚在审美观中体现的民俗、民族化与现代化问题；第三，讨论央视春晚的观众评价及收视率；第四，探讨春晚的整体发展趋势；第五，央视春晚播出后各界代表的观后感及点评文章；第六，少数探讨央视春晚中某一类型节目（如流行歌曲、语言类节目）的特征或发展。第七，主创和演职人员的访谈或回忆录。因此，从现有文献检索过程中可以看出，对于历年央视春晚从传播学视角下的探讨非常少，个别几篇也仅局限于某一年度或某类型节目（如语言类节目，少数民族歌舞节目等），而对于央视春晚三十多年的整体特征、其间的中华文化传播意义、塑造国家形象及主流价值观的政治传播意义、以及作为浓缩社会变迁的时代意义的探讨都鲜有发现。此外，在研究方法上，现有文献也多为纯理论性文章或"应景"的感想，以定量和定性方式结合进行规范实证研究的较少。

因此，本书拟以传播学为学科基础，将央视春晚放在一个传播过程中进行研究，特别是从宏观社会效果的角度考察春晚与社会之间的互动。以1983年以来的中央电视台春节联欢晚会为研究对象，采用定性与定量研究方法相结合方式，对历年央视春晚做系统化的实证分析和研究，探讨如下问题：

第一，央视春晚的本体研究，采用内容分析的研究方法梳理历年春晚节目的呈现模式。通过系统的分析，了解央视春晚演出模式、节目类型、节目内容、地域、节目主题、情节冲突等方面的呈现，将其进行量化并绘出趋势或轨迹图示，确定央视春晚开播三十余年中的特性变化。

第二，在对央视春晚进行研究的基础上探讨其变化是否呈现某一趋势，找出传播给大量观众的晚会内容中所隐含的深层内容或某种模式；以及传播的模式或规律是随意的组合，还是根据一定的观点和意识形态加工整理后的具有一定意义结构的系统；这一模式是否能够契合社会发展，体现时代感和社会性，是否受到政治、经济、历史因素的影响，是否有某种整体倾向性。

第三，探讨社会发展、春晚节目设置和受众需求三者之间是否存在规律，并以意识形态理论和媒介依赖系统理论为框架，以央视春晚为案例探讨三十六年间社会变迁（包括冲突、转型），媒介系统发展（包括技术及构成多样化）等的相互作用，对于受众"依赖"、春晚表达以及传播效果的产生是否造成影响。

对春晚的研究仅有不到 30 年的时间，且存在欠缺，有很多局限：首先，单纯针对每年春晚节目进行的点评只集中于春晚播出后的一两个月，而没有一个长期的机制对其进行完整的研究；其次，对于春晚研究的理论大多来源于文艺学；再次，在方法上多集中于思辨式的研究，缺乏定量与定性研究相结合的实证研究。因此，本研究的理论意义在于通过系统的实证研究，丰富春晚在传播学视域下的研究，打破单纯文艺理论研究视角研究春晚的局限，以传播学相关理论为框架，考察央视春晚与社会发展、受众需求间的互动关联。

同时其实践意义在于，希望对春晚的研究脱离简单的批评，而成为能够对春晚发展提供建设性意见和建议的完整系统性论证，使春晚这一中国特殊的电视文艺晚会节目，能在新的社会环境下顺应观众的需求，得到长足的健康发展。

第三节　本研究的理论框架及研究方法

根据前文所述的研究内容，本研究力图展现社会变迁、春节联欢晚会、受众需求三者间的关联，因此为了避免单一方法和视角带来的局限，本研究拟采用定量与定性相结合的研究方法，主要运用内容分析法和个案研究法。

一、本研究的理论框架

（一）意识形态理论

提到央视的春节联欢晚会，人们最容易联想到的一个词就是"意识形态"，春晚在"意识形态"方面的作用是不言而喻的，但如何理解"意识形态"的概念，如何理解现代社会中大众传播与意识形态的关系，如何理解央视春晚的意识形态性，是本研究的第一个范式或框架。

1. 葛兰西和阿尔都塞的意识形态理论

意识形态（ideology）在字面上可称为"观念学"或"理念学"，最初由德斯蒂·德·特拉西用来指一门由他提出的新学科——观念科学。随后的百年中意识形态意义的发展随着时代发展有所不同，这其中在对意识形态的分析中，马克思的阐释起到了关键性作用，使这个概念获得了新的地位，成为一种批判手段和新的理论体系中的一个组成部分。而意大利共产党创始人葛兰西（Antonio Granmsci）则在马克思意识形态理论的基础上提出了"霸权（hegemony）"的概念，从而建立了意识形态"霸权"的理论。

"霸权"原指国家的霸权或政治运动的主导权，葛兰西将之作为社会分析的一个主概念加以使用，提出了"国家＝政治社会＋市民社会"的理论公式，把现代国家的形式看作"强制装置"的政治社会和作为"霸权装置"的市民社会的融合，认为市民社会主要通过"合意"或"同意"的组织化过程而维持统治的社会，随着市民社会的发展，它将吸收政治社会而成为新型的国家。而霸权又可分为两种，即相对于政治社会的"政治霸权"和相对于市民社会的"文化霸权"或"知识与道德的领导权"，而霸权的根本问题是维护文化上的霸权。在大众传媒时代，这种霸权社会更加明显。大众传媒一方面维护领导集团的利益，为其歌功颂德，灌输他们的政策思想。另一方面，为了维护社会的稳定，维持自身所赖以生存的观众群，大众传媒又使其他属于各个集团的、个体的观念充斥进来，使社会中冲突与共识、统治与抗争在文化霸权之下进行最根本的运作①。

霸权理论对大众传媒的研究具有独特的地位，葛兰西霸权理论的提出创建了一种新的理论模式，由传统的理性主义的思考方式转向社会和哲学研究——意识形态、文化、伦理的方向，确立了大众传媒作为文化特别是大众文化的承载者，在现代社会中"争霸"的关键地位，为合理地解释大众传媒的现象提供了全新的理论范式。

意识形态理论发展的另一个重要人物是阿尔都塞（Louis Althusser）。他认为，国家权力的掌握不能仅仅通过统治阶级的暴力来获得，国家整体在大多数情况下必须以统治阶级为中介而产生，只有"国家机器"才能解释生产关系的再生产以及国家存在的必然性②。阿尔都塞对意识形态的研究一方面关注将权力和统治符号的关系纳入实际物质活动和现实的社会结构中；一方面关注三者之间的形成过程，指明意识形态、意识和传媒之间的内在联系，他的意识形态国家机器理论为大众传媒批判研究提供了重要的理论范式。

总之，葛兰西和阿尔都塞等人的观点在继承和发扬马克思主义的基础上突破了当时单一的经济决定论、简约的阶级分析论、传统唯心论等各种思潮。他们将意识形态理论纳入到社会总体框架之中进行考察，并从宏观的社会结构视角具体考察与意识形态相关的各种文化、伦理等现象，其理论的高度和深度为西方传媒批判理论的进展提供了极具现实意义的理论模式。

2. 汤普森的意识形态理论

相比于葛兰西和阿尔都塞，英国学者约翰·B. 汤普森更多地关注现代社会背景中的"意识形态"，特别是现代意义上的大众传播媒介领域，他立足于现代社会背景，丰富了意识形态的相关理论，并在其著作《意识形态与现

---

① 段鹏. 传播学基础——历史、框架与外延 [M]. 北京：中国传媒大学出版社，2006：83.

② 段鹏. 传播学基础——历史、框架与外延 [M]. 北京：中国传媒大学出版社，2006：84.

代文化》① 中进一步探讨了意识形态、社会、现代文化、大众传播几者间的相互关系。

第一个方面，汤普森认为意识形态分析首先要关心的是象征形式与权力交叉的方式。它关心的是社会领域中意义借以被调动起并且支撑那些占据权势地位的人与集团。因而将意识形态及其相关研究定义为"研究意识形态就是研究意义服务于建立和支撑统治关系的方式。意识形态现象就是只有在特定社会——历史环境中服务于建立和支撑统治关系的有意义的象征现象。"②。

同时，汤普森将意识形态的运行归纳为五种一般模式，即"合法化""虚饰化""统一化""分散化"和"具体化"。分别可以简述为：其一，统治关系可以被描述为合法而加以建立和支持，即被描述为正义的和值得支持的，可以通过合理化、普遍化和叙事化等象征建构典型谋略在象征形式中表达出来；其二，统治关系可以通过掩饰、否认或含糊其辞，或者对现有关系或进程转移注意力或加以掩盖的方式来建立和支撑；其三，意识形态的第三种操作法是统一化，可以通过在象征层面上构建一种统一的形式，把人们都包罗在集体认同性之内而不问其差异和分歧，从而建立和支撑统治关系，其典型谋略是标准化。统一化可以借此成为另一种象征建构方式是所谓的统一象征化。意识形态运作的第四种方式是分散化，统治关系可以不必通过把人们在同一种集体中建立起来，而是通过分散那些可能对统治集团造成有效挑战的人和集团，或者通过使潜在反对势力面向邪恶、有害或可怕的目标。而具体化则是指，可以通过叙述一项过渡性的历史事态为永久性的、自然的、不受时间限制的方式来建立和支撑统治关系。

第二个方面，汤普森基于社会互动的角度，对大众传播一般特点的分析提供了一个背景，在此前提下，可以考虑大众传播的发展如何改变了社会互

---

① 〔英〕约翰·B. 汤普森. 意识形态与现代文化［M］. 高铦，等，译. 南京：译林出版社，2005.

② 〔英〕约翰·B. 汤普森. 意识形态与现代文化［M］. 高铦，等，译. 南京：译林出版社，2005：62.

动的性质以及现代社会的经验模式。而相对于关注特定传媒信息的具体效果，汤普森更加关注技术媒体的配置如何有助于重组和重构社会互动。在他看来，现代文化从更大的范围来看，是一种电子媒体的文化，在其中口头与书面的传播方式已得到以电子媒体为基础的传输方式的补充，并在某种程度上被取代。而以电视媒体这一当今世界范围内的主流大众传播工具为中心，汤普森阐述了技术媒介在四个维度的互动影响：

第一，媒体技术的发展可以使人们跨越时空距离而互动，这可以极大地有别于典型的面对面情境下的互动，媒介技术可以把社会互动与实际地点分开。第二，媒体影响个人用来与他人的沟通交流方式，媒体技术的新发展使个人能和他人以新的、有效的方式传播交往，个人会根据媒介技术所能提供的条件和技术支持调整其传播行为（例如，拥有一部电话一般会改变一个人与他人的互动形式和互动本身的性质），特别是使在时空上广泛、分散和遥远的沟通成为可能；同时，把社会互动与物质场所相分离，媒介技术的发展也影响到了个人安排自我展示的方式和程度。第三，媒体影响个人对他人做出回应的方式，特别是那些处于远方的他人。正如媒介技术发展可以使个人影响远方的他人一样，技术媒体也可以为对在空间和时间遥远的他人做出回应的个人创作新的机会和可能。第四，媒体也影响了个人在接收过程中行动与互动的方式，也就是说，它们影响了日常生活诸领域中将接受媒体信息作为常规活动的那些社会组织。

第三个方面，汤普森基于现代社会意识形态理论的发展以及大众传播与社会互动的关联，重点关注于意识形态的分析在今天需要怎样去理解和探讨，提出了一种新的分析"从专注于技术媒体的性质和传媒机构的组织改为另一种分析，即在这种考虑下面向传媒信息的内容以及该内容在特定环境中使用和取得方式的分析"①。基于现代化的背景以及媒介发展的特性，汤普森提出了四个主要的论点，为大众传播时代的意识形态分析提供了一套理论

---

① 〔英〕约翰·B. 汤普森. 意识形态与现代文化 ［M］. 高铦，等，译. 南京：译林出版社，2005：286.

方针。

他认为，其一，虽然大众传播不是意识形态运作的唯一场所，但现代社会中的意识形态分析必须把大众传播的性质与影响放在核心位置。因为现代社会中，大众传播的技术媒体层面是关注的焦点，它不但作为象征形式（汤普森将意识形态现象的特点表述为有意义的象征形式，指的是它们在特定的社会——历史环境中用于建立和支持统治关系①）的流通与传播渠道，而且作为产生时空上延伸的新型行动与互动及新型社会关系的机制。因此，意识形态分析必须既讨论传媒机构生成与传播的象征形式，又讨论生产与接收这些传媒化象征形式的行动与互动背景。

其二，大众传播的发展大大扩展了意识形态在现代社会中运作的范围，因为它使象征形式能够传输到时间与空间上分散的、广大的潜在受众。意识形态的构成主要来源于象征形式所传达的意义建立和支撑统治关系的方式，而大众传媒尤其是电子媒体的发展对意识形态现象的宣传语传播具有重大的影响。特别是电视的出现，进一步强调了意识形态现象的群众性和群众潜力。电子媒体使象征形式以空前规模进行流通，同时除了加强了流通能力，电子媒体大众传播的发展也修改了象征形式生产与接收的进入方式。

其三，我们不能只通过分析传媒机构的组织特征或传媒信息的特点来分析大众传播的意识形态性质，对于传媒信息的分析必须联系接受者采用信息时的具体背景和过程加以分析。也就是说，对于大众传播意识形态性质的分析，需要放在传媒技术发展互动的框架来重新定向——分析传媒信息的结构与内容，必须联系到它们在基础互动框架内生产和基本接收区接收，并联系到传播者与接受者之间维持的准互动以及传媒信息内容后来从其中结合和阐述的社会互动——而这些连锁的互动框架总是包含于某种结构方式的、更广泛的社会关系和机构中。

其四，大众传播的各种媒体以及它们造成和支持的准互动性质，决定了

_____

① 〔英〕约翰·B.汤普森.意识形态与现代文化〔M〕.高铦，等，译.南京：译林出版社，2005：266.

这些媒体所传输的信息具有意识形态性质的广泛参数，但它们并不构成这些信息是意识形态的，也就是说这些广泛的参数是意识形态从中出现的一些界限条件，但并不决定这些现象本身。

对于春晚的研究无法脱离其发展的社会背景，三十多年间中国的巨变使一些问题的思考必须考虑调整研究视角和框架，试着用"转型"和"发展"的研究立场和方法，探索问题，得出结论。因此无论是对春晚本体的研究还是对其意识形态生成的研究，我们必须综合社会背景和媒介技术发展——这两个催生央视春晚产生的"父体"和"母体"，进行探讨。在此基础上，本研究将通过定量与定性的研究方法对其晚会主题、节目主题、地域性、民族性、传统文化等方面进行考量，让人们在科学、系统、真实地认识春晚的同时，探讨其意识形态的生成与传输。

（二）媒介系统依赖论

媒介系统依赖论被认为是一个全面透视媒介与整个社会结构中各个其他组成部分的关系，并用于不同层次分析的理论视角。它较为完整地阐述媒介信息系统与社会成员个人、群体、组织及其他社会系统的关系，并专门从这种关系的角度考察媒介社会效果的理论，以其审视大众传播效果背后的媒介——受众——社会关系的独特视角，受到国际大众传播学界的广泛关注①。本文拟借鉴此作为另一个理论框架，来分析春晚三十六年历程中所展现的问题和存在的困扰。

桑德拉·鲍尔－洛基奇有关这一理论的探讨可以追溯到她于1974年在全美社会学协会年会上宣读的论文《信息观念》。而首次明确使用"依赖模式"这一概念并详细阐述"媒介系统依赖论"的主要假设和观点，则是她和梅尔文·德福勒于1976年合作的论文《大众传播媒介效果的依赖模式》（见下图）。此后，1986年，鲍尔－洛基奇等主编的《媒介、受众与社会》结构一

①　张咏华. 一种独辟蹊径的大众传播效果理论——媒介系统依赖论评述，新闻大学，1997年春

书中进一步阐述了这一理论。1989 年，德福勒与鲍尔 – 洛基奇出版《大众传播学诸论》，在书中再度拓展了该理论。

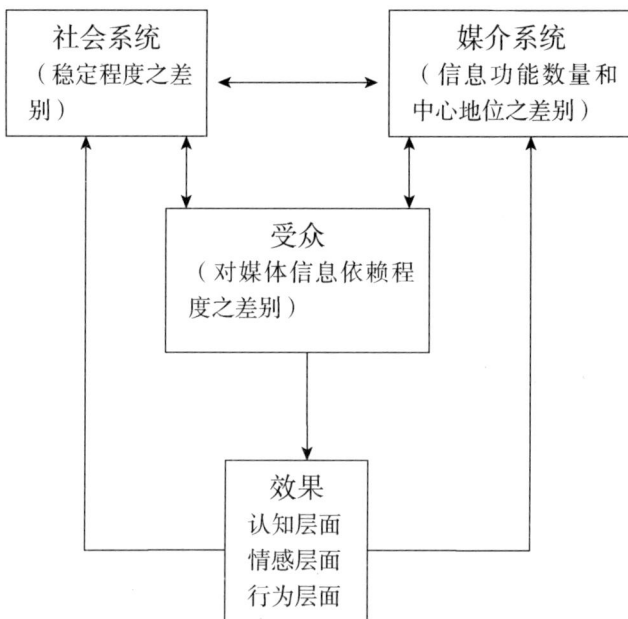

图1　媒介系统依赖状态（鲍尔 – 洛基奇和德福勒，1976 年）①

　　如图所示，该模式是一种社会系统模式，它将大众媒介看成是积极参与处于社会行动的社会、群体和个体层次上的维持、变化与冲突过程的信息系统。在此模式中，受众、媒介体系和社会体系是决定大众媒介效果出现的条件。其中，社会体系根据它的稳定程度而变化，这就刺激和影响了信息的发送与接收；受众随社会体系和社会条件的变化而变化；大众媒介因社会体系和条件的不同，在数量、多样性、可靠性及权威性等方面都有所不同，其功能也会有所不同。

　　同时，该模式也显示了三个主要组成部分之间的相互关联，这些关系的

---

① 丹尼斯·麦奎尔，斯文·温德尔. 大众传播模式论［M］. 2 版. 祝建华，译. 上海：上海译文出版社，2008：98.

确切性质因社会而异，其中各组成部分之间的差别也将影响其对受众的可能效果。首先，媒体系统在有些社会中被严密控制，而在另一些社会中则拥有更大的能力来独立影响社会。媒体与其受众的关系也各不相同，媒体优势跟随或反映受众，但在其他时间（或地点）则更可能扮演一个引导或控制的角色。上述各种差异可以总结如下：

首先，各社会系统因其稳定程度而不同。该系统可能是已稳固地建立了（但会面临某些暂时的混乱或内部危机），或者很虚弱并处于连续变化和不稳定状态之中（如一些发展中国家）。它甚至可能濒临崩溃（如战乱、革命，或经济灾难等）。一个社会越动荡，社会危机越大或不确定因素越多，它就越需要信息、导向和定义，重申旧的价值观或提倡新的价值观，所有这些都刺激了信息的提供和接受。在这些条件下，受众对任何现存的信息系统都将更加依赖。其次，各媒介系统因其发展水平的提高和多元化，以及应付社会系统和受众需求能力的不同而不同。媒体越具备这些素质，它在社会上就跃居于中心地位，受众也就越依赖它。然而，如果存在着来自民间或专业网络，甚至来自境外传播所提供的另类信息，那么受众的依赖程度会打折扣。再者，各受众因其对媒体的依赖程度而不同。社会精英群体和某些非精英的少数族群可能具有各种另类渠道。受众群也会因其所处社会的结构和变化而具有不同的社会构成。①

该模式和相关的理论在此后被两位作者展开成为一个过程模式，以描述每个受众成员对媒介的依赖是如何进行的，称为"媒介系统依赖效果过程模式"。但笔者认为究其根本，媒介系统依赖理论所突出的是传播媒介与社会、受众之间密切的相互关系，以此来标明媒介系统实际上是社会系统的一个不可分割的子系统，或者说在社会高度发展、媒介技术急速进步的今天，把这种"依赖"看作是三者之间的"互动"更为贴切。

众所周知，春晚产生和发展的三十年，正是中国社会不断变化、发展和

---

① 丹尼斯·麦奎尔，斯文·温德尔. 大众传播模式论［M］.2 版. 祝建华，译. 上海：上海译文出版社，2008：99.

转型的三十年，也是中国媒介系统在制度和技术上高度发展的三十年，社会的变迁、媒介的发展使得大众在媒介接触和需求上也产生了变化。因此，本文希望探讨以此作为理论框架，在除夕这一具有神圣感、代表性的时刻，央视春节联欢晚会这一时代产物中，凝聚的社会、媒介与受众的关系。即在这一浓缩的典型媒介环境中，社会的变迁、受众对外部世界的不确定是否构成了其对于春晚的依赖；同时，社会不断发展使其关系愈加复杂，大众媒介在一个社会中发挥的功能越多，则人们对大众媒介的依赖也就越深；而大众媒介对社会的功能越重要，则此社会对媒介的依赖也就越大。因此在春晚中，能否如实恰当地反映社会，特别是一年中的社会变化，也会影响受众对其的"依赖"或者说传播效果。笔者认为春晚与时代发展和社会变迁、媒介环境的进步和更新、受众的需求和认知几者间存在某种关联甚至是互动，希望通过研究对此问题一探究竟。

综上，本文力图淡化春晚在文艺、技术等领域的课题，聚焦于作为社会系统一部分的媒介，在除夕这一特殊时刻所传播内容蕴含的各种深层次因素，及其与社会、受众的互动以寻找影响受众接受并产生效果的各种社会性因素的呈现，并探讨这些因素如何对媒介内容以及受众接受产生效果。同时，本领域以"媒介依赖系统理论"作为框架的研究比较少，且都是对于元理论的介绍和对其发展的探讨，并关注于媒介情况改变导致"受众依赖"方面的变化，而应用这一理论框架通过实证研究来探讨社会变迁对于媒介呈现和传播效果的文章更为罕见，所以这也为本研究提供了创新的可能。

二、本研究所用方法

（一）内容分析法

内容分析属于描述性研究的常用方法之一，由于内容分析法可以广泛地用于分析各种形式的手写或印刷体文献以及音像资料等文本所包含的信息，将文本简化为数字，因此成为当前涉及媒介研究的各个领域中被广泛采用的研究方法。

针对内容分析有多种定义，Walizer 和 Wienir（1978）把内容分析定位任何采用系统的程序研究信息记录内容的方法；Krippendorf 的定义为：内容分析是根据信息对产生信息的环境进行有效的、可以验证的推断方法；Kerlinger（2000）认为内容分析是以测量变量为目的，采用系统的、客观的、量化的方式，研究和分析传播行为的一种方法，等等。① 但无论哪种解释，都指向了内容分析的系统性、客观性和量化性的特点，本研究拟采用内容分析法来研究 1983 年至 2018 年央视春晚全部内容，不再做抽样，以确保本研究的全面、系统和客观。

当前，内容分析法的应用主要有以下几个方面：描述传播内容的倾向性或特征、从信息内容推测信息传播者的态度、研究传播内容的真实性、从媒介内容推论传播效果以及建立媒介效果研究的起点等②。其中，描述内容的倾向性或特征，从信息内容推测信息传播者的态度、从媒介内容推论传播效果较为适用于本研究。研究中拟以节目为分析单位，通过内容分析研究央视春晚节目主题、节目类型、节目表演者等方面，揭示媒介传达内容的特征和整体倾向性，找出其中所隐含的信息类型、模式及意义，特别是这种特征和倾向与社会发展、受众需求之间的关系。

需要说明的是，编码分析以一个完整节目为一个分析单位，不包括主持人串场词、植入广告、国家领导人讲话或致辞、各界人士拜年致辞或短信朗读等。由于三十多年中春晚影像资料保存过程中的损失，以及由于各种原因（如演员个人问题、现场直播中出现差错等）造成的节目在作为资料录制过程中被删减等问题，选取样本与当年直播版本存在微量误差。

（二）个案研究法

个案研究（case study）也称为案例研究，是社会研究中的一种类型，是

---

① 〔美〕罗杰·D. 维曼，等. 大众媒介研究导论（第七版）［M］. 金兼斌，等，译. 北京：清华大学出版社，2005：150.

② 柯惠新，王锡苓，王宁. 传播研究方法［M］. 北京：中国传媒大学出版社，2010：167－169.

与统计调查相对而言的。"个案"一词出自医学、心理学和法律学研究，即个别病例或案例。在社会学中，个案研究的对象从个人扩大到团体、组织、社区、社会①。随着社会学研究领域对个案研究方法的运用，传播学研究的学者也逐渐采用这一方法进行民族志的研究与探索。

个案研究是系统地研究个人、团体、组织或事件，以获取与客体相关的、丰富的资料的一种定性研究方法。当研究者希望了解或解释某个现象时，常运用个案研究法②。个案研究不仅仅能够用于探索性研究阶段，同样也可以用来获得描述性或解释性的研究数据，或者用于在研究和分析不同现象和数据中使用。

但另一方面，个案研究绝大多数情况下会缺乏科学上的严密逻辑，其研究结论的普适性不强，并且非常耗时，有时还会产生大量的难以归纳的数据，因此在使用时需要格外注意。

在本研究中，拟采用个案研究法，以央视春晚中小品节目的主题特征和主角人物形象为主要分析对象。之所以选择小品节目为样本是因为该节目样式自80年代作为独立的节目类型引进春晚以来，已经逐渐成为近年来春晚的重头戏，是整场晚会中受众最为期待的部分。而小品以其紧凑的节目时长和虚拟的场景浓缩了真实社会，基本上其主题选择、情节冲突、场景设置能够反映一年中民众关心、关注的社会问题。对该节目的个案研究，可以从一个侧面探寻春晚中体现的三十多年间中国社会的发展以及社会中各阶层的变化。

① 袁方，王汉生. 社会研究方法教程［M］. 北京：北京大学出版社，1997：278.
② 柯惠新，王锡苓，王宁. 传播研究方法［M］. 中国传媒大学出版社，2010：135.

第二章

文献综述及相关理论探讨

央视春晚始于 1983 年，对于它的关注和研究仅有 30 余年的历史。从文献搜索来看，全面探讨春晚的著作较少，大多数的春晚研究仅关注其中一个侧面。依据文献分析，笔者将春晚的主要研究成果大致分为四类：其一，对春晚主题、编导模式，节目设置等方面的讨论、评价和思考，笔者将其归为春晚本体研究；其二对涉及春晚的相关衍生理论的探讨；其三，关于春晚收视特征和调查报告的研究；其四，对春晚舞台效果及新技术应用的研究。因为本研究主要关注春晚内容的意义生成、传播与社会发展的互动，故而只展开讨论前三个视角。

第一节　春节联欢晚会本体研究

对央视春晚自身特征的探讨是本体研究中主要关注的问题，例如春晚创作的回忆，春晚主题、节目的评论等。此类文章中既有对早期春晚的怀念，又有进入 90 年代中期后对节目的评议，而更多的是近年来对春晚及其类型节目的反省和思考，以及对于进入新世纪的春晚来说如何发展创新的探索。

一、八十年代的春晚：辉煌盛宴　经典记忆

央视春晚始于 1983 年，但那时候的春晚只被看作是一台安排在除夕夜播出的联欢晚会，并没有引起太多关注。对八十年代春晚的探讨更多体现于对日后春晚质疑和思考时用作参照物，或是盘点经典的记忆，总体来说"春晚开局顺利、一片赞扬声"。

言君在《1983 年春晚往事》一文中写到"1983 年的'春晚'开始了大胆的创新，成为电视业内的改革先锋：第一次用现场直播，第一次用主持人串场，第一次用电视与观众互动，而王景愚表演的《吃鸡》和李谷一演唱的《乡恋》的'解禁'……将欢乐和笑声传递给'不敢言笑'的人们"。1983 年央视首开直播春晚，这一年也在后来被称为"春晚元年"。当年春晚的导演黄一鹤在《难忘除夕夜——从 1983 年春节联欢会谈起》中回忆说："在这之前电视台年年除夕都要搞春节晚会，但从来没有引起过太大的轰动。以前经验不足，设备条件不具备，再加上十年动乱的耽搁，在这方面无所作为是可以理解的，那么这一次呢？辩证法有一条规律说，量变的积累可以引起质的飞跃，现在该飞跃一下了"。在这一想法的驱动下，春晚的初步设计方案预想为四条，一是改变录像播出为进行现场直播，二是设节目主持人，三是在演播现场设热线电话，调动观众参与意识，四是请国家高层领导人出席晚会与民同乐。除了第四个设想在 1990 年才得以实现外，其余三条方案的实施不仅使当年的春晚一炮走红，更为以后的春晚奠定了基本的模式。大多数中国人也同黄一鹤一般所感"从 1983 年开始，这个叫人'牵肠挂肚'的春节联欢晚会就走进了我的生命"。

张凤铸在《挖掘精品重在创新——为纪念中央电视台创办春节联欢晚会 20 年而作》一文中指出，"晚会的主题和基调确定为'团圆、欢乐、希望'，从此，每届的联欢晚会基本上是沿着这基调唱下去的，只不过各届分别做出小的调整，大同小异，总是以喜庆、团结、欢乐、祥和、奋发向上为基调，让广大观众高高兴兴过大年，团团圆圆过大年，在欢声笑语和审美满足中过

大年，达到'团结、鼓劲也、希望、振奋'的社会效益"。不仅是主题，在内容表演方面，这次晚会邀请了各界艺术家参加表演，"整台晚会熔仪式性、节庆性、民俗性、娱乐性、新闻性、抒情性、知识性、趣味性、交流性于一炉。以年味浓郁、民俗十足、欢歌笑语、融洽祥和为审美特征。从此，奠定了春节联欢晚会的基本框架"。而在类型节目上，王景愚的代表作、哑剧"吃鸡"开春晚哑剧小品之先河，从此春晚上陆续涌现了众多经典小品，成为最受观众欢迎的艺术新品种。1983 年春晚在物质尚且匮乏的年代惊艳绽放，不仅奠定了中国春晚的基本模式，也成为能收看到电视的中国人心目中最温暖和珍贵的记忆。

1984 年的春晚被认为是春晚的第一个巅峰。而在导演黄一鹤眼中这一年的春晚格外重要和艰辛，"这是我们的春节联欢晚会开始并走向成熟的一年，是晚会在国内外的轰动效应空前强烈的一年，是经历艰难坎坷最多的一年，也是在晚会结束后，所有主创演职员都百感交集、激动地抱头痛哭的一年"，因为这一年的晚会面临着两方面的问题。"一是在 1983 年晚会基础上，如何更上一层楼，以满足观众对晚会骤然增长的期望。二是在这一年中我们国家将面临两件大事。第一件大事是，迎接中英双方关于香港问题联合声明的签署，……另一件大事是当时正在开展清除精神污染活动。这一切无疑对本届晚会产生重大影响"。在政治和思想文化两大背景的影响下，春晚大胆将"一国两制"构想引入晚会，成为"寓政治性于艺术性的一次很好的尝试"。黄一鹤认为，这场历经曲折但非常成功的晚会创造了许多个前所未有的第一次："第一次把'茶座式'的晚会形式发展到比较成熟的阶段，第一次邀请了港、台艺员回归大陆，参加由官方正式主办的春节晚会，第一次如此集中地将文艺界的一些'大腕'名流聚集到春节晚会中来，第一次以喜庆欢乐为情绪基调的春节晚会中，'插入'了情绪的'反差'，安排了"动情"的情节，第一次较为完善、系统地使用了电话点播、有奖猜谜等手段，调动了观众的参与意识和观赏情趣。"张凤铸也指出"1984 年春节联欢晚会的总导演摸准了当年海峡两岸要求祖国统一的心愿和寻根问祖的动向，在'爱国、团结、欢乐、活泼'八字上谱写动人心弦的艺术华章"。这其中涌现了传唱至今的《我的中国心》成为游子歌唱祖国的代表，显示了中国民族的向心力、凝聚力和亲和力。同时在当时的政治背景下"它显示了总导演黄一鹤的胆识和艺术鉴赏力"。

在不多的研究春节联欢晚会的文章中，普遍认为1985年的春晚是春晚历史上的一个"教训"，这也是对80年代春晚仅有的批评。1985年春晚改在北京工人体育馆进行，但是"场地大、难掌握、散而乱、调度乏术。加之，节目长、粗、洋、弱、商业味太浓，台港味太强，赞助券扰民，广告多得烦人，批评声不断，晚会遂告失败"（张凤铸，2003）。

在经历了痛定思痛后，1987年的春晚被研究者认为是春晚的第二个巅峰。此后，春晚进入了平稳上升期。在不多的追忆文章中，作者提到80年代后期的春晚时都会提及那些脍炙人口的创作，如歌曲《在那桃花盛开的地方》《血染的风采》《故乡的云》《爱的奉献》，小品《羊肉串》《英雄母亲的一天》《懒汉相亲》等，以及由此而产生的一大批日后的春晚常客。

总之这一时期的春晚在研究者们心中有较好的评价。也是研究者们在日后的回忆中更多关注的，认为80年代的春晚心思巧妙、贴近百姓、演员精炼，在主题、模式、内容等各个方面为今后的春晚奠定了基础。可见，这一时期春晚的成功，更多胜在"新"，电视文艺晚会这一新鲜事物的产生、春晚节目形式和内容上的大胆创新、贴近生活、紧跟时代，使刚刚迎来改革开放、文化生活和精神生活尚处于饥渴状态的中国观众如饮甘泉，从而构成了对于媒介传播内容的高度依赖。

二、九十年代春晚：不断创新　走向成熟

进入90年代对春晚的关注逐渐多了起来，特别是90年代中后期，春晚已经趋于成熟，主题风格等方面呈现了相对稳定的趋势，研究者们在予以肯定的前提下也提出各自的建议。

蔡骧在《春节晚会在"除夕"》一文中认为1994年春晚中"来自民间的

节目清新如山野之风，吹散了城市舞台的陈腐之气……专业文艺工作者以轻新幽默者效果最佳，……它们传递给观众的信息，远超过节目本身"，充分肯定了这台晚会的"山野之风"和"群众色彩"并希望"更多地利用电视可以同步及时传播的功能，以中央电视台为枢纽，把春节晚会办成全世界华人共度除夕的联欢晚会"。

1996 年的春晚采用了北京、上海、西安三个会场直播，罗九湘在《晚会：春节文化的主食——兼谈九六春节晚会》一文中肯定了这一创新，"编导打破了常规，传统里出了新意，一般中见了神奇。'三地互传，共映直播'打破了原有一地一台的局限，展示了卫星电视的高科技手段，令晚会变幻多姿，引人入胜"，并指出"今年晚会的成功，显示了制作者们破除旧的框架与限定的胆略"。而金希章在《为了这顿年年难烧年年烧的"荧屏年夜饭"——1996 年春节联欢晚会札记》中从幕后的角度评论了这次创新晚会创办过程中的酸甜苦辣，即在选取节目、操办节目、形式翻新三个方面的艰辛。此外，胡智锋在《"1996 年春节联欢晚会"感言》中也总结了这次春晚的新经验，即"在主题的开掘上 1996 年晚会在'欢乐、祥和'的一贯主题基础上又增加了富于时代精神的'凝聚、振奋、辉煌'……在内容的把握上，注意了'寓教于乐'的追求与实现……在节目组合上更加精巧、更见功力……节目形式上也有一些新意……节目播出、节目编排形式的创新……节目组织得更加成熟"。同时也指出"整体节奏还缺少变化，某些节目话题较为陈旧、篇幅过长等"，希望"能留给今后的晚会去逐渐总结、解决"。陈孝英在《春节晚会的新界碑——看中央电视台 1996 年春节晚会漫议》中充分肯定了三地共播这一创新形式，并提出了其对春晚美学规律提供的重要启示"关于思想性、艺术性和新闻性的统一，关于创作新节目与改造旧作品的辩证关系，关于雅俗分赏与雅俗共赏的关系"。但同时，也有文章指出了这场晚会的瑕疵。如晓民在其《落套 怀旧 疏误——九六春节联欢晚会反思》中认为晚会虽有三地互传共演直播，但"总体框架和大构件并没有突破往年的路数"，存在演员老面孔，歌曲多为怀旧作品、字幕（文字）错误、小品较少等问题。

在关注 1997 年春晚的文章中，更着重于晚会在营造氛围方面的重要作用。范咏戈的《徜徉在艺术与民俗之间——1997 年春节联欢晚会随想录》赞扬了春晚将传统民俗与艺术完美结合的特点，通过"咬定晚会的'兴奋点'——精品节目——不放松"和"准确把握晚会整体氛围，在丰富中求主导，在主导下展示丰富"两个方面的突出表现使观众徜徉其中。沈卫星更看重春晚营造轻松、愉快气氛的重要性，在其文章《中央电视台的贺岁'大宴'——1997 年春节联欢晚会观后》中谈到"看过中央电视台'1997 年春节联欢晚会后的一个总体感觉就是轻松、欢快、祥和，它使观众头脑中那根一直绷得紧紧的'弦'开始松弛下来。在编导者营造的平和、自然的艺术氛围中，整场晚会显出了一种素朴、协调的美"，并指出"尽管这次晚会传统多于创新，但是，另一个特点也很显著，这便是晚会的欢娱性"。

此外，由于积累了一定的晚会观看、对比经验，一些研究者开始纵深关注历年春晚中某一类型节目。如何青志的《诙谐的狂欢——近年中央电视台新春联欢晚会部分获奖小品审美特质论》从诙谐文化的视角，论述了 90 年代央视春晚部分获奖小品的审美特质，强调了小品语言狂欢化对人的主体性的张扬。而夏瑒则关注"歌曲"这一春晚中的传统版块，在其文章《20 世纪央视春晚中的流行音乐初探》中以 20 世纪央视'春晚'为立足点，考察了它在流行音乐传播中的作用，认为春晚对流行音乐"既有积极的推动作用又有消极的不良影响。这些是和央视作为国家电视台的意识形态性质以及它作为大众传媒对收视率的天然追求分不开"。

总之，经过了早期的惊喜和新鲜，人们对于 90 年代的春晚有了更多的理性认识，这一时期的春晚一直力图在稳定成熟中寻找突破，而对于每年不同的尝试，研究者们能具体问题具体分析，在基本肯定的基础上进行客观的评价。用春晚历任总导演郎昆的话总结为，春晚具有民族化、综合化、喜剧话的三大规律。掌握了这些规律春晚应该走向庆典、走向时代、走向生活、走向民间、走向纵深、走向纪实、走向世界、走向高科技。而这八个"走向"正是对于春晚中所体现的社会、媒介和受众三者关系的高度概括和期望。

三、新世纪春晚：饱受争议　挣扎前进

进入新千年，随着春晚的继续成长，人们对其关注也越来越多。相比之前的20年，新世纪的春晚本体研究批判多于肯定，集中于讨论在业务方面春晚的停滞现状，以及春晚还该不该办、要如何办等问题。一些文章在对春晚现状反思的基础上提出了各种各样的建议。

在大多研究者眼中，2002年的春晚似乎并不尽如人意，批评与建议的文章在对这一年春晚的研究中占了大多数。研究者们主要认为这次春晚缺乏精品，究其原因在于节目缺乏艺术性和真实感而出现了俗变之势。

吕新雨在《解读2002年春节联欢晚会》一文中，以批判的视角探讨了春晚在营造时空感方面的作为，点评了几个代表性节目的得失，指出为春晚打造的场景和改变的节目，往往失去了纯粹的艺术性和生活的真实感，同时春晚的镜头语言也多了商业化的体现。而在文章《没有终结的艺术俗变——2002年央视春节联欢晚会综评》中，周粟肯定当年春晚在艰难中进行的创新努力之后，挑剔了其"老套乏味的面貌和身踞其后的艺术俗变大势"，指出"春节联欢晚会其实应当是一年一度的文化盛会，艺术的标尺必须矗立在前，这样才有娱乐的丰富性和美感享受，也才有真正意义的凝聚人心、鼓舞精神的作用。在艺术俗变大势的背景下，如何实现艺术化的年节盛餐，依然是摆在我们面前的任务。"胡妙德在《变与不变——兼谈2002年春节联欢晚会》中也同样认为，2002年春晚虽力图对振奋高扬的民族精神加以表现，"但按更高的要求衡量，在整体上感到火候不够，力度不强……缺乏精品，导演在时代性与艺术性结合的把握上不够准确，成为晚会的遗憾"，在节目方面"这届晚会就歌舞、小品、相声这三大支柱来说，总的看来并不理想，缺乏脍炙人口、扣人心弦的精品节目，而更多地停留在热热闹闹的浅表层面"。具有同感的还有文艺报、钟艺兵在《我看2002年春节联欢晚会》中也认为

"今年春节联欢晚会的遗憾是精彩的节目太少。关键的问题是创作跟不上来，或者说是节目选得不够精彩"。杨新敏在《2002年央视春节联欢晚会点评》中直面指出了2002年春晚存在的问题，即"形式上，跑马圈地，粗放经营"和内容上"华词丽句，远天远地"。

对于2003年的春晚，学者们的文章中给予了少有的肯定，认为其成功之处主要在于"亲民""富有时代感"。仲呈祥在其《新的民俗庆典　美的文化大餐——喜看中央电视台2003年春节联欢晚会》一文中给予了较高的评价，认为"这台晚会，基调鲜明，激情灌注，贴近民心，讴歌时代，从人民群众普泛存在的友情、亲情、父子情、夫妻情升华到中华民族的祖国情、民族情，令'小感情'与'大感情'水乳交融，从而尽可能做到有艺术的思想与有思想的艺术的和谐统一，自始至终既洋溢着欢乐、祥和、喜庆的艺术氛围，又毫不说教地富有感召力地自然呈现出贯彻党的十六大精神、全面建设小康社会的时代主题"，"这台晚会，相当充分地体现了'弘扬主旋律'与'提倡多样化'的辩证统一关系"，"这台晚会，还十分注重强化艺术本体和讲究艺术节奏，努力处理好艺术与技术、演唱与伴舞之间的主从关系，处理好节目与节目之间连接链条的张与弛、动与静、充实与空灵、热闹与抒情、豪放与婉约的辩证关系，使整台晚会气势宏大，情绪饱满，结构匀称，节奏明快。"同样，白小易的《对春节联欢晚会定位和创作理念的再思考——兼评2003年春节联欢晚会》也给予了同样的赞赏，文章力图"用一种动态的眼光将2003年春节联欢晚会置于当下电视文化的大背景中予以分析与思考"，以期通过对当年春晚的评析引发对整个春节联欢晚会创作理念和定位的再思考，从这一视角出发认他为"2003年春节联欢晚会应该得到肯定性的评价，因为在总体创作理念上，该晚会完成了"娱乐化创作理念"对"教化创作理念"之否定的否定，从而使春节联欢晚会的创作理念在经历了20年的探索后达到了一个新的高度"而在《歌盛世　颂中华——观2003年央视春节晚会感言》中，唐玉籍认为2003年春晚的特点在于平民化的视角极大地拉近了和观众的距离，是较为成功的，有创新、有进步，是"与时俱进"

的，"没有空洞的口号，没有人为的贴标签，没有乏味的说教，却同样完美地弘扬了晚会的主题"，节目有特色且推出了不少新人。楚卫华在《形势与内容的双重创新——我看 CCTV2003 年春节联欢晚会》也肯定了 2003 年春晚在形式内容创新和平民化这两方面的看点。

但在肯定优点的同时，何晓兵也在《春节联欢晚会杂谭》中指出本次春晚需要改进的地方，即"歌曲节目有待进一步提高""小品节目应进一步深入民间，深入生活""戏曲节目要百花齐放""音乐剧要更有中国传统文化气息，与作为中国年节民俗仪式的春节联欢晚会的总体风格和气氛相协调"。

相对于 2003 年的小起色，2004 年的春晚又让观众在进一步的期待中遭遇了失望，评论界也出现了相应的声音。郑向荣在其《艺术的晚会和民俗的晚会——2004 年中央电视台春节联欢晚会读解》中面对收视率高，满意度比头一年稍有下降的趋势，肯定了当年的春晚在艺术上保持了一定的水准，能够承担"聚焦大众情感，唱响时代旋律"的任务，但作为综艺性春节晚会除了艺术上的考量，还应思考"为什么与其他电视文艺节目相比人们对于它有更多的要求？春节联欢晚会能够得以存续的深层原因是什么？"而他认为春晚和其他综艺节目相比的特点就在于"内容上的庆典色彩，艺术手法上注意融入庆典（尤其是喜庆）色彩，具有仪式特点的'零点时刻'要突出安排"并指出艺术性和民俗性并不是"两股道上的车"，正确处理好两者的关系正是春晚创作在模式化与创新中可以参考的新思路。张明巍、姚玉芹对此持相同意见（《总结经验　锐意改革　与时俱进》），针对收视率下降的现状提出央视春晚应该总结经验，针对"没有通过与观众交流形成饱满的现场气氛"和"节目品类不够多样、质量有所下降的问题"锐意改革，让春晚回到艺术本真上来，并且要与时俱进，保持先进性和创造力。

2005 年央视春晚尝试改革，提出了"开门办晚会"的口号，面向全国征集策划案和优秀节目、对入选节目进行修改、对春节联欢晚会节目优秀组织者进行奖励，充分体现博采众长、集思广益、质量为先、公开透明的特点。这一做法在春晚中初见成效，改革也得到了研究者的一致认可。楚卫华在其

《我看2005年春节联欢晚会》中肯定了这种做法，认为"确实给今年的晚会带来了许多新意和锐气"体现在"增强节奏感""发掘民间力量""民族元素现代化""拓展复合节目形态"几方面，但晚会的不足仍是缺乏给人留下深刻印象的精品。究其原因是"歌舞类节目比重较高；晚会结构有些模式化；语言类节目质量尚待进一步提高"。仲呈祥在《盛世大联欢荧屏谱新篇——观中央电视台2005年春节联欢晚会感言》中也认为"今年，开门办好春节晚会，依靠全国各省市电视台的协力同心，使过年的这道精神大餐'更上一层楼'，再创收视率历史新高，实现了'盛世大联欢，荧屏谱新篇'称这台晚会标志着当今中国电视综艺节目的思想内涵、文化品位和审美水平又登上了新的台阶，诚不为过。"旗乌兰在《春节联欢晚会哪能停》中说"我觉得应该积极肯定2005年晚会的进步，原因在于它抓住了晚会的本质——联欢。思路清晰，且大多手法生动，抓住了亲情做文章，整体文化品位贴近生活而不落俗套。"并由此认为，春晚瑕不掩瑜会"一路走好"。而耿文婷从另一个高度肯定了2005年的春晚，她认为2005年春晚满意度的明显回升确证了春晚所开辟的崭新道路，即迈向民主之路，这体现在其体制上的改革，实行开门办晚会，以及在节目内涵上体现的对内"反躬自省"。

2008年春晚的观众满意度为进入新世纪8年来最高的一年。在经历了年初的冰雪灾后，人们带着对奥运的期待开始了新的一年。春晚上的相关主题也体现了这一点，让人们回到温暖的期盼中。汤天甜在《2008年央视春晚——痛并快乐地成长》一文中谈到"不讨论收视率调查的准确度与可信度，但央视2008年春晚与往年的春晚相比，无论从节目样式、视听美感、还是专业技术保障等角度看，确实都有长足的进步，这一点是毋庸置疑的"。

经过意义非凡的2008年，2009年春晚的设置与安排再次成为万众的焦点，能否浓缩出过往一年中国的变化和中国人的精神，是人们评价春晚的重要标准，而在研究者眼中时代感成为这一年度春晚探索的重点。周敏在《内容为王，形式为圣——从2009年央视春晚看电视节目制作的创新》中认为2009年春晚进行了创新，"而这些创新思想也折射出当今我们电视节目的制作理念：在内容上走群众路线，在形式上不断创新"，当年的春晚"以'中华大联欢'为主题，抗震救灾、'奥运'和'神七'发射作为晚会的重点内容，将改革开放30年的成就作为晚会的主线贯穿始终"。"而如何表现这些内容，就成为重中之重"。其另一篇文章《新瓶装旧酒：看2009年央视春晚形式上的创新》也表达了类似的观点。同样，冯晗在《2009年央视春晚特色分析》中肯定了这次春晚的特色，认为其"展示改革开放成果，构建和谐社会，营造盛世景象；节目兼具民族性与创新性，适合大众口味，增强了参与性；紧贴时代发展，关注社会热点和国计民生"。李兰也表达了类似的观点，在其《关于电视文艺创新三题——由2009年央视春晚引起的思考》中指出这次晚会的成功在于"电视文艺的创新要符合社会、时代、经济的发展，要顺民意合民心，要让观众感到惊喜、得到享受"。

但对此也有不同的意见，彭俐在《缺少朴实欢乐的2009年春晚》里认为本次晚会"整体感觉平淡，使人兴奋的亮点不多"，晚会缺少朴实的欢乐，即民间的欢乐、大众的欢乐、老百姓的欢乐。万阅歌在《央视春晚的"软伤"》中指出2009年春晚总体上值得称道，但仍有一些"软伤"，即"形式大于内容，演唱节目缺乏原创、亮点，节目名称名不符实的较多"等。

可以说，2009年春晚是近年来难得的杰作，也得到了学者和观众空前的赞誉。但似乎2010年春晚并没有乘胜追击，因此在研究者眼中明显批评多过赞扬。除了高科技带来的视觉惊喜，内容上的缺陷引发了又一次对春晚未来的思考。虎年春晚的一大特色是现场运用了高科技体现"虎跃龙腾闹新春"的热闹，30多块LED屏幕营造的美轮美奂成为一大亮点。孟繁军在《美的惊喜与美的领悟——由观看2010年春晚所体会到的》一文中盛赞了这种视觉美带来的惊喜和冲击，认为美的领悟源于从视觉美到认知美的升华。程奇芳也在《视觉盛宴 精神会餐——虎年央视春晚评析》认为"美轮美奂的舞美设计"和"绚丽缤纷的灯光设计"是虎年春晚的一大亮点，也为歌舞表演增添了光彩。但较多学者并不认可这种形式大于内容的呈现。在《"亲民"也要尊重艺术规律——虎年春晚得失谈》中彭静认为"春晚过度依赖网络用语的亲和力却忽略了更为本质的艺术规律本身，也有漠视受众心理之嫌。"
并认为 2010 年春晚小品类节目的败笔"是过度藐视艺术规律与低估受众欣
赏水平的产物，是盲目追求宣传效果与模式化受众心理的产物"。陈中华在
《春晚失于"大一统"意识》中谈到观众对春晚积怨甚久的原因时说"我以
为多年来春晚的策划及编导们的指导思想错了，过时的"大一统"意识把他
们束缚住了，节目已很难适应当今丰富的社会生活了"，"春晚遭弃的一个重
要原因是它承载的内容太多，尤其是承载的娱乐以外目的内容太多，使它不
伦不类了"，而改革的唯一方法是"没必要让 13 亿人都守着同一舞台，盯着
同一幅画面"。此外，2010 年首届网络互动春晚的播出也为研究春晚提供了
一个新的视角。高皓亮、靳赫在《2010 年央视春晚与网络春晚的比较》中从
传播者角度、晚会内容、受众、传播渠道、受众互动、参与方式等方面比较
了两者间的差异，在为网络春晚出谋划策的同时，也给传统央视春晚研究提
供了借鉴。

　　进入 21 世纪第一个十年，面对春晚无可抑制的颓败之势，学者们除了
点评某一年晚会的成败得失，更对春晚连续出现的某些问题进行梳理，反思
一些"软伤"或"硬伤"需要如何解决，认为从根本上要为"年"寻找新
的坐标，探求在现代文明和文化的背景下，如何为春晚重新定位（陈大立，
2005）。

　　祁建的《细读春节联欢晚会的七处硬伤》概括了 20 世纪春晚需要反思
的问题。张步中在《春节联欢晚会盲点透视》一文中盘点了春晚走过二十一
年后的盲点，即"忽视受众审美趣味的位移""重形式革新轻内容创新"
"迷恋明星令受众生厌"以及"忽视除夕夜受众的生理、心理特点"。

　　多年来，形成春晚现状的原因是多方面的，大部分的研究者能够较为客
观地认识其中主观与客观的因素。在郝爽、刘永祥的《央视春晚如何再度辉
煌》指出央视春晚影响力下降的原因在于晚会"在贴近百姓，贴近生活上有
着明显的差距""只有明星大腕支撑，难以求新求变""重形式，轻内容，有
点本末倒置"，而其走出困境"要从'收视率居高不下'的陶醉中走出来"

"要从'取悦每一个人'的误区中走出来""要从'一家独占,一家独办'的模式中走出来"。而崔希洋、高欣在《春节联欢晚会是否仍是年夜大餐》一文中从受众的角度分析,将春晚一年不如一年的客观原因归为"生活水平提高、要求提高、众口难调"。《平平淡淡也是真——浅谈春节联欢晚会》一文思考了春晚应该如何办的问题,指出"从1983年开办至今,春晚中的狂欢性被逐渐消解,渐渐充满了强烈的意识形态象征色彩和宣传的意味。""无论从主题定位,还是内容或表现形式上都体现了其强烈的政治使命感",这些都使春晚不堪重负,而另一方面"除了政治因素,作为观众的老百姓也自然不自然地给春晚增加了一些束缚。"观众的"期望值过高"和"把看春晚当民俗"也使得本来是娱乐性电视晚会的春晚背负了太多本不属于它的东西。金柱的《回归电视本位——对改革央视"春节联欢晚会"的思考》可以用来概括当前此方面研究的观点,"其一,晚会节目的发展变化跟不上受众所处环境的巨大变化。……其二,电视晚会已经到达一定'审美极限'……其三,'平民狂欢'不再是"春节联欢晚会"所独有。"而当前春晚的问题存在于"首先是节目形式过于稳定、创新不足。由于电视的传播特性所致,观众只能是'从形式到内容'。……其次,节目内容单调。……再者是栏目的策划包装不够突出。"

面对当前春晚的现状,研究者们开出的"药方"不一。金柱认为回归电视本位是缓解这一问题的途径,"要回归电视本位来对待春节联欢晚会……我们就必须要分析栏目的运作环境究竟如何,再想方设法地做出合理调整。首先是目标市场,或者可以说是目标受众。……其次是明确栏目定位。……另一点则是要保持栏目的延续性和扩展性。……同时'春晚'完全应该拥有自己的外围产品或者称为'增值服务'"。文布则认为春晚应该办得短而精,而非面面俱到(《春节联欢晚会宜短而精》,1995)。也有的学者认为春晚要继续,不只是节目编导人员的创新,同时需要全社会共同努力,这里既有对晚会的集思广益,也有对春晚收视观念的转变。李珊在其《从博弈论角度看央视春节联欢晚会的困境》中指出近年来央视春晚观众满意度不断下降的原因在于"央视春晚创新变化与观众对高标准高质量的追求之间的差距，以及各省级春晚的加入促使春晚市场的多样化，这促成了央视春晚的困境。"对此，张凤铸也有几乎相同的看法，撰文《挖掘精品重在创新——为纪念中央电视台创办春节联欢晚会 20 年而作》中回顾了春晚 20 年的经验和教训，指出"春节晚会要长期办下去，而且要把这一品牌保住和发扬光大，这是大多数人的愿望。"但"现在的矛盾是：一、广大电视观众欣赏水平提高很快同电视晚会节目质量提高较慢之间的差异和矛盾；二、观众的高期望值与节目创作质量跟不上的矛盾。"希望能够为春晚"减负""降温"并得到各界的扶持，并指出春晚的振兴应该是"小剧组、大社会、齐努力"。

四、2010 年代春晚：个人风格　主流价值观

2010 年代后的春晚研究更为成熟和多元化，周敏在《试论后春晚时代的困境与出路——以 2011 年央视春晚为例》中，提出了"后春晚时代"的概念，以此概括近几年人们对春晚从"膜拜"走向"批判"的状态，认为目前的春晚正面临前所未有的困境：包括"观众审美心态的变化""网络时代的冲击"以及"其他形式的春晚层出不穷"等，同时认为后春晚时代的出路为"取材要广泛，内容要贴近生活""提升艺术品位，多从正面去弘扬主流价值观""多一些原创的语言与新的表现力"。这刚好是"后春晚时代"需要思考的一些话题。近几年涉及春晚主体部分的研究除了常规话题外可以归纳出新的议题，一是时值春晚三十周年，各界开始盘点和展望春晚的过去与未来，二是对主创人员个人风格与春晚关联的评议和争论，三是对春晚中主流价值观等意识形态要素是否要体现以及该如何体现的探讨。

2012 年适逢央视春晚诞生 30 周年，春晚采用"零广告、零冠名、取消赞助商席位"，诚邀观众回家过大年，并在节目设置上大胆革新。针对这场而立之年的晚会，涌现了部分盘点三十年春晚历程和探索春晚发展方向的文章，肯定了春晚对于中国人的民俗、文化等方面的存在意义同时，也在思考其如何顺利度过"而立之年"。张颐武认为春晚经历的 30 年见证了中国电视

的发展道路，已经成为除夕夜的"新民俗"和全球华人所熟悉的文化符号。近年来伴随着中国社会和文化的多样化以及人们越发见多识广、趣味越发复杂，春晚虽然面临众口难调的窘境但仍不失为中国社会最关注的晚会，它的意义和价值不可替代。而说到2012年这一"致敬30周年"的春晚，他认为2012年的春晚"放下了重负，放手一搏，大胆尝试脱离已经相对稳定的模式……虽然这些寻找和探索仍然有不少可议之处，但已经获得了观众的相当程度的接受。"（《"放下"的魅力——2012年央视春晚的启示》）邹媛媛在其《春晚三十年：中国当代现象和文化形式解读》中认为"改革开放以来的社会文化风尚决定着这一时期'春晚'的形式和内容。反过来看，'春晚'的诸多形式和内容也可以反映中国当代的文化现象与文化形式。"

邹欣、任金州的《"春晚"还缺啥——龙年"春晚"后的思考》站在春晚三十年的交汇点，以2012年春晚作为个案切入，探讨了春晚的"变"与"不变"，并结合春晚的文化定位和观众的反馈，思考了春晚的欠缺，文章较为中肯和扎实。于隽的文章主要肯定了春晚的创新，认为其魅力在于"贴近"——贴近年俗文化内核、贴近时代审美需求、贴近电视表达，认为"创新之美来源于创作者对于生活的深入体验、观察和对艺术规律的不断探索和把握。"这样才能给人们带来欢乐及回味。郭镇之的文章提供了不同的视角，认为春晚的30年是从服务大众到召唤大众的变迁，在探讨2012年春晚的回归基础上，回顾了30年春晚的重要节点，并分析了春晚在当下"失宠"的原因，指出"春晚从服务人民变为召唤大众的转型，反映了中国社会的基本变迁。商业化并不是春晚衰落的主要症结，重新整合碎裂的社会才是关键问题。"（《从服务大众到召唤大众——透视春晚30年》）

2014马年春晚因为聘请跨界的冯小刚做总导演，吸引了众多目光，既有观众的期待，又有各方的关注。因为春晚"开门"外请导演和团队意味着明显的改革，而这一改革不仅是一台晚会的革新，也是文化体制改革思潮在一台综艺晚会中的投射，更是中国文艺在向商业"招手"。可以说这是春晚在2010年代最为出挑的一年，事实证明冯氏春晚犹如一颗石子投进了常规化的央视舞台，引发了历年春晚后最多的评议。

对于这一年春晚的第一个关注点即"改革"和"创新"，及其背后的意义。张颐武认为请冯小刚和社会人士、央视团队共同打造晚会"这种合作办春晚的方式，确实有创新，体现了央视开门办春晚的决心和吸纳公众意见的真诚。""新颖的面孔""开放的精神"和"创新的追求"体现了央视全面迈开"开门办春晚"大步的一年，它所做出的努力可以为日后进一步开放打下基础、提供经验。（《春晚，寻求"开门"与"创新"》）

2016年春晚总导演吕逸涛在评价2014年春晚时认为，"在继承和发扬历届'春晚'优秀传统的基础上，2014年'春晚'在诸多方面进行了全新的开拓和探索，呈现出前所未有的鲜明特色。"……"做到了'有特色、有提高、有创新'，实现了'东西南北中，全民大联欢'。"同时也提出了自己的思索和建议，以便"在节目创作思路、内容制作、实践经验等方面不断更新和升级，以更好地服务于广大观众"（《"春晚"创作"再扬帆"——探析央视"春晚"的理念创新和未来发展》）。赵凤兰从文化体制改革的角度肯定了2014年春晚创新的意义，认为春晚的出现是中国改革开放和电视文化崛起的重要标志，而它的成长和变革同样也是中国文化体制改革的窗口和缩影。"开门"可以"真正将富有才华和创造力的人才引进，摒弃阻碍艺术发展的传统思维和僵化的机制，汲取社会精英和民间高手的才情和智慧，让优秀的精品艺术冒尖，让投机的伪艺术'下岗'，让'吃政府饭'的演出脱掉'官帽'走市场"。（《春晚一小步 改革一大步》）

对2014年春晚研究的第二个关注点是春晚革新的效果，即"温暖"与"回归"。魏南江认为这一年的春晚"以平实彰显温暖，以回归实现超越"，冯氏春晚的特点体现在轻松的基调、平实的叙事和凸显中国元素，这使晚会回归了文艺大联欢的本位，回归了服务于人民的本质，回归了春节的温暖和喜庆。王欢认为2014年春晚的温暖回归一是体现在主持风格及串词内容由官方回归民间，二是体现在节目形式上设置了致敬春晚经典的环节，三是以重现"民族时刻"代替政治强调，体现了建构想象共同体手段的回归（《解读马年春晚的温暖"回归"》）。冷淞、张丽平执笔的文章《温世事沧桑　暖中国人心》，认为"2014 年央视春晚以'暖人心、正人心、喜人心、炫人心'的特色气质独树一帜，成为中国特色电视文艺的创新典范。"

但即便如此，冯氏春晚也并没有满足所有人的期待，仍然有人认为春晚并没有因为冯小刚而走下庙堂。正如冯小刚在和网友互动时所说"大多数人对我执导春晚有期待，但我其实非常想讲一个问题，我个人的能力，面对这么一个有 30 多年历史的春晚，这么多年下来，它已经成为一个新民俗，想改变它的任何一个部分，都很难。"对此，较多的人持有同感。周思明指出"他必须抛开自我运作的思维模式，与电视游戏规则达成必需的妥协与接轨，也就是说，冯导需要收敛自身的锋芒，适应央视春晚的诸般考究，因此，其困惑和不适在所难免"（《央视马年春晚："年夜饭"烹出新滋味》）。

另一方面，这一年的春晚评析也第一次与"资本""运作"等商业词汇连在一起。张建伟在《冯氏春晚的风光碉楼》中指出 2014 年春晚舞台上由冯小刚本人"执意保留"的芭蕾舞剧《红色娘子军》片段、歌曲《万泉河水》并不恰当，特别是前者，带有深厚的文革烙印，可能会使仍然健在的文革受害者很不舒服。而之所以保留这两个节目，可能是与冯小刚在海南的个人投资有关。同时还指出一些演员的安排存在着向华谊公司进行"利益输出"。有相同观点的还有王南的《冯氏春晚是资本欢场艺术墓地》，同样援引了"蓝鲸财经记者工作平台"的调查报告《春晚被疑沦为华谊利益输送大平台》指出了上述两个疑问。

此外，还有少数研究关注了 2014 年春晚在全媒体下的发展、晚会进程中的观众互动等，但都不作为研究的主要视角。

备受争议与关注的 2014 年春晚过后，2015 年春晚的总导演重又由哈文担任，春晚也似乎重回"正轨"。和 2013 年一样，在经历过一个备受关注的节点或标志性春晚之后，哈文导演的这两届春晚无功无过并没有引发学界和业界过多的话题。

相比之下，2016 年的春晚又是一个"话题春晚"。对 2016 年央视春晚的研究除了编排、节目、舞台效果等方面创新的评议以外，其明显的意识形态特征，成为近两年一个较为集中的关注点和研究视角。

2016 年春晚导演吕逸涛在自我评价当年春晚时指出，"本届'春晚'从多个角度和多个方面实现了创新，也对转型之中的中国文艺创作进行了新的探索和尝试，不仅是与时俱进的体现，更是在保留'春晚'创作传统上的升级。"首先就是恪守党媒的宣传理念、坚持政治挂帅指导文艺创作，其次是突出"中国梦"精神和社会主义核心价值观这一主题，最后是传承中国优秀传统文化并重点突出家国情怀。卜晨光在评述 2016 年央视和各地卫视的春晚"深刻聚焦其宣传意识形态、观照百姓情怀、传播国家（城市）形象的价值取向，这在今年的多台春晚中均有体现，只是权重、形式、节奏有所不同"。这其中"2016 年央视春晚以高度的仪式感和宏达叙事突出了中国梦的主题主线和思想内涵，'四个全面'战略布局、中国力量、强军肃纪、中国道路、丝路精神、社会主义核心价值观、创新创业等贯穿始终。"周思明认为 2016 年春晚的主题既恢宏大气又体贴入微"展示出全国各族人民在党中央带领下实现"中国梦"的坚定决心，以及在"十三五"开局之年和全面建成小康社会决胜阶段的必胜信心。"晚会主题很好地融合在具体的节目中体现出来。对于 2016 年央视春晚引发的舆论热潮，洪长晖在《识媒者生存：央视春晚的三重挑战》中指出，2016 年春晚是观众吐槽最多但主流媒体评价最好的一年，这其中的差异体现了新媒体时代、受众分层和大众泛化对央视春晚的深层挑战。2016 年春晚中渗透意识形态的细节无处不在，但这并不是问题所在，真正的问题在于如何讲述中国故事，在中国故事里传承意识形态和中国梦。

也有一些学者认为 2016 年春晚中对于意识形态的渗透是一种寓教于乐的好形式，例如马骁在《寓教于乐的好形式——浅析 2016 年央视春晚对社会主义核心价值观的践行》中指出，这一年的春晚歌唱爱国情怀、传递诚信能量、承继友善传统、体现敬业精神，很好地践行了社会主义核心价值观。但另一些研究从受众调查的角度反映了观众在这一问题认知上的差异。源清智库的舆情分析指出2016年的春晚评价走向了两个极端，即民间舆论场一边倒的吐槽和官方媒体一边倒的点赞，同时该研究也分析了出现这种现象的原因。刘佳等人基于2016年的春晚提出了"观看央视春晚能否提升受众政治认同"的问题，央视春晚的社会总体关注度仍然很高，但有少部分民众也并不是每年都看，其次大多数受众对其承担的构建家国想象、弘扬我国主旋律文化的作用和传播政治文化的功能持积极认同态度，且总体上受众的政治认同能够通过观看央视春晚获得提升（《观看央视春晚能提升受众的政治认同吗？——以2016年央视春节联欢晚会为例》）。

除此以外，另有一些研究专注于意识形态、国家形象、符号建构等方面，均归于后面的春晚衍生理论中，此处不再赘述。

2017年春晚并无大的槽点和波澜，对其本体研究也基本集中于常规性的话题，如节目形式创新、舞美效果突出、体现家国情怀等。陈寅和杨洛琪在《2017年央视春晚创作的三个关键词》中认为这年春晚的创新体现在"总体设计、节目编排与跨屏传播凸显新意""实景演出、演员遴选与舞美设计凸显炫美悦目""晚会主题、创作理念与结构布局凸显家国情怀"三个方面。周思明也认为2017年春晚"以传承为基石，以创新为引领，体现了我国文艺界薪火相传的繁荣局面，让这台举国瞩目的盛大文艺晚会在传承往届春晚常规特色之余爆出新特点，彰显新风范，既青春热辣、激情奔放，也轻松活泼、养眼养心，体现了青年新锐力量多、语言类节目多、亲情类节目比重大、大江南北五地联欢等突出特点"。此外相对上一年，2017年的央视春晚表达更为含蓄，将中国梦、一带一路战略构想和核心价值观的正能量寓于节目中以"情"来表达。一些文章也探讨了2017年央视春晚在意识形态引领上的这些特征。例如孙红震认为"央视2017年春晚在营造'全民狂欢'与'欢乐中国年'的同时，较好地融入了主旋律和正能量，高扬起当下电视文艺节目应当承载的价值引领与担当大旗"（《2017年央视春晚节目的价值担当与引领》）。

2018年是党的十九大之后的第一台春晚。这一年的春晚被讨论最多的是舞台和节目中呈现出的"走向世界的中国"。不同于前几年的春晚，2018 年春晚面向全球呈现中国，从"中国梦"到"世界之中国"其开放和包容性得到了充分的肯定，大多数的论文也体现了这一点。

王秀梅认为 2018 年央视春晚是一场充满中国味道的视觉盛宴，立体化的呈现、3D 效果的逼真展示、新媒体黑科技带来的全新视觉冲击，利用舞台构建出中国汉字"中"形象强化中国符号，分会场设置凸显了地域特色，节目的设置和海外演员的选用体现了中国文化向全世界的传播（《一场充满"中国味道"的视觉盛宴——从央视 2018 年春晚说起》）。周思明指出 2018 年春晚"仍以央视一号演播厅为支点，携手贵州黔东南、广东珠海、山东曲阜和泰安、海南三亚四个分会场，用五彩斑斓、四海欢腾的热烈景象，展现出万千气象。整台晚会力求突出中国元素、民族符号、地域文化，场面大气、炫丽"。向云驹谈春晚观感时说"这是走过 35 个春秋的央视春晚，也是乘着党的十九大春风与全国人民一起豪迈跨入伟大新时代的第一个央视春晚。央视春晚甫一亮相就给观众带来意外的惊奇与惊喜"。这台晚会新时代的气息扑面而来，节目佳作迭出，同时科学与艺术完美结合，4K 等新技术助力了节目创新和舞台开放。持有类似观点的论文还有很多，例如陈曦的《媒介仪式观视角下的春晚传统文化传播特色——以 2018 "狗年春晚"为例》也认为 2018 年春晚是具有强烈中华民族传统文化特征的文化仪式，一是通过节日的多彩绚丽弘扬传统文化、二是通过"黑科技"、新媒体的创新表达传递祝福、三是国际传播彰显文化自信。

总体来说，对于各年度和各个时代春晚的回忆和评价，是研究春晚最基本的要素，通过已有的文献可以看出每一年春晚的得失。而笔者将这些文献按照年代划分也为了方便按照本研究中的框架进行设置，以便能更清晰地感受到春晚各方面的发展和社会变迁间的同步性。当然在这些共生的变化所造成的改变中，除了其在模式规划、节目编排上的体现，同时也包含了媒介发展、技术创新和受众需求变更对于春晚的客观影响和主观评价。因此，对春晚本体研究的梳理使我们首先将"春晚"与"时代"联系在一起，而在众多的文献中也引发了几点思考：一是上述大量"编年体"式研究春晚的论文，主要是每一年春晚播出后对该年度晚会各个方面的点评，角度不同、有褒有贬，其中在创作思路、节目编排、演员选用、节目主题等方面的评论对本研究颇有启发，从中可以看出无论哪一年度的春晚，主题和节目内容如果能够真正地反映当年社会变化、浓缩人情世故，都会获得观众的认可，并引发社会各界的高度肯定，反之将会出现"受累不讨好"的尴尬；二是，通过按年度对春晚本体研究进行归纳也发现，逐年的评论缺乏一贯性，对于春晚呈现的某些特征缺乏系统地归纳和思考，尤其是近几年这一问题更为明显，大多数论文集中于就事论事地评价春晚节目本身，似乎已经无奈地接受了春晚的现状，默认了现有模式而不再思考它将何去何从，对某一现象规律性特征以及背后的驱动力分析无法给出完整的论述，以及较难发现将多年社会变迁与春晚发展这两条线索联系起来进行佐证的论文，这也为本研究的探讨提供了进一步的空间。

第二节 涉及春节联欢晚会的衍生理论研究

除了对春晚自身特征的研究，一些学者还从文艺理论、媒介效果、传播控制、符号学等视角探讨了春节联欢晚会衍生出的相关问题。

一、关键词：符号·仪式

部分学者将央视春晚作为一种特殊的符号或仪式，并以此为视角提出对相关问题的进一步关注。春晚的非日常性、程式性和符号象征性，使其体现出明显的仪式符号性，如果在这一视阈下解读春晚，从播出方和播出时间来看，它是控制性时间符号；从多年来春晚秉承的主题来看，它是具有团结特征的基调符号；其对当年重要时事的汇总使其成为穿插符号；同时它还是"家"与"国"之间的置换符号。（王立新《春晚如何？如何春晚？——一种仪式符号学读解》)。

曹进、南红红从传播符号学的视角对春晚进行剖析，挖掘潜藏在其中的符号学规律，进而发现这一文化事件的深层结构，最终对什么是"春晚"，怎样才是成功的"春晚"有所探讨。张海燕从媒介景观理论入手分析了央视春晚中的"符号"，指出媒介景观是媒介化符号、商业符号和意识形态符号三种符号共同构建的结果，并对央视春晚电视媒介景观中此三种符号的构成进行了分析（《浅析央视春晚媒介景观符号的构建》）。卢斌认为"30 年来除夕夜全家一起围看春晚逐渐成了一种年文化，一个年符号。这种文化符号影响感染着全球华人，无论春晚本身还是它蕴含的文化价值意义，以及从符号学的角度来分析，春晚都值得研究关注"（《符号学视野下的春晚盛宴——以 2014 马年冯氏春晚为例》）。付砾乐的《猴年春晚海外传播的民族化符号分析》以 2016 年春晚中应用的三类符号为例，即多元民族包容的特色民族符号、彰显中华民族形象的"中国"符号以及海外中华儿女共庆佳节的中华民族符号，分析了其海外传播的民族符号特色及其对构建并强化本届春晚海外传播仪式所起的作用。这一视角对近两年春晚的"世界之中国"视角有很好的诠释。张乃海的硕士论文《电视符号的意义形成路径研究——以中国中央电视台春节联欢晚会为例》突出电视这一媒体的平台特征以及在中国人生活中的影响变迁，是电视符号视角分析春晚比较全面的研究。

"仪式"视角下对于春晚的研究和考察大致可以划分为几类，分别是论证春晚的仪式性、进而探寻春晚这一仪式具备怎样的功能，以及春晚到底该成为一种什么样的仪式。

杨珺将春晚定位为"世俗仪式的庆典"，因为其具有三层含义而存在：广泛的群众性即世俗的一面，仪式化的节目，一年一度全民族的庆典（世俗仪式的庆典——春节联欢晚会）。习文对此也持相同的观点，分析了春晚作为一种仪式的建构、颠覆与重建（《仪式的建构与颠覆——关于春节联欢晚会的个案分析》)。邵静认为"每年的春晚都可以被看作是由一件典型的媒介事件'仪式化'后产生的重大的媒介仪式。从春晚的组织、播出和收看过程中，我们可以清晰地看到这一媒介事件是如何进行必要的仪式化表述的，又是如何运用种种仪式化的特征吸引和影响观众的。"分析这些，可以找到"春晚事件"巨大影响力的根源。同时其在另一篇文章中延续了这种探讨，并进一步指出春晚中具备的种种"仪式化"特征是其二十几年来不断延续、不断进步的"不老秘籍"，而"'国家权力'、'文化表演'、'社会控制'是'仪式化'春晚带给我们的最为深刻的三个关键词"。张华在《作为电视仪式的春节联欢晚会》中认为，"春晚因在神圣时刻播出取得了神圣仪式的身份，而电视又将春晚仪式有序地展现和强调，使春晚成为嵌套于电视日常仪式中的另一个仪式，即电视仪式。春晚与电视之间存在着共谋，并发挥诸种象征和规范功能。"而春晚作为除夕的一个仪式，其自身也随着社会变迁而改变。徐爱华认为央视春晚作为现代社会的春节新民俗"它在仪式的空间、过程、内容、传承区域、传承方式、功能以及禁忌等方面均发生巨大变迁；其变迁动因主要是：二元文化对立共生了岁时节日仪式，多元文化融合重构了现代媒介仪式"（《春晚：传统节日的现代仪式变迁》）。

在论证春晚是一种仪式的同时，部分学者开始思考作为仪式的春晚又将具备怎样的功能，存在哪些问题以及如何走下去。黄良奇将春晚作为一种图腾仪式，分析其文化贡献和内涵，认为它是"欢乐文化历史的现代延伸"、是"'和合'文化思想的电视展示和阐释方式"、是"大众文化与精英文化博弈后的完美结合"、是"欢乐文化理想的中国化伦理享受"（《"春晚"图腾仪式的文化贡献及内涵剖析》）。陈曦认为春晚是包含观众集体参与的过程，春晚的文化表演中具备仪式性内容，而通过电视直播使观众在此特定时段内收看，完成了这一媒介仪式的参与过程，而其意义在于对传统文化的传承（《"媒介仪式观"视角下的春晚传统文化传播特色——以2018"狗年春晚"为例》）。周思源在《论民俗仪式的神圣性缺失问题——以"春节联欢晚会"为例》中指出，当前的春晚已经失去了民俗仪式所必需的"神圣性"，由于先天的不足使其无法真正成为民众所认可的年俗，因此亟待其传统跨年仪式的复归。王寄梅、薛薇的《春晚的"后仪式"时代——思考媒介仪式的大众重塑与仪式理论》认为春晚作为春节的神圣仪式同时也是一场隆重的电视仪式，其形式远大于大型歌舞电视联欢晚会的内容，从这个角度来说网络普及造成的"山寨和草根的围剿"从根本上是对其仪式性的质疑和挑战。

作为仪式的春晚除了文化传播和传统民俗传承的功能，另一个功能就是通过媒介仪式构建国家形象。王玉凤以 2016 年春晚为例，从"媒介仪式"的视角分析了春晚所塑造的国家文化形象，认为"春晚作为中华民族的集体狂欢，确认着中华儿女在除夕之夜'共同在场'的集体认同，它的媒介仪式功能已经被符号化，成了中华民族幸福与团圆的象征，塑造着歌舞升平的盛世中国的文化形象"。

值得一提的是，另一种观点认为，春晚不单是"仪式"更是一种"仪式秀"，所谓仪式秀是对这种仪式的主观呈现、表现方式。因此在肯定春晚是一种"仪式"的基础上，其创新不在于摒弃这种"仪式"而是如何创造性地呈现它，这就是所谓的"仪式秀"问题，以及"由谁秀、秀什么、怎么秀"。（胡智锋、周建新《话说春晚"仪式秀"》）路云亭甚至认为春晚和戏曲同源，本身就是一种新型的剧种——"春晚是新仪式的核心构建，仪式催生剧种的原则决定了春晚必然具备新剧种的成色。春晚和所有戏曲种类一样，源于氏族社会的种族庆典仪式，并由此而进化为一种电视传播形态的世界级的礼仪性、季节性、娱乐性和民族性的庆典活动"（《春晚是新型的剧种———央视春晚的仪式学考察》）。特别是近几年由于全媒体时代的跨屏融合，央视春晚和天猫、淘宝等网上平台的互动使传统的仪式转变为全民的狂欢。邓秀军、汤思敏的《电视仪式的对话与狂欢——央视春晚微信使用的技术语境分析》通过受众群体对话方式的革新和传授关系的重塑，考察微信使用对于春晚乃至整个电视行业的影响，揭示了央视春晚作为一个品牌化的电视仪式在新媒体环境的生存策略和发展路径。类似的研究视角包括，杨蓉对比双十一天猫晚会和央视春晚，认为网络媒体和社交平台的普及具备使联欢变成狂欢的可能。当前春晚还属于传统的媒介仪式，但媒介仪式的狂欢转向是时代发展的必然产物，它使得统一的文化精神出现涣散，放任个人欲望对人们的主宰，不利于民族发展（《论媒介仪式的狂欢转向——基于央视春晚与天猫双十一晚会的比较分析》）。笔者认为这是对仪式的发展进程有益的反思，也是春晚"媒介仪式"观照下一个比较新颖且有价值的方向。

总之，在以"符号""仪式"为关键词的春晚研究中，多数学者都从不同方面论述春晚是一种特殊的"仪式"，以及作为一种仪式的春晚要如何发挥功能并应对挑战，这已经成为研究央视春晚的一个常规化切入点。

二、关键词：民俗·文化

"春晚"研究的另一类关键词即民俗、文化及文化的建构与重构。春晚导演郎昆说过，"春晚历经二十多年，发生了很大的变化，其中一个重要的变化就是它在传播定位上的变化。春晚的文化属性谁也改变不了"。而他认为春晚的文化属性包括其年俗文化属性、文化兼容性、流行文化属性以及时代文化属性（或称为国家文化属性）。春晚的文化属性不仅是每年春晚编导组需要考虑，也为人们理解和研究春晚提供了一个新的路径。

部分学者提出了春晚与"新民俗"的关联。例如，杨华娟更看重央视春晚对当代"新民俗"文化的建构。时代的发展使传统民俗文化受到现代文化、外来文化的双重挑战，在这种背景下为了适应现代观念和现代生活的新型民俗开始出现，形成了具有鲜明时代特征的"新民俗"文化。文章《论央视春节联欢晚会对当代"新民俗"文化的建构》在民俗文化研究的层面对央视春节联欢晚会进行了评析，通过对立足于传统文化的"新民俗"文化的特点、春节联欢晚会所具有的"新民俗"文化的品格及其心理解读的深入分析，探讨了其在当代"新民俗"文化建构中的意义。此外南昌大学方驰环的硕士论文《神圣时间的巅峰体验——春节联欢晚会新民俗现象探析》、李晓科的《浅议新民俗之央视春晚社会效应》、杨状振的《央视春晚："新民俗"更需政策引导》、张培琼《央视"春晚"对新年俗文化的呈现》也都围绕着央视春晚与"新民俗"间的相互影响，以及如何从这一视角解读和办好春晚展开讨论。比如曹元认为除了对文化的建构，在一定程度上春晚已经造成了对民俗文化的影响，"春晚对电视观众的精神生活起着重要的影响作用，它具有冲击传统文化的能力，也具备文化引领的功能"，并希望人们能"宽容看待春晚的文化属性"。但同时也有人提出不同意见，例如向云驹在《央视春晚是新民俗吗？》一文中归纳了人们对于春晚究竟是否算作民俗的争议，一方面央视春晚因为文化障碍而难以成为一种民俗，如积累、流传、传承的时间不够，缺乏参与性与互动性，具有易碎性，另一方面央视春晚作为"老民俗中的新民俗"也有一定的道理，而能否真正成为当下一种新民俗，在于其能否坚守和发挥其文化意义。

吴海清在《论央视春节联欢晚会对春节文化的重构》中认为，作为中国媒体的一种重要的象征性行为，中央电视台举办的春节晚会通过建构家国一体的形象、调动民间记忆、运用明星认同机制等一系列的叙事策略，重构了传统的春节文化、民间文化和流行文化，创造了以社会整体性形象为核心的春节文化文本。这种重构活动是主流意识形态在中国社会由以阶级话语为组织模式的现代性设计向以经济建设和民族—国家的整体性认同为主的现代性设计转型过程中而做出的调整，其目的是为了克服几十年的斗争话语所造成的社会困境，建构团结、奋进、乐观的社会形象，以唤起人们的共同感和民族身份感。

更多学者们认为春晚的意义不只是涉及春节文化，更是在于中国的"传统文化"上。这其中，西安外语学院牛泽明的硕士论文在论述了春晚具有民俗特征和民俗传承的基础上，认为渗透着国家意识形态的春晚是对传统文化的重构。并且"国家意识形态介入春节联欢晚会使得春节得以重新进入现代文化体系，这对于其他一些类似的传统文化的传承都有着借鉴的意义。"（《论春节联欢晚会对传统文化的消解与重构》）。刁生虎和黄子瑄在《传承与创新——论央视春晚对中华优秀传统文化的传播》谈到"央视春晚在中华优秀传统文化的有效传播上发挥着极为关键的作用。其在继承中华优秀传统文化中延续了民族文化的精神血脉，以家国为根、以和谐为魂和以乐舞为体是央视春晚的永恒坚守；同时其在创新中华优秀传统文化中开创了民族文化的美好未来"。

程芳在其《春节联欢晚会的艺术性及文化意义》中分析春晚的文化意义，认为"首先，它改变了中国人过年的方式。……其次，它对中国当代文化的发展产生了强大的推动力。……第三，春节联欢晚会总能推出一些流行话语，引领潮流。……第四，春节联欢晚会对于中国媒体文化的发展具有典范意义。"同样涉及春晚文化意义的还有朱晓兰的《浅议春节联欢晚会的文化意义及其变迁》，文中指出大众狂欢只是春晚的文化表层意义，而对国家的想象与国家意识形态的建构则是春晚文化意义的升华。同时，经历了二十多年发展历程，春晚的文化意义的变迁，即呈现出媒介产品的商品性，也需要被重视。除了对于民俗文化的建构，也有学者认为央视春晚作为全国性的综艺晚会，其中各种文化要素和文化精神的碰撞和融合充分体现了我国现阶段文化转型所面临的文化冲突，其中包括南北地域文化冲突，传统和流行文化冲突，官方文化、精英文化和大众文化间的冲突等。（胡箫《由春晚看中国社会转型期的国内文化冲突》）

周星更进一步地看重春晚的作用，认为它不单是综艺晚会，还担负了构建中国"核心文化价值观"的重任。春晚已经逐步形成了一个国家文化品牌，但能否实现文化价值需要格外重视分析，"强调文化品牌价值是判断春晚乃至于其他国家性质的大型文化活动的主要立足点"，因此应该更多地站在文化研究的基点上，认识春晚的文化意义，以此为基础振兴和发展春晚（《中国"春晚"应当重建核心文化立足观——文化软实力建设视野中的中国春节联欢晚会走势与发展分析》）。在此方面研究中，南昌大学 2010 届硕士生陈佳丽在其学位论文《春晚的文化解读与发展思考》中，比较系统地从文化的角度研究了春晚，探讨春晚如何映射中国传统文化的核心价值，并在此基础上结合我国电视发展现状，对春晚提出建设性意见。在新的时代背景下，央视春晚对民俗的呈现具有了新的内涵，例如结合"一带一路"进行对外文化传播以及发扬文化自信进行软实力传播的功能等。宫承波和田园的论文《在回归民俗内核中展现时代精神———对春晚三十一年的审视与思考》

中指出，春晚实际上经历了一条从民俗庆典到媒介仪式的发展之路，其本质仍然是融会民俗内核与时代精神的全民联欢，而春晚在新时代的发展并不是要回归到起点而是要考虑如何在民俗内核中进一步体现时代精神。张炜、张楠在谈到春晚的对外传播时指出，央视春晚的海外传播"最关键的就是要遵循国际审美共识，对春节这一民俗进行创新性、视觉化的演绎和国际化包装，以及对'联欢'的范围与方式进行进一步扩展。让春节成为全球性节日，让各国的演员和观众都有机会参与到节目的表演和互动中，央视春晚乃至中国文化的国际影响力才能得到最大限度的提升"（《央视春晚海外传播三题》）。央视春晚策划秦新民也认为春晚的创新除了艺术理想以外，还要承载文化态度、文化责任、价值追求，将社会主义核心价值观和正能量通过艺术表现让大家乐于去感受和接受（《春晚，在艺术追求中承载文化责任——访2016年央视春节联欢晚会总导演吕逸涛及策划甲丁、秦新民》）。

三、关键词：政治传播·意识形态

研究春晚的另一个方向是政治传播的视角，讨论三十余年来央视春晚对于国家形象的构建，以及其中蕴含的国家意识形态。

隋雯茜认为春晚在一定程度上是依托春节文化的一种国家意识形态议程设置。指出春晚一方面以多样的形式弘扬春节传统文化，另一方面集中体现了国家意识形态或者说是主流意识形态的主旋律，"在中国的广播电视新闻体制之下，春节联欢晚会作为有中国特色的社会主义电视文化的代表，其价值取向中的政治价值和社会价值显得尤为重要。纵览20多年的春晚，其宣扬的主题价值基本上都在体现国家意识形态。"（《春节联欢晚会：依托传统文化的国家意识形态议程设置》）。同样，夏凌捷在《春节联欢晚会与国家意识形态的建构》中认为随着经济的增长和各种社会问题的出现，中国社会面临人类历史上从未有过的现代化挑战，所以亟须加强意识形态建设，而春晚既满足了人们节日气氛里的娱乐需要，也让群众消化掉了国家要传达的"必要认识"。因此"它被赋予了强烈的意识形态象征色彩，以纯粹的娱乐形式，让节目内容对社会问题进行嘲弄或颠覆的形式出现来适合观众的消费胃口，同时适合国家意识形态的欲望想象。"王歆雅也认为"从微观上来说，对于普通的观众，经过精心筹备的春节联欢晚会的确是一场感官的饕餮盛宴，但是从宏观上观之，春节联欢晚会带给中国，带给中华民族的却不单纯是一场节目的盛大演出，春节联欢晚会在现代中国国家意识形态构建的过程中也占据着相当重要的一环。"范缤月也持同样观点，在《春节联欢晚会与国家意识形态构建》中论述了作为除夕夜不可缺少的一顿大餐，中央电视台的春节联欢晚会在我国意识形态构建方面扮演着不可或缺的角色。

这其中比较全面阐述这一观点的是湘潭大学李萍的硕士论文《春节晚会的意识形态幻想研究》。文章在传播学、社会学、文艺学等方面予以把握，通过对其文本的意识形态幻象的原因、表征分析来考察春节晚会的社会和文化意义。同时对于春节晚会的意识形态幻象主要从节日、时代、政治、文化方面予以阐释，并分析了其意义在于建构主流话语和身份认同。

而李黎丹的《央视春晚意识形态运行模式的变迁》是此类研究文章中较有特色的一篇，其在肯定春晚体现国家意识形态的同时，以"年代秀"的形式分析了80年代、90年代和21世纪中春晚意识形态运行模式的变迁。

除此以外，金玉萍的两篇论文从"国家认同建构"的角度探讨了春晚的意义，指出国家认同的建构是现代民族国家的重要任务，媒介是进行国家认同建构的主要机构。央视春晚是一种典型通过媒介传播的节庆仪式，"春晚作为一个创造出来的传统，通过电子媒介传播实现空间化，是国家通过媒介将民族传统习俗与国家政治话语相结合的产物，典型地反映了媒介中国家认同建构的内在逻辑。"（《媒介中的国家认同建构——以春节联欢晚会为例》）

近几年央视春晚的意识形态特征和社会主义核心价值观输出更为明显，这从其2014年被定为"国家项目"可见一斑。除了前文春晚本体研究中指出的2016年春晚因其明显的意识形态特征而成为此视角下的话题焦点，其他关注此角度的研究也较为集中，并且有了进一步的扩展。张潇祎指出春晚是在国家意识形态下建构民族国家"想象的共同体"的手段，"春晚具有其它综艺娱乐节目难以望其项背的极高地位与社会资源，这就意味着其承担着更多的期待与压力。在政治宣传和娱乐之间找到一个妥帖的平衡点是春晚需要解决的最重要的一个问题"（《春晚中的国家意识形态与"想象的共同体"的建构》）。张兵娟和聂静认为，春晚在弘扬中国传统文化的同时也展示了时代的面貌，倡导了道德风尚，具有一定的政治传播功能，体现在"乐与情感相通""家国概念的一体""对当下社会生活及观念的表达与呈现"三个方面（《"乐以观政"——论春晚的政治传播功能》）。刘辛未也认为"央视春晚作为一台面向世界的文艺晚会，其30年沿革下来的'和谐'理念，既呼应了世界大同的时代潮流，也在国际范围内塑造了中国寻求'共同发展'、'和谐发展'的大国形象"（《试论央视春晚中的民族国家形象建构》）。

　　总之，在现有文献中以政治传播为框架，探讨春晚对于国家意识形态的呈现和建构国家认同作用的研究不是很多，但也为我们提供了一种研究春晚的新线索。在这一视角下，我们可以从意识形态理论的框架下更进一步挖掘春晚的深层含义。

四、关键词：集体记忆·记忆建构

　　集体记忆（collective memory）这一概念由法国社会学家哈布瓦赫（Maurice Halbw Achs）在《记忆的社会结构》中首次提出的，之后他又在《论集体记忆》中系统地阐述了社会群体（家庭、宗教、社会阶级）和集体记忆之间的关联，将"记忆"置于社会框架的分析中，赋予其以社会学的意义。而在春晚的研究中，集体记忆的视角为我们打开了解释其意义的一条新路径：春晚作为普天下华人最为关注的传统节日的大型电视晚会，从诞生之日就深深刻上了中国人集体记忆的烙印。这一研究视角近几年开始呈现，也展现了学者们对于春晚特殊意义的多元化思考。

　　吴迪的《春晚：属于中国人的集体记忆中》一文论证了央视春晚构成中国人集体记忆的必然性，即春节作为传统节日具备成为集体记忆渠道的正当性，而作为其平台载体的电视媒体也具有作为集体记忆渠道的合理性；同时，春晚在进行记忆建构时也具有多种途径，包括利用故事叙述重现集体记忆、利用固定模式制造集体记忆、利用年代标签唤醒集体记忆等。此外，文中还指出在春晚的研究中也可以"利用集体记忆来挖掘未来创新春晚的手段和方式"。

陕西师范大学马路平的硕士论文《关于春晚建构中国人的集体记忆研究》较为系统地研究了自 1983－2014 的三十二年间，央视春晚如何建构了中华民族的集体记忆，同时也指出"对春晚的这种记忆，一方面在安定社会秩序和加强民族认同的同时，另一方面却消解了传统春节文化，给中国的文化传承带来一定的困扰。"特别是随着时代和媒介环境的变迁，人们对春晚的集体记忆也发生了变化"未来春晚能否继续维持中国人的集体记忆，与春晚是否适应时代需要密切相关。"

南京大学曹恩惠的硕士论文《"春晚"的民间记忆书写——以百度百科"春晚"词条在线书写为例》寻找了一个较为新颖的平台作为视角，即选择百度百科中的"春晚"词条作为研究对象，通过对其书写者的背景、编辑行为、编辑内容以及社会关系网络进行考察，描绘出民间记忆社群书写"春晚"的脉络，并发现"民间记忆社群通过在线协作的方式使得词条的篇幅和叙事结构趋于完善。这是一套完全不同于官方叙事所呈现出的宏大记忆"，同时，"民间记忆社群中也发生'内乱'，这主要体现在对记忆书写内容地选择性呈现与争夺。"这一研究不失为一个有新意的研究路径和观点。

也有的学者认为，关于春晚的集体记忆是在观众与媒介的互动中形成的，在媒介事件中观众对春晚的解读和通过社交媒体的互动，为集体记忆增添了素材（李菁《媒介事件视域下央视春晚的集体记忆解读》）。

学者欧阳宏生等人更关注春晚对于国人文化记忆的建构，并指出央视春晚"为影像民族文化的国际化传播提供可参考的路径选择，丰富我们对于广谱记忆理论总体上的理解。"（欧阳宏生、徐书婕《文化记忆视阈下央视春晚35 年的影像表达》）

此外，余金红的《论央视春晚的社会记忆建构》，成炘儒的《央视春晚集体意义的符号化建构》，宋晨露的《央视春晚文艺记忆的建构与传播》，张媛的《符号再现与记忆建构：传播仪式观视野下的"春晚"》都属于"集体记忆"及其分支理论维度下的研究。可见，这一方向的研究中，虽然研究者的视角和切入点略有不同，但内容和观点差别不大，基本都集中于央视春晚为何能够构建记忆、如何构建民众记忆、以及如何利用这种构建记忆的功能进一步完成春晚与中国人集体记忆的互动。

第三节　受众研究视域下的春晚研究

以受众分析为视角研究央视春节联欢晚会是一个很好的研究方向，但可惜的是这方面的成果并不多，而能够切实进行实证研究的更少，似乎每年"我最喜欢的春晚节目评选"以及收视率调查数据已经取代了学术领域对此方向的研究。不多的研究都集中于对春晚收视率的评价，少数近年的研究关注了网络平台上关于春晚的"吐槽"和舆情分析。

一、收视率调查结果及数据报告解读

此类研究主要集中于每年央视春晚结束后各类媒体和调查公司采集的收视率报告数据，近年来也出现了针对数据报告所做的分析研究。

对春晚收视率调查数据的介绍和解读，如《关于春晚的数据调查》（梁秉堃）《电话调查绝大多数观众对 1995 年春节联欢晚会满意》《1997 年春节联欢晚会电话调查结果分析》（张传玲）《中央电视台春节联欢晚会收视率情况》（张传玲）《1999 年春节联欢晚会收视情况电话调查结果分析》（中央电视台观联处 央视调查咨询中心）《74.3% 的家庭"自始至终"收看了春节联欢晚会》《2006 年央视春节联欢晚会广受好评——观众满意度高达 85%》《10.33 亿受众观看直播 央视 2016 年春晚份额创七年新高》（李媛媛）等。这类文章或论文大部分比较短小，用于公布当年春晚收视率的数据，以此来衡量本年度春晚成功与否，而这其中《央视春晚满意度调查两个版本之我见》（柯惠新）是少数篇幅较长且论述完整的文章之一，解释了在网络媒介介入评论后，近几年常引发讨论的关于春晚收视率的不同"版本"，从数据采集方式的角度解释了不同数据的来源，给这一令人困惑的现象做出了专业角度的分析。此外，近年来这一研究角度也有了拓展，即探讨融媒体时代如何统计和认识跨屏收视率统计数据，如《从全媒体收视调查看马年卫视春晚竞争态势》（杜泽壮）等。

另一种情况是较为专业和具备学术研究的收视情况调查报告分析，相比之下，此类研究是较为理性的受众分析视角下的春晚研究。如《2001年央视春节联欢晚会收视状况分析》（王兰柱、肖海峰）《央视春节联欢晚会近几年的收视分析》（肖海峰）两篇文章对春晚的收视情况进行了分析，特别是对数字背后的意义提供了详细的解读，以期为全面、客观评价春晚提供依据。尹晓莉的《2004年春节联欢晚会收视及广告效果分析》侧重于探讨收视情况对广告效果的影响。而吴丹的《央视春晚南北收视悬殊的成因分析》针对2009年春晚南北收视相差达80多倍的问题，分析了造成这种收视率悬殊的原因是多方面的，认为"所造成的南方文化集体失语和春晚对南方观众文化向心力的严重失衡应引起制作者和有关方面的重视"。其中源清智库发布的《2016年"春晚评论"舆情分析》是较少的从舆情舆论角度对于民众"春晚评论"的分析，其按照春晚前后和进行中的时间段采集舆情信息进行数据分析，用收视率以外的数字反映了民众对春晚的认知和评价。

此类文章中不乏一些学者自采数据的问卷调查，如刘冰连续两年撰写的《观众眼中的2015年央视春晚》和《观众眼中的2016年央视春晚》（青年记者），刘怡的《春节晚会略论——电视观众调查报告分析》，赵平喜的《春晚受众心理与传播效果：江西个案》等。这些研究尽管在抽样范围、样本数量等方面不是很完善，但可以说是研究此方向不可多得的实证研究。相对于简单的受众调查，也有些学者从传播过程及传播学经典理论假说的视角探讨春晚受众的行为和心理，如《"使用与满足"理论视域下的央视春晚满意度透视——以 2015 年羊年春晚为样本》（周桃）《使用与满足理论下 2016 年春晚解读》（高振飞）《从受众心理诉求角度谈央视春晚的困境与出路》（余艳青）等。

二、受众理论研究和春晚舆情分析

这一方向的研究经历了零散到规范，感性到理性的变化，但总体上规范、全面的央视春晚受众调查和相关研究仍然缺乏。

早期能够检索到的内容，多为收录各界点评和观众评论的集锦式文章。此类文章多为报纸和期刊对于当年春晚的短评，时效性较强，但多为集锦和荟萃，少有评论和观点。包括《春节晚会越办越精，百姓口味越看越高——1997 年春节联欢晚会座谈调查情况综述》（明哲）《别了，盛宴！——中国知识界犀评春节晚会》（陈晓红）《众说纷纭品评春节晚会》（当代电视）《满目缤纷竞风流，一腔热忱论伯仲——各界观众踊跃点评央视春节联欢晚会》（当代电视）《普天同乐又一春——观众评说中央电视台的 2006 年春节联欢晚会》（当代电视）《2016 年央视春晚在海内外反映强烈》（光明日报）等。

近年来随着春晚全媒体播出的平台扩张以及社交媒体舆论的多元化，出现了因央视春晚引发的"吐槽"和"网络狂欢"。如果说"吐槽"是春晚的一个娱乐衍生品，那么当吐槽"遇上"社交网络，个体现象就成了群体的狂欢。因此部分学者把目光集中于这一现象，成为借此研究春晚受众行为的一个新视角。华施琪在《从春晚"槽点"看当代受众的娱乐需求》中指出随着科技的发展和社交网络平台的建设，人们对于春晚的评论可以即时展现，而在春晚播出过程中对其"槽点"的吐槽已成为观众必不可少的观看程序，这表达了观众对节目的看法，从中可以窥见受众对春晚的娱乐需求。持有类似观点的还有《看春晚与吐槽春晚》（沈占明）《从春晚"吐槽"看当代受众的娱乐需求》（向永心）等，都探讨了为何吐槽、哪些现象会成为"槽点"等。同时，也有些研究把对春晚的"吐槽"这一群体行为作为研究对象，将其定义为一年一度春晚伴生的"网络狂欢"，从狂欢理论的视角分析这一现象。如袁也的《解读央视春晚引发的网络狂欢现象》《狂欢理论视阈下的微博狂欢研究——以新浪微博"春晚吐槽"现象为例》等。

综合对上述春晚已有成果的归类和探讨，本研究希望通过系统、科学的实证研究，从传播学的视角，以意识形态理论和媒介系统依赖理论为框架，考察社会发展、春晚节目设置、受众需求三者间的关系，特别是其中春晚呈现的主题、内容等与受众的需求以及时代变迁之间的对比，希望以全面的研究填补春晚研究方面的空白。

第三章

研究分析之三十六年春晚描述

本文以 1983 年——2018 年央视春节联欢晚会为研究范围，共采集其中 1435 个节目作为样本进行内容分析，由于 20 世纪中春晚的影像资料保存不完整，以及某些演员自身因素的问题，造成个别节目被删除或遗失，而无法纳入分析范围，但此两类情况的节目数量不超过全部样本总量的 0.5%，故不会对研究结果造成影响。

笔者通过对 36 年间 1435 个节目样本的检测，基本勾画出央视春节联欢晚会（以下简称春晚）的结构和发展态势，并对其中节目类型构成、地域特征、表演者身份特征等方面进行了重点分析。

第一节　三十六年春晚节目构成分析

本次研究中，笔者将"节目类型"分析类目设置了"歌曲""舞蹈""相声""小品""魔术""杂技""戏曲""器乐演奏"和"其他"，共九个选项。总体上看歌曲类节目成为春晚主体，三十六年中共有 735 个歌曲类节目，其中包括了独唱、合唱、对唱、歌配舞等以歌唱为主要表演形式的节目，超过节目总数的一半，占总比例的 51.2%；小品作为春晚催生的节目形式数量次之，共 182 个节目，占总数的 12.7%；传统的曲艺节目形式——相

56

声共 123 个，占节目总数的 8.6%。其余节目形式的个数和百分比分别：舞蹈类节目（包括独舞、群舞等）92 个，占 6.4%；各类戏曲节目 77 个，占总数的 5.4%；杂技类节目 31 个，占 2.2%；魔术（含戏法）类节目 26 个，占 1.8%；各类器乐演奏节目共 15 个，占总数的 1%；而武术、游戏、混搭、创意节目等因个体数量较少或形式五花八门没有单独分类，均被归入"其他"，三十六年间共有 154 个，占总数的 10.7%。

表 3.1　1983-2018 年央视春晚各类型节目频率及百分比统计

节目类别	频率	百分比	有效百分比	累积百分比
歌曲	735	51.2	51.2	51.2
舞蹈	92	6.4	6.4	57.6
相声	123	8.6	8.6	66.2
小品	182	12.7	12.7	78.9
魔术	26	1.8	1.8	80.7
杂技	31	2.2	2.2	82.9
戏曲	77	5.4	5.4	88.2
器乐演奏	15	1.0	1.0	89.3
其他	154	10.7	10.7	100.0
总计	1435	100.0	100.0	

一、央视春晚总体结构描述

上述的节目构成体现了春晚中歌曲、小品、相声三足鼎立的模式，并且在三十多年间这一模式基本没有明显的改变。春晚中歌舞类节目总体上的"一家独大"也使每年除夕的央视春晚相对于"春节戏曲联欢晚会""春节相声小品联欢晚会"更被戏称为"春节歌舞联欢晚会"。

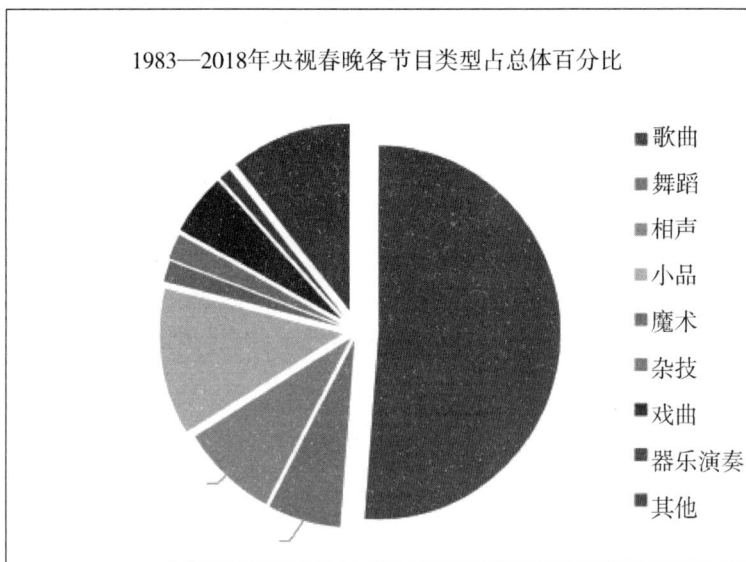

图 3.1 1983—2018 年央视春晚各节目类型占总体百分比

三十余年的春晚，为中国人的文化生活贡献了无数广为传唱、经久不衰的经典歌曲，包括 1983 年首届春晚打破"禁忌"的《乡恋》，1984 年以来成为春晚常年结束曲的《难忘今宵》，至今被传唱了上亿遍的《我的中国心》，1985 年令万家洒泪的《十五的月亮》《血染的风采》，1986 年至今感动了几代人的《在那桃花盛开的地方》，1987 年费翔带来的耳目一新的《故乡的云》《冬天里的一把火》，1989 年唤起人间互助真情的《爱的奉献》，1991年唱出很多人心声的《我想有个家》，1993 年引发广东歌手北上潮流的《涛声依旧》，1997 年反映国家发展大题材的《春天的故事》，1998 年词曲俱佳的《相约一九九八》、大气蓬勃的《走进新时代》，1999 年淳朴热烈的《山路十八弯》和融入千家万户的《常回家看看》，2001 年豪情奔放的《西部放歌》，2002 年充满自豪的《我家在中国》，2006 年草原风情的《吉祥三宝》，2008 年凸显中国文化的《中国话》《青花瓷》，2011 年浸透着普通打工者梦想的《春天里》，2014 年满怀深情的《时间都去哪儿了》和《老阿姨》，2016 年异域风采的《丝绸之路》，2018 年充满正能量的《赞赞新时代》等等。在春晚舞台的歌舞节目中，我们可以看见社会进步带来的思想多元化，可以看到三十多年中国变化促成的气壮山河，可以看到祖国强盛带来的自豪心情，更可以看到我们迈向世界舞台的大国自信。可以说，春晚成了经典歌曲展示的舞台，春晚是推出和培养歌唱人才的摇篮，春晚是带动随后一年乃至几十年中国音乐的风向标，春晚更是我国三十余年发展的变奏曲。

同时，传统的曲艺形式相声和伴随春晚而生的语言类节目形式——小品，成为春晚的另外"两足"，分别占总数的 8.6% 和 12.7%，此三者相加占了全部节目的 72.5%，也就是说近四分之三春晚节目由歌曲、相声和小品三类节目构成。

相声和小品两类节目，用语言和表演浓缩了人们的喜怒哀乐以及国家发展和社会变化，往往是反映社会的一面镜子，如果说春晚是社会发展的记事本，那么经典的小品就像是百姓生活的缩影，不仅能给人们在除夕夜晚增加欢乐，更能够自带话题引发思考，如 1983 年的《阿 Q 的独白》，1984 年的《宇宙牌香烟》《吃面条》，1985 年的《大乐特乐》，1986 年的《羊肉串》，1987 年的《虎口遐想》《产房门前》，1988 年的《电梯奇遇》，1989 年的《英雄母亲的一天》《懒汉相亲》和《胡椒面》，1990 年的《难兄难弟》《主角与配角》，1991 年的《着急》《小九老乐》和《警察与小偷》，1992 年的《办晚会》《我想有个家》《妈妈的今天》，1993 年的《楼道曲》《老拜年》和《张三其人》，1994 年的《跑题》《吃饺子》和《打扑克》，1995 年的《找焦点》，1996 年的《打工奇遇》，1997 年的《红高粱模特队》，1999 年的《瞧这俩爹》《打气儿》《昨天今天明天》，2000 年的《小站的故事》，2003 年的《今非昔比》，2005 年的《送水工》，2006 年的《打工幼儿园》，2007 年的《策划》，2008 年的《军嫂上岛》《火炬手》，2009 年的《团团圆圆》《水下除夕夜》《不差钱》，2010 年的《和谁说相声》《捐助》，2011 年的《芝麻开门》《同桌的你》，2012 年的《奋斗》《今天的幸福》，2014 年的《扶不扶》，2017 年的《老伴》，2018 年的《回家》等在给大家带来欢乐笑声的同时，无不因为或贴近生活，或反映国家发展、社会变化，或针砭时弊，而成为永不消逝的经典。

而另一方面不尽完美的是，一些经典节目类型的比例正在逐渐减少，例如，作为中国传统文化代表形式的戏曲，从 20 世纪 80 年代的每年五六个，到九十年代的每年二三个，再到新世纪每年仅保留一个，在央视春晚的三十六年中共有 77 个，只占全部节目的 5.4%。尽管自 1992 年以来，央视推出了专门的"春节戏曲联欢晚会"，但在除夕这一特殊时刻的综艺盛典上，戏曲节目的"形单影只"，仍然被视为一种遗憾。此外，在三十年的春晚中，"其他"类节目形式所占有的比重为全部总数的 10.7%，共 154 个节目。尽管在实证研究中，无法归类的"其他"选项所占比重应尽可能少，但在本研究中，"其他"类选项的存在却有其特殊意义。在三十余年春晚的 1435 个节目中，有些节目如武术、小歌剧、戏曲小品、音乐小品、音乐评书、游戏等被归入"其他"，而这些节目类型的存在，一方面代表了春晚节目在类型上的多样性，另一方面混搭节目、新兴节目形式的出现也标志着春晚在类型创作上的不断创新，因此，归于"其他"的节目从形式和内容上来说都是值得肯定的。

二、三十六年间春晚各类型节目构成趋势

从 1983 年至 2018 年的三十六年间，尽管春晚的节目构成在主体上呈现出歌曲一家独大，相声、小品各领风骚的局面，但总体来说，在发展态势上仍有不同年代所特有的变化和趋势。

从下图中可见，春晚节目类型的构成趋势起伏明显。歌曲类节目尽管一直在数量上占有绝对优势，但相对来说也有起伏，只是占多数的"地位"基本平稳。而戏曲、小品等类型的节目在三十多年春晚中都有较为明显的变化。

1983-2018年央视春晚节目类型变化趋势

节目类型
...... 歌曲
--- 舞蹈
--- 相声
--- 小品
—— 魔术
—— 杂技
—— 戏曲
—— 器乐演奏
—— 其他

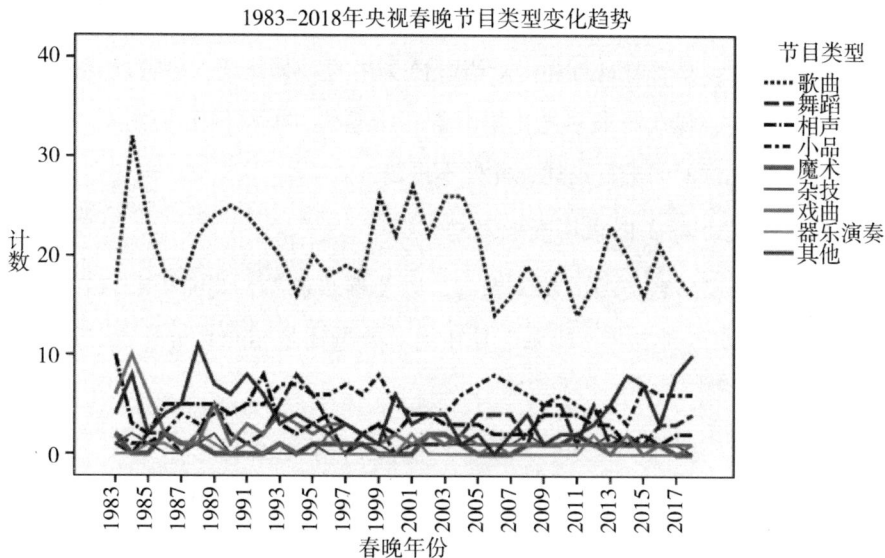

图 3.2 1983—2018 三十六年间春晚各类型节目变化趋势

（一）小品节目从无到有日趋稳定

1983 年春晚中，小品这一节目形式仅限于知名电影演员对其塑造的经典人物形象的再创作，如当年由斯琴高娃、严顺开表演的小品《逛厂甸》《阿Q 的独白》，都延续了各自电影中"虎妞"和"阿Q"的人物形象，幻想、演绎了虚构角色在当代的面貌，与其说是"小品"不如说是经典形象再现。而 1984 年、1985 年出现了模拟演艺场景的小品《吃面条》和《拍电影》等，总体上仍依附于"表演"，但到了 80 年代后期小品开始成为独立的节目类型和艺术表现形式，涌现了《产房门前》等经典小品。特别是 1988 年评剧表演艺术家赵丽蓉的出现，带来了小品《急诊》，以及随后的一系列经典的作品如《英雄母亲的一天》《妈妈的今天》《吃饺子》等等。进入 90 年代小品这一节目形式逐步走向成熟，形成了多个稳定搭配和组合，如赵丽蓉和巩汉林的"母子"组合、赵本山和宋丹丹的"白云黑土"组合、蔡明和潘长江的"毒舌组合"和近两年的新秀开心麻花团队，均在春晚舞台上奉献了无数精品，时至今日小品已经成为春晚舞台上最令人期待的节目形式之一，也成为在除夕夜掀起收视高潮和把握晚会节奏的主要节目类型。可以说，小品这一节目形式，是春晚培育和贡献给电视文艺的一朵奇葩，尽管近几年随着演员新老交替、观众需求多元化等因素有所起伏，但整体上仍然发挥稳定。本文将在第五章专门进行论述，此处不再赘言。

（二）戏曲类节目难掩衰败趋势

相比于小品节目类型的从无到有，以及逐步成熟，戏曲类节目在 20 世纪 80 年代末期达到顶峰，却无论是在绝对数量还是相对百分比上，近年来都难掩下降趋势。

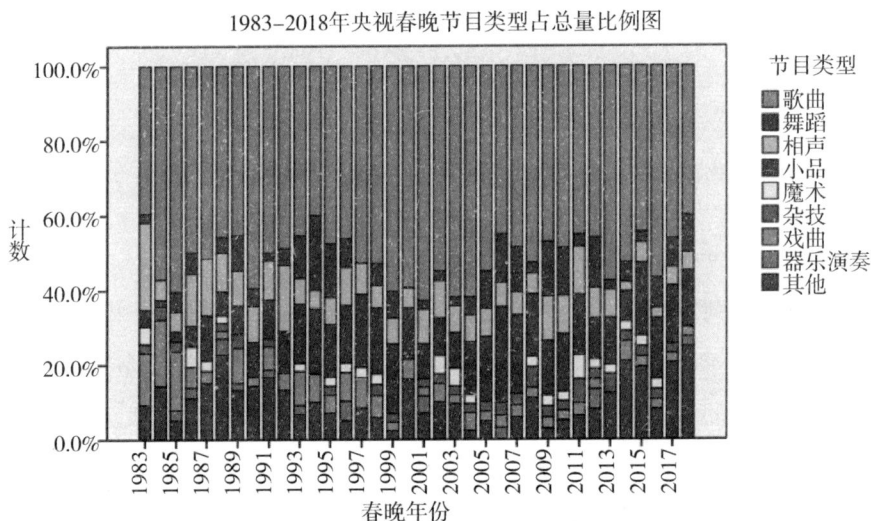

图 3.3　1983—2018 年央视春晚节目类型占总比示意图

戏曲作为中国传统的文化艺术形式，融合了文学、音乐、舞蹈、美术、武术、杂技以及各种表演元素。在中国，戏曲具有悠久的历史，早在原始社会已有萌芽，在其后漫长的发展过程中，经过八百多年不断地丰富、发展，逐渐形成为比较完整的戏曲艺术体系，到今天，我国各民族地区的戏曲剧种已达 300 多种，其中比较流行和熟知的剧种包括京剧、秦腔、豫剧、越剧、黄梅戏、评剧、花鼓戏、河北梆子、川剧、粤剧等。由图 3.3 可以看出，80

年代初期，戏曲节目在节目中所占比例相对较大，特别是春晚产生的前三年，戏曲类节目均占总数的10%以上，尤其是1984年，各类戏曲节目有10个之多，百分比达到17.86%。这期间大量知名戏剧表演艺术家和演艺界人士纷纷表演或反串戏曲节目，如袁世海的《坐寨盗马》，李维康的《霸王别姬》，李谷一反串的《牛皋招亲》和《刘海砍樵》，索宝立、牟玄甫的《夫妻双双把家还》，马长礼的《空城计》，牛得草的《迎春曲》，丁凡和林锦屏的《故乡行》、《南海渔歌》，谭元寿的《定军山》，方荣翔的《将相和》，马兰的《女驸马》，王文娟的《红楼梦 - 劝黛》，茅善玉的《燕燕做媒》和《太湖美》，何赛飞、茅威涛的《五女拜寿》，小香玉等人的《老牛接班》，红线女的《花市》、《花城之春》等等。在此之前人们对这些知名表演者的作品多为"只闻其声"，但在春晚上他们的现场表演终于让观众"得见其人"，同时这一时期的戏曲都是独立的节目，在时间上给予了充分的长度，以确保经典剧目的完整性和可看性。而更重要的是，80年代初期的戏曲类节目，不只是作为国粹的京剧，更包含了多种多样的地方戏曲形式，如沪剧、花鼓戏、粤剧、桂剧、锡剧、川剧等丰富多彩、新颖、可看性强的"小剧种"。这不仅极大地丰富了春晚的舞台，更起到了普及和推广地方戏曲的作用。

但进入90年代以来，戏曲节目无论从数量还是从品种上都出现"紧缩"。90年代，春晚舞台上戏曲类节目的数量平均每年2~3个，而进入新世纪以来，春晚中的戏曲节目基本上只保留了一个，节目形式也由原来的独立节目变为了"联唱"，并大都安排在零点前后的非黄金时段。尽管自1992年以来央视开办了单独的"春节戏曲联欢晚会"，但近年来春晚给人的感觉只是"象征性"地保留了这一节目类型，以保证国粹在春晚舞台上的存在，而且安排的播出时段也并没有考虑到戏曲类节目受众——老年人的收看习惯和关注特点。此外，除了形式及编排上的尴尬，90年代中期以来在内容上，绝大多数的戏曲节目停留在"京剧"一个剧种上，或在联唱形式中集中体现京剧、豫剧、越剧、黄梅戏、评剧，这"中国五大戏曲剧"，而不再有地方戏之类小剧种的身影。直到近几年，央视春晚舞台才惊艳地出现了一些罕见的地方小剧种，如 2016 年登台的川剧、沪剧、婺剧，2017 年的汉剧，2018 年的赣剧，虽然只是夹在一个大戏曲拼盘中艰难露脸，但是多少能慰藉地方戏迷或起到普及和弘扬小剧种的作用。反观近年来，一些地方戏特别是小剧种、稀有剧种面临消亡或已经消失，这一现象足以引发社会各界的广泛关注，春晚舞台上地方小剧种的稀有反弹，能否说明这一面向世界的中国第一综艺晚会在文化责任和社会责任上的觉醒，还有待观察。

（三）"其他"类型节目在起伏中总体减少

本研究的编码中，将无法归入前 8 个常规独立门类的节目以及一些无法界定的创新形式节目纳入"其他"选项。除去考虑编码表设计因素，在本次研究中"其他"选项的数量和所占百分比，也从一定程度上反映了春晚节目类型的多样性。由此来看"其他"类节目无论从数量还是百分比上，都经历了锐减再至反弹的变化。

80 年代的春晚在节目类型上相对多元化，从图 3.3 和附录 2－1 中可以看出，80 年代中期至 90 年代初的几年间，春晚中节目形式较为丰富。首先在早期春晚中，哑剧小品是一个常见的节目形式，在小品尚未成熟的年代，哑剧小品以无声或无实物表演的夸张，展示了舞台表演的特色。这其中最著名的要数王景愚呈现的一系列节目，如 1983 年的《吃鸡》、1984 年的《淋浴》和《电视纠纷》、1990 年的《举重》等。特别是哑剧小品《吃鸡》，这个由表演艺术家王景愚于 1962 年创作的节目，曾经让周恩来和陈毅笑得直流眼泪，但也在"文革"中遭到过多次的批判，经历了多次的波折后，王景愚才最终放下思想包袱将其展示给亿万中国观众，没想到却产生了始料未及的影响，并在随后的 1984 年和 1985 年春晚上都保留了王景愚精彩的哑剧小品表演。

其次，中国武术也是早期春晚中常见的节目形式，经过中间多年的沉寂后，近年来又连续出现在春晚舞台上。80 年代初期的武术类节目几乎都是淳朴的武术表演，没有情节铺陈和舞美背景的衬托。这其中既有武术冠军的展示，又有电视剧、电影中经典角色表演者的现场表演，同时还有不少是业余武术、气功爱好者的献艺，既迎合了 80 年代武侠电影和电视剧的盛行带来的"功夫热"，又将中国传统文化推到了台前。90 年代初期的武术节目大部分走的混搭歌舞路线，有了更多仪式感的烘托，如复古长衫、腰鼓、锣鼓、唢呐、灯笼等，以欢快的鼓乐营造一派喜庆热闹的节日气氛，如《龙鼓喧天震四海》（1993 年）《狗娃闹春》（1994 年）等。新世纪之初的武术节目仍然主打闹春，多数以武术学校的少年儿童为主，少数搭配几个武打明星，这一时期的舞台表现力因为加入了现代化的科技手段——舞台的升降开合、灯光的变幻、烟雾释放、大屏幕背景烘托等而明显增强，如《壮志凌云》（2005 年）《百家姓》（2006 年）等，节目在欢闹之余更体现了这一时期中华民族腾飞、和谐盛世崛起的气势。近几年，武术类节目又呈现了新的风格，更注重展现中国文化的意境之美，使武术成为中国传统文化传播的一个窗口。如《剑心书韵》（2014 年）《天地人和》（2016 年）《双雄会》（2018 年）等，表演者着蓝、白等素色衣服，在中国古典音乐的典雅伴奏和清爽高雅的舞台背景中，通过"武术"这一载体悠然展现中国文化中"自强不息""道德至上""以柔克刚""天人合一"等传统价值观，弘扬了经济繁荣发展下，展现了中国凝神静气、与世无争的大国形象。再次，除相声以外多种形式的曲艺节目，也是在"其他"节目类型中最为常见的一种。曲艺作为中国历史悠久的说唱艺术，包含了相声、鼓曲、评书、快板、琴书等说唱表演形式，它们源于民间，具有广泛地群众基础，但在很长一段历史时期却没有独立的艺术地位，直到新中国建立后，终于给已经发展成熟的众多说唱艺术一个统一而稳定的名称——曲艺，并进入剧场进行表演。广播和电视在中国普及和发展后，相声、评书、大鼓等形式开始在媒体中频繁出现，并通过这些新的传播方式在民间生根发芽。1986 年郭秋林的山东快书《吹牛》成为相声以外的曲艺形式中首次登陆春晚舞台的节目，此后 1988 年刘兰芳的《评书贯口》、袁阔成等人的评书《人物速写》、石国庆的陕西独角戏《踢足球》、1989 年莫岐和王凤朝的《双簧》等都是此类节目形式的经典。80 年代中后期，曲艺形式在春晚舞台上的多次出现，既表达了主流舞台对于民间艺术形式的肯定和支持，又充分体现了春晚节目取之于民的亲民性。只可惜发展至今，曲艺节目在春晚舞台上已经愈发难觅踪影了。

此外值得一提的是，80 年代春晚节目形式中较为普遍的一种"混搭"节目类型，就是将戏曲融入小品的模式，戏曲的表演特征加上小品的内容架构，使得此类节目独具特色。这其中，较为经典的节目有 1987 年游本昌等人的《孙二娘开店》，1988 年郭达、杨蕾等人的《清官难断家务事》和小香玉、陈佩斯的《狗娃与黑妞》，1992 年宋小林等人的川剧小品《戒毒》，1993 年的戏曲小品《群丑争春》、川剧小品《射雕》等。这种新的混搭表演形式新颖、独特，且因为来源于民间，所以生活气息极浓厚，加上春晚严格的节目审查制度，给这些淳朴的节目进行了反复的精加工，因此这一民间艺术形式的创新吸引了大批观众的关注并广受好评。但是同样，现在的春晚舞台上再也看不到这类型节目的身影了。

进入 90 年代末期，纳入"其他"选项的节目逐渐减少，从一定程度上说明春晚除了常规的八种节目类型以外，"新形式""小品种"的节目正在减少。除个别年度（如 2000 年、2003 年、2008 年）外，基本上每年平均出现 2~3 个，在数量比例上大大少于春晚的头十年。

而进入 2010 年代，"其他"类节目的数量有所回升。这主要源于混搭类、创意类节目的增加。这一时期的混搭更为多元化，包括表演与技术的混搭、节目类型的混搭、国内外演员的混搭等。例如 2000 年的歌舞魔术组合，2001 年的歌舞小品《三号楼长》，2002 年的戏曲游戏《智力闯关》和音乐评书《出门在外》，2005 年的武术歌舞《壮志凌云》和情景魔术《魔力奥运》，2009 年的幽默武术《功夫世家》，2010 年的舞武《对弈》，2013 的乐舞《指尖与足尖》，2016 年的歌曲伴器乐演奏《山水中国美》等，节目类型间的混搭丰富了艺术形态，产生了 1 + 1 > 2 的艺术效果，给观众带来了不一样的清新感受，同时传统节目形式之间的混合也成为节目类型创新的一条新道路。另一种国内和国外演员的混搭节目也是一种新型亮点，比如 2013 年的《琴筝和鸣》和《茉莉花》，前者是钢琴家雅尼的西洋电子琴和古筝演奏家常静的中国古筝的合作，乐器间的相得益彰使乐曲如高山流水般默契和谐；后者是民歌艺术家宋祖英与法国歌星席琳迪翁相伴演唱中国民歌，不同的演唱方式和技巧彰显了东方民间艺术的含蓄内敛和西方文化的热情奔放。这种混搭形式在符号和内涵上扩大了春晚舞台的疆域，使民族特色和国际化视野融为一体。此外，2010年代以来混搭节目的另一个特点是近两年的多样化节目类型在原有形式中更多地嫁接了高科技的优势，利用灯光、舞美等方面的配合，营造出或前卫或动感或"超自然"的视听效果。例如2001年的动效剧《过年我当家》、2011年的激光舞、2012年的创意节目《除夕的传说》和机器人表演《机器人总动员》、2013年的《锦绣》、2017年的《冰雪梦飞扬》等，特别是最近两年春晚舞台将数字技术带来的"黑科技"最大限度运用于晚会，例如2017年的歌舞杂技《梦想之城》和2018年歌曲魔术《告白气球》，梦幻的舞台效果伴随着科技带来的现场感和视觉冲击，让坐在电视机前的观众耳目一新。可以说，混搭节目体现了春晚导演组与时俱进的创新精神，体现了现代电视晚会的需求，更体现了传统与现代、中国与世界的浑然一体。

总之，无论是节目类型的创新还是形式、技术的混搭，春晚的舞台都需要更为丰富的节目形式，以体现其"百花齐放"的包容性，同时春晚也需要更多的新形式、新节目，以展现三十六年来日趋成熟的春晚在与时俱进中的不断创新。兼容并包、吐故纳新，才能使春晚永葆青春。

第二节 三十六年春晚地域特色分析

春晚的"地域"问题是一直以来讨论较多的话题，例如"南北方差异""方言使用"等，本次研究的编码表中设置了"节目在题材和形式等方面是否体现地域性"一题，并在体现地域特征的节目中进一步考察"节目具有的地域特色"，希望能借此对春晚节目呈现的地域性特征进行相关描述。

一、春晚节目地域性构成描述

本研究中首先统计节目在内容、题材、形式、场景、表演者语言及服饰等方面是否具有地域特色。

表 3.2　1983－2018 年央视春晚节目地域特征统计

节目中是否体现地域特征

	频率	百分比	有效百分比	累积百分比
是	371	25.9	25.9	25.9
否	1064	74.1	74.1	100.0
总计	1435	100.0	100.0	

通过表格 3.2 可以看出，在被采集的 1435 个节目样本中，共有 371 个节目具有地域特征，占总数的 25.9%。其余近四分之三的节目没有明显的地域特色，这在总体上符合了春晚统筹全局的思路。但另一方面，对于春晚是否存在南北方"地域倾向"的问题，一直受到关注和争论。因此，笔者又对体现地域特色的节目，进一步划分所属地域。

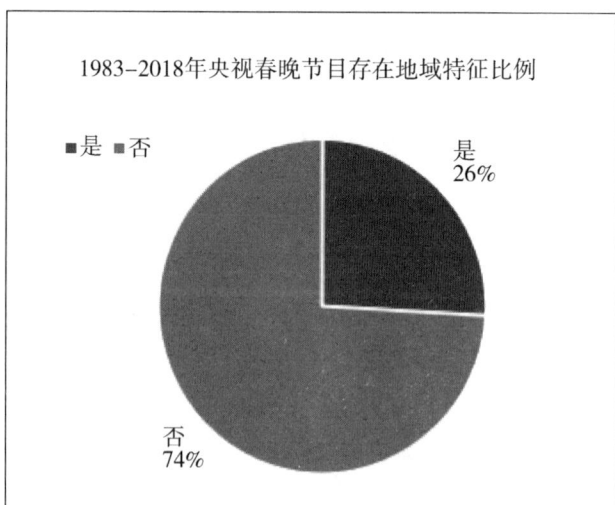

图 3.4　1983－2018 年央视春晚节目是否存在地域特征百分比

　　本次研究按照地理特征而非经济和社会发展程度因素，将我国现有行政区域划分为："华北地区"包括北京市、天津市、河北省、山西省、内蒙古自治区，"东北地区"包括辽宁省、吉林省、黑龙江省，"华东地区"包括上海市、江苏省、浙江省、安徽省、福建省、江西省、山东省，"华中地区"包括河南省、湖北省、湖南省，"华南地区"包括广东省、海南省、广西壮族自治区，"西南地区"包括重庆市、四川省、贵州省、云南省、西藏自治区，"西北地区"包括陕西省、甘肃省、青海省、宁夏回族自治区、新疆维吾尔自治区，以及香港特别行政区、澳门特别行政区、台湾地区。由于某些节目为合并演出方式（如戏曲联唱、歌曲联唱等）或者一个节目包含多个地域特征，因此在编码过程中将此项设置为多选，最终合计频数（561）超过具有地域性特征的节目个数（371）总和，个案百分比累计超过100%。

表 3.3　1983 – 2018 年三十六年间央视春晚节目地域特征统计表

1983 – 2018 年央视春晚节目呈现地域特征所占百分比

		响应		个案数的百分比
		N	百分比	
地域分布特征[a]	华北地区	101	18.0%	27.7%
	东北地区	76	13.5%	20.8%
	华东地区	87	15.5%	23.8%
	华中地区	53	9.4%	14.5%
	华南地区	40	7.1%	11.0%
	西南地区	89	15.9%	24.4%
	西北地区	91	16.2%	24.9%
	港澳台地区	24	4.3%	6.6%
总计		561	100.0%	153.7%

　　a. 二分法组值为 1 时进行制表。

　　由表格可以看出，春晚节目中累计体现华北地区特征的节目比重最大，占百分比的18%，其次是西北地区和西南地区特征分别占到百分比的16.2%和15.9%，再次是华东地区特征的节目占15.5%，随后依次是东北地域特征占13.5%，华中地域特征占9.4%，华南地区特征的占7.1%，香港、澳门特别行政区和台湾地区比重最小，占4.3%。

而这一量化结果，在一定程度上验证了每年人们观看春晚节目时的感受，但也在某些方面和观众的认知有所偏离：节目呈现东北、华北、西北三种地域特征——即广义上的北方地域特征①的累计百分比为47.7%，也就是说具有显著北方风情的节目只占接近一半，这实际上和除港澳台地区以外的大陆南方地区特色节目所占比例47.9%相比还稍逊一筹，因此，我们还需进一步考察造成观众地域特征感知偏向的原因所在。

二、春晚节目的"地域倾向"探析

对于春晚节目在地域表征方面是否存在倾向是近几年人们点评春晚的热门话题之一。其中，部分观众和各界评论者认为春晚已经逐步变成了北方专题晚会，南方的地域特色在春晚中难见踪迹，特别是在语言类节目中，南方方言小品或相声能够突围层层审查而最终亮相春晚的节目越来越少，而北方方言节目对南方观众来说接受起来又存在一定的难度，因而觉得春晚对于南方文化的体现和关注越来越少了。其次，在起着烘托场景作用的背景符号因素上，南北文化的差异使得春晚中呈现的北方地域特色不被南方观众熟悉，例如主持人们经常提及的"吃饺子过大年"以及以赵丽蓉的小品《吃饺子》为首的众多小品中关于"饺子"这一北方特色饮食符号的相关情节和风俗，在南方省份中并不常见，而赵本山系列小品中出现的土炕、粗布、大棉袄的布景和服饰，及其营造的浓郁北方风情也并不为南方观众所熟悉。这些远离

---

① 狭义上的北方包括东北三省、黄河中下游五省二市的全部或大部分，以及甘肃东南部，内蒙古、江苏、安徽北部，因此一些南北跨度的省份如江苏、安徽、山东等，在节目中无法进行进一步的细分，只能按照地域划分作为依据。例如一些山东方言的节目可能具有北方语言特色，但在编码中需要归入"华东地区"选项，在统计中也无法进一步区分。

南方人生活和社会背景的舞台元素，使南方观众往往摸不着头脑，不知"美"从何来，"年味儿"从何来。再有，文化和情感上缺乏认同感和归属感也是南方观众对春晚冷淡的原因之一，春晚个别节目中塑造南方人时的"刻板印象"，往往让南方观众感到春晚对其存在偏见甚至歪曲，从而产生情感和社会文化心理上的抵触。这些原因累积起来，造成了近年来春晚收视率在南方各省市和北方各省市相差悬殊。

而基于表3.3和前文所述，春晚节目的地域特征在统计数据上并没有显著差异，因此，本研究将进一步探讨和地域特征相关的因素及其关联，以探讨和解释受众感知上"地域倾向"的缘由。

（一）地域特征的年度发展趋势

春晚节目地域特征的相关话题是近几年开始在媒体特别是网络媒体中热议的观点，那么此前是否存在这一现象，人们的感知是否与春晚发展过程相关，是需要解释的第一个问题。

1983-2018年央视春晚节目是否体现地域特征的比较

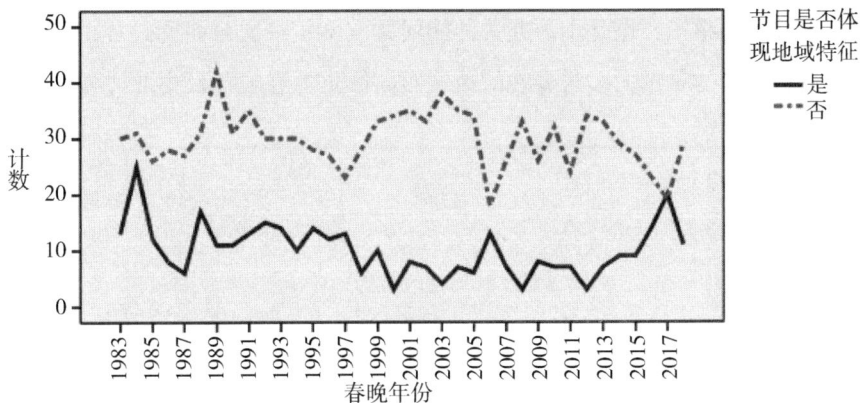

图3.5 1983－2018年春晚各年度节目存在地域特征与否的比较

而从图3.5中可以看出，春晚节目中包含地域特征与不包含地域特征的节目在数量上一直较为悬殊，而在累计的相对数量上呈现出在曲折中逐渐下降的趋势，仅在2016年后随着春晚开辟了分会场而回升。在附录2－2"春

晚年度 * 节目是否体现地域特征交叉表"中显示，地域性特色最突出的年份为 2017 年，其中 20 个节目具有明显的地域特色，占总数的 51.3%，其次为 1984 年，其中 26 个节目呈现地域特征，占总数的 46.4%；而地域特色最不明显的为 2012 年，只有 3 个节目特征较为突出，仅占全部总数的 8.1%。从年代发展来看，80 年代（1983 年——1989 年）春晚具有地域特征节目的百分比均值为 29.26%；90 年代（1990 年——1999 年）春晚中百分比均值为 29.21%；进入 21 世纪的第一个十年（2000 年——2009 年）此项百分比均值仅为 17.46%，显现出低谷，一些优秀的地方戏曲、方言小品、民间舞蹈越来越少；2010 年至今此比例因近三年分会场的设置而略回升为 25.82%，这也能从一个侧面解释，关于春晚节目地域特征偏差的争论为何在进入 21 世纪以来越发猛烈。

（二）地域特征与节目类型的相关分析

三十六年来央视春晚发展整体趋势的变化，使关于节目地域性问题的讨论逐步浮出水面，另一方面是否有其他因素造成了观众对春晚节目地域性特征存在倾向的感知，也是本研究关注的问题，鉴于在文献研究过程中，以往的论述和网络的争论大多将春晚的地域倾向简化为春晚节目中北方方言和民

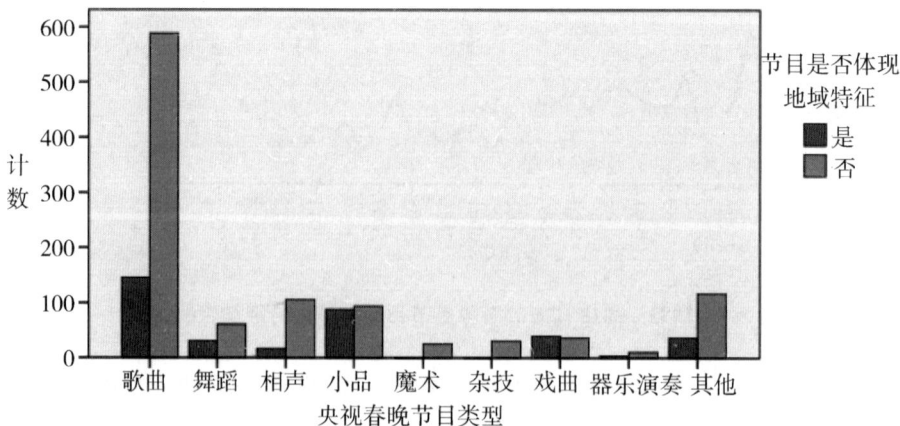

图 3.6　1983 - 2018 年央视春晚各类型节目中地域特征存在与否比较

俗的"统治"以及对南方方言的弱化和人物形象塑造的刻板印象，因此，笔者拟对春晚"节目类型"和"是否体现地域特征"两个变量的关系进行分析，并探讨是否某些类型节目的突出才是导致受众地域性认知偏向的原因。

从图3.6中可以看出，小品和戏曲两类节目对于地域特征的表现最强，在小品和戏曲节目中，占总数一半左右的节目都具有鲜明的地域色彩，即此两种节目形式成为春晚中地域特色的主要表现途径。而通过表3.4的详细统计可以看出，春晚各类型节目中戏曲类节目最具地域特色，其中带有地域特征的节目超过半数，即总数的51.9%；其次为小品，几乎一半的节目都体现了相应的地域特征，占总比例的48.4%；再次为舞蹈和器乐演奏，分别为总百分比的33.7%和26.7%，随后依次是"其他"类节目为24.0%，歌曲占19.9%，相声占13.8%，魔术和杂技的地域特征相对较不明显，均为0%。

表3.4 1983-2018年央视春晚节目类型与是否存在地域特征交互分析表

节目类型 * 节目是否体现地域特征 交叉表

			节目是否体现地域特征		总计
			是	否	
节目类型	歌曲	计数	146	589	735
		百分比在节目类型 内	19.9%	80.1%	100.0%
	舞蹈	计数	31	61	92
		百分比在节目类型 内	33.7%	66.3%	100.0%
	相声	计数	17	106	123
		百分比在节目类型 内	13.8%	86.2%	100.0%
	小品	计数	88	94	182
		百分比在节目类型 内	48.4%	51.6%	100.0%
	魔术	计数	0	26	26
		百分比在节目类型 内	0.0%	100.0%	100.0%

续表

			节目是否体现地域特征		总计
			是	否	
节目类型	杂技	计数	0	31	31
		百分比在节目类型 内	0.0%	100.0%	100.0%
	戏曲	计数	40	37	77
		百分比在节目类型 内	51.9%	48.1%	100.0%
	器乐演奏	计数	4	11	15
		百分比在节目类型 内	26.7%	73.3%	100.0%
	其他	计数	37	117	154
		百分比在节目类型 内	24.0%	76.0%	100.0%
总计		计数	363	1072	1435
		百分比在节目类型 内	25.3%	74.7%	100.0%

由此可见，以语言符号、类语言符号和民间艺术为依托的节目类型中，一半左右的节目都具有地方特色，即戏曲中的地方戏以及小品中的方言，地域特征体现较为明显（参见附录2-3）。因此也就不难理解，为何春晚地域倾向的争论依据表现为"南方方言"和"北方方言"的"竞争"。

语言类节目的内容和意义主要通过语言符号传播，而在中国，较为统一的观点是将汉语划分为七大方言语系，包含有华北方言、东北方言、西北方言、西南方言和江淮方言的北方方言是现代汉民族共同语的基础方言，其内部一致性较强，分布地域广，使用人口占汉族总人口的七成以上；但另一方面客家方言、湘方言、吴方言、粤方言、闽方言六种方言语系在中国南方覆盖同样很广泛。由于北方方言与普通话较为接近，以接近性的角度考虑，央视春晚大量采用北方方言小品，主要是考虑在大力推广普通话的今天，让更多人听懂的原则，因此导致了近几年春晚舞台上东北方言、陕西方言、河北方言的广泛采用，相反四川方言、吴方言、粤方言和普通话差异较大，即便有优的演员和节目也往往因为不敢冒险而无缘除夕夜。例如针对当年央视民意调查中观众对春晚小品"北盛南衰"的反映，上海滑稽小品的北上之路也一直受到关注，但结果仍不尽如人意。2004 年，有多次春晚登台经验的严顺开打算带着他具有滑稽戏风格的南方小品进军春晚，与"小品王"赵本山一决高下，但最终未能如愿。2005 年来自上海的著名笑星王汝刚、豆豆、毛猛达带来的滑稽小品《你的钥匙我的花》进军春晚一直相当顺畅，但第六次排演时却被"枪毙"了。主演之一毛猛达曾遗憾地表示，上海滑稽小品最大的特色就是运用上海方言但为了让观众听得懂将之改为沪语腔的普通话，就没有了特色和效果。而同时，一些南方方言小品即使成功登台，因为语言转换也"笑"果甚微，2017 年春晚上，杭州滑稽剧团带来的小品《阿峰其人》借助 2016 年 G20 杭州峰会的东风登上了春晚，小品改编自真人真事，讲述了一个 G20 期间发生的邻里故事，教育意义很好，但作为小品带来的笑点却让很多观众不买账。春晚过后，即使是南方网友也对此节目褒贬不一，认为节目过于脸谱化，夸张的语气和高门大嗓的语调并不是南方方言的日常，节目的整体表现多少有些"不伦不类"等，这种北方观众笑不出来，南方观众笑得尴尬的局面，估计也是春晚导演组不想看到的。

（三）央视春晚节目中南北差异的原因及打通隔膜的思考

针对这一问题，笔者认为，打开地域特征阻碍受众和影响春晚传播效果的桎梏其实并不难。首先是代表中国形象的央视春晚在北方语言为主的基础上，也确实需要考虑适当保留其他地方方言节目，这在一定程度上保留地域文化等于保护了中国民族文化的多样性和丰富性、更维系了不同地域中国人的文化心理认同。随着中国的快速发展，汉语言文化传播不断在全球范围内推进，外国表演者均可以用汉语流利地演出语言类节目——如 2011 年春晚舞台上，来自加拿大的大山和一群外国友人在相声《大拜年》年中展示自己的汉语普通话，2018 年来自非洲的孔子学院学生在春晚中表演展现中非友谊的小品《同喜同乐》。那么同为炎黄子孙的中国儿女又何惧方言的差异。要听懂和理解一种语言的方法很多，对于西方电影和日韩电视剧尚且可以通过配字幕的方式，更何况是同宗同族的汉语言。社会发展带来的应该是民众更宽阔的视野和兼容并包的大国民心态，退而求其次地想，即便在语言符号的理解上存在滞后，方言不同但艺术与情感是相通的，快乐也是可以互相感染的，纵使不能理解"包袱"的精妙，但也可以贡献出真诚的笑意和掌声。

其次，对于晚会节目设置本身，也需要考虑尽量减少对方言的依赖。首先，地域特征不完全等于方言特色，出色的语言类节目可以通过多种手段烘托出地域文化的差异，1996 年的三地小品《一个钱包》就是个很好的例子。小品将同一戏剧冲突设置于北京、上海和西安三地，三组共九个演员将京味儿文化、海派文化和长安文化的精髓表现得淋漓尽致。而2010 年的南派小品《五十块钱》在此方面也是个很好的突破，作为再次冲击春晚的湖北团队，小品《五十块钱》经过反复修改和重重审查，放弃方言但不丢地方特色，成为其最终胜出的法宝。对此，主创人员之一周锦堂坦言，丢掉方言特色是妥协也是另一种坚持，"对于坚持湖北方言来说，这是一种妥协。但是从面对全国观众这点看，是一种顾全大局"。演员李铁则认为地域特色不仅是语言，不是拿掉了湖北方言就没有了湖北特色，能表现出地方人文的独特性、性格上的独特性，就是地方特色①。事实证明，木板商铺、红布幌子、湿漉漉的青石板小路等舞台背景以及鲜明的人物特色和对话，同样让观众感受到了浓郁的荆楚文化气息。此外，进入 21 世纪春晚中台湾相声元素的加入，对语言类节目思路的拓宽也有重要的意义。2002 年春晚上，台湾相声第一次走上春晚，随着年前《千禧夜，我们说相声》在北京、上海等地的热播，其创作团队被力邀参加春晚，根据春晚的特殊性以及两岸文化的差异性，导演赖声川为春晚改编创作了相声短剧《谁怕贝勒爷》，从当年直播的效果看，观众反应热烈。作为编导，赖声川对此有自己的思考，他说："大陆观众对这出戏感应的默契与反应的热烈告诉我们，两岸人民的民族性是相同的，是没有什么隔阂和距离的，是完全可以沟通的。尤其是文化的交流，对沟通两岸人民

---

① 小品《五十块钱》：打通央视春晚的"任督二脉"［OL］．中新网，2010 – 02 – 03．

的情感相继与了解有着不可替代的作用。"① 此后，2006 年和 2009 年，台湾相声演员又两次亮相春晚，《新绕口令》和《团团圆圆》让大陆观众多次感受到了台湾相声的魅力，特别是 2009 年的群口相声《团团圆圆》通过竞聘送台大熊猫饲养员的情节，融合了北派方言、闽南方言和巴蜀方言的特征，但整个节目情节流畅，加之董卿的串联烘托，使观众超越语言差异而体会到了两岸的情谊和"团圆"的含义。整个小品诉诸于"情"而非依赖方言特征形成的笑料，这一思路值得推广。

　　同时，除了语言类节目，其他节目类型也同样可以很好地体现各地方特色和地域文化，这样既可以减少地方特征对于方言的"依赖"，又能使春晚的节目更好地体现多元化的色彩。例如歌曲和舞蹈，摆脱了语言的差异，音乐的律动和肢体的表征都具有跨国度、跨文化的力量，可以让群众无障碍地感受异地文化的美好，在春晚的舞台上这样的经典节目有过很多。以 80 年代末到 90 年代初的几年间为例，春晚的舞台上曾经活跃着极富特色的山西歌舞，自 1988 年山西省歌舞剧院的舞蹈《看秧歌》惊艳春晚舞台后，带有浓郁黄河流域文化特色的舞蹈相继亮相，如《瞧这些婆姨们》《背起那小妹妹》《踩鼓点》等，这些舞蹈洋溢着浓郁生活气息，充满强烈的戏剧性，舞蹈服饰色彩艳丽，通过中国民间舞蹈着力于面部表情变化的艺术特色以及夸张的肢体语言，完美地呈现了黄河流域劳动妇女的日常生活，既展示了地域特征，又表现了发源于此地的中国人民生命的欢腾与活力。而 2006 年由地方台和文艺单位选送的《剪纸姑娘》和《俏夕阳》同样将地域特色和中国民间传统文化融于一体，分别将传统技艺中的民间艺术剪纸和皮影作为舞蹈元素，以艳丽的服装烘托喜庆气氛，特别是《俏夕阳》中来自社区的古稀老人们的热舞，赢得了观众的广泛好评。2016 年春晚上赵薇演唱的《六尺巷》唱红了安徽桐城六尺巷，节目借助六尺巷的典故，在舞美背景再现江淮地域特色的同时，更将这一地区谦虚礼让、和谐包容的传统美德展示出来，以艺术

---

① 李庆山，李敬. 中央电视台 24 届春节联欢晚会台前幕后［M］. 北京：中共党史出版社，2007：216.

的形式展现了安徽的特色文化，得到广泛认可。因此，笔者认为，在节目类型上做文章，通过歌舞等非语言类节目形式突出地域特色，应是近年来春晚获取更为广泛受众群体的有效途径。

三、"走出去"与"请进来"：春晚地域多元化与文化包容性的探索

春晚的改革创新，首先是对文化元素的扩展和突破，如果说，在节目形式上下功夫是对央视春晚突破地域障碍、扩大受众群的微观调整，那么将春晚的"地域意识"体现于创作思路和构想中，则是更为宏观的设想和尝试春晚地域特色的体现不止可以从单个的节目入手，同样可以通过晚会场地互动和地方台选送节目来体现，包容的心态和开放的脚步才是避免中国文化分割的良药，而在其三十多年间的发展中，此方面的尝试均得到了较好的效果和评价。

（一）走出去："互传""同台"神州共庆

1988年的春晚首次采用分会场播出形式，分别设了广州、四川和黑龙江分会场，南国广州温暖如春的花市、天府之国千奇百怪的小吃、北国冰城绚丽多彩的冰灯，配以相应地域特色的火龙表演和民歌相得益彰。由北到南气候、年俗、风貌的不同，给互为异地的观众带来了新奇的观感，不仅丰富了晚会节目，更让观众足不出户感受到了祖国各地的风土人情。

1996年的春晚在形式上进行了较大的变动，首次走出北京，在上海、西安设立两个分会场，节目实行三地互传，以此形成举国贺岁、神州同庆的热烈场面。这种三地互传不同于之前1988年三地晚会节目传回现场的汇集，而是在主会场设置能与分会场彼此呼应的联欢节目。为突出这一创意，晚会进行了大胆的构想，即运用一个合适的主题、一个共同的事件、几个相同的人物、一个特殊的角度，有三组演员在三地分别演出，以反映不同地区的民众在思想意识、风俗文化和生活习惯上的不同，由此折射出北京、西安、上海三地文化的不同。在这一宗旨和框架下，分别产生了"一个相声三地演"的三地相声《一样不一样》，同一题材下"一个小品三地接力演"的三地小品

《一个钱包》，以及有三地演员连续表演一组当地特色民族歌舞的"三地歌舞"《神州大对歌》和《迎春钟声》。尽管1996年的春晚在一些方面还存在着不尽如人意的地方，但总体来讲，这种构思上的创新、三地节目内在逻辑上的联系以及由此展示的京味文化、长安文化和海派文化的浓郁特色，充分传达出了祖国地域文化的兼容并包，并由此而获得当年观众的广泛好评。其中需要借鉴的当属小品《一个钱包》，同样的故事情节，不同的三个地域，虽有方言运用，但丝毫不影响观众对情节的理解和三地风土人情的领悟。

2002年的央视春晚除了把主会场设在北京外，还在深圳设置了分会场，并实现了西安、上海、沈阳三地的互传。其中，中央电视台一号演播厅主会场与深圳"世界之窗环球舞台"分会场实现声音、音响对传，同时，上海、沈阳和西安三地单边输入现场直播，首次实现"五地同台"。当年的晚会吸取1996年的经验，把分会场从室内改在了室外，打破了春晚封闭化的舞台空间，使晚会的欢乐气氛和异地的文化内涵更加浓烈和丰富，使晚会的节目样式和风格特征不仅"电视化"，还有露天表演的现场感和火爆。而对于分演播场的选择上，2002年春晚开创了20年春晚之先河，选择了中国最具时代意义的南国都市——深圳，温暖的天气为室外演出提供了可能性，世界之窗、锦绣中华和欢乐谷的上百名驻场演员为现场表演提供了人员条件，同时深圳与香港咫尺之遥的地理优势为港台歌手的出场提供了方便，更重要的是，露天歌会的整体构思和热烈气氛使得晚会的地域特色得到充分发挥。

（二）请进来：吸各地精华包罗万象

1988年、1996年和2002年的三次春晚在场地互动上的创新为春晚地域特征的体现和中国各地文化的融合，提供了有益的尝试。而如果说此三次春晚的理念是"走出去"，那么"请进来"的方法同样可以令春晚的舞台体现出地域多元化和文化的包容。

2005年、2006年央视实行"开门办春晚"，从各地方台选送优秀节目和新人参加春晚，"取之于地方"同样是体现不同地域特色和文化风格的有效方式。2005年春晚首次创新办春晚的模式，以"盛世大联欢"为主题，力图集各地方台优势，展现盛世中国的欢乐场面。当年晚会的一大亮点是由 31 家省市自治区电视台、新疆建设兵团电视台主持人代表和香港、澳门特别行政区及台湾地区演员代表联袂主演的串联节目《献春联》。这个肩负串场功能的节目，却因为献春联者浓郁的地方特色和个性化的表演，以及春联中蕴含的各地人文、自然景观和精神风貌而起到画龙点睛、穿珠成串的作用，成为晚会中最具"年味儿"和风情的节目，不仅烘托了春晚的年俗气氛，也体现了中华文化"百花齐放"的品位。同时这台晚会吸收了各地方台选送的一批独具地方特色和文化优势的节目，京味儿的相声《咨询热线》、河南的武术歌舞《壮志凌云》、浙江的小品《汇报咏叹调》、多省市电视台共同选送的民族歌舞《争奇斗艳——民族风》《争奇斗艳——花对花》和《闻鸡起舞——请茶祝酒大拜年》等，都充分展现了中华民族大家庭的多姿多彩和其乐融融。2006 年春晚延续了之前"开门办春晚"的思路，从"献"过了春联进而送"灯谜"，尽管有观众认为这是对去年春晚的"续集式"处理，但串联节目仍然不失特点地展现了各地的风土人情和中华民族物华天宝的厚重与大气。更值得一提的是，2006 年的春晚舞台上出现了久违的四川方言小品《耙耳朵》，这种尝试尽管冒险，却是南方方言小品进军春晚的宣传与决心，也许北方观众会因为无法听懂而"走神"或"开溜"，但其真诚的掌声和央视包容的姿态却是必要的。

事实说明，2005 年和 2006 年的春晚尽管也有不足，但总体上都得到观众接受和肯定，春晚的"地方路线"使其焕发了新的生机。因此，无论是"走出去"还是"请进来"，从宏观构思上体现春晚地域特色、人文风情的手段和方式并不唯一，而无论哪种都是扩大央视春晚受众基础，满足不同地域、不同层次受众需求的探索。

（三）高站位：举国同庆，展现"世界之中国"

近三年来，"地域"的概念进一步拓展至走出国门、迈向世界的"世界之中国"，春晚不仅"开门"而且"开放"。2016 至 2018 年，春晚再次在北京主会场以外设置分会场，但这一时期已经和几年前不同，无论是分会场的选择还是晚会的规模都空前壮观，呈现了大中国的多元文化以及走向世界的文化自信。

2016年春晚以"东西南北中，全民大联欢"为主题，考虑地理位置、文化根脉选择了泉州、西安、广州、呼伦贝尔四个城市。从中国的文化地理版图上看这四个城市分别是中国闽南文化、大唐文化、岭南文化和北方少数民族文化的代表，而从中国的文化输出上看泉州和西安分别是海上和陆上丝绸之路的起点。2017年春晚四大分会场以"光、水、火、冰"几个自然元素作为创意原点，发挥其自身地理优势和城市特色，其中上海作为中国国际化大都市的象征和中国共产党的发源地迎合了建党95周年的年度节点；桂林作为地处西南中国的历史文化名城体现了绿水青山的经济发展理念，凉山展示了少数民族风情；哈尔滨则汇聚冰雪魅力体现了筹办冬奥、发展冰雪体育项目的热潮。2018年央视分会场选择了贵州黔东南侗寨、广东珠海、山东曲阜、海南三亚，主会场与分会场之间无缝对接，分别展现了民族风情、时代发展、国学根基和海天美景，这次分会场的设置具有鲜明的地域特色、民俗年俗和祖国山海风光，加上主会场"中"字舞台的呈现，五个会场在现代"黑科技"的助力下融会贯通了大中华历史的厚重、文化的多样性和科技带来的时代感。此外2018年春晚也是最多中外明星同台的一年，来自俄罗斯、英国、美国、意大利、法国以及"一带一路"沿线国家的艺术家们纷纷登台献艺，此次晚会除在中国播出外，还被传播到148个国家和地区，昭示了央视春晚已经从国人庆典发展成了世界狂欢，真正形成了广义的地域传播，促进了中国文化走向全球。

可以说，近三年分会场的选择更为走心，春晚作为官方推出的文化仪式，每一年分会场地点注重符号的象征意义、年度热点和时代的节点，而在整体上看又展现了中华民族的文化版图、契合了中国发展的文化根脉，更诠释了中国梦中"今日之中国，世界之中国"的豪迈，这种形式不仅在中国范围内实现了跨地域的历史文化传播还在全球范围内进行了以区域特征为符号的中国软实力传播。

第三节 春晚表演者特征分析

晚会节目的表演者是认识春晚的另一个途径，在此方面，本研究设计了对"节目表演者来源特征"和"节目表演者身份特征"两个变量的编码，希望以此了解在节目表演者层面，春晚的选择呈现何种特征。

"节目表演者来源特征"意在考察节目表演者的"身份"即"来自何方"，设有"大陆""港澳台""海外华人""外籍人士""中国籍非华裔"和"其他"六个选项。"节目表演者的专业特征"共设有"专业表演者""专业表演者反串""业余表演者"和"其他"四个选项，用以考察节目表演者，即春晚表演者的职业化程度或专业身份如何，解释谁是春晚的参与者。本研究希望通过这两个方面的分析，了解究竟是"谁"和"哪个群体"站在春晚舞台上，这也是央视春晚主导和话语权的体现。

一、三十六年春晚中的表演者来源特征

表演者来源特征方面的探讨力图解释春晚节目表演者或主要参与者大体上"来自何方"的问题。

通过图 3.7 可以看出，春晚节目的表演者构成主要为来自内地（大陆），占总比例的 84.81%，其次为来自港澳台的表演者，占全部的 11.92%，节目表演者的此两项来源比例累计达到总比例的 95% 以上，也就是说，几乎全部的节目表演者都来自中国本土，外籍人士和海外华人所占比例分别为 2.02% 和 0.70%，其他各类占 0.56%。由此可以得知，央视春晚几乎是由内地（大陆）演职人员为主、港澳台艺人为辅共同完成的，这充分体现疆域上的中国特色。而在进一步逐年变化比较上可知（见图 3.8），央视春晚的表演者构成也存在趋势性变化，其中港澳台表演者参演节目的构成比例在三十余年中受

到各种因素的影响较有起伏，而海外华人和外籍人士的参与呈断续性排列，但总体在近两年呈小幅上升，其中海外华人的参演稍集中于 80 年代中期及 90 年代中期，而外籍人士的参加在进入 21 世纪以来较为频繁，以近两三年出现激增，也就是说这两部分来源相对三十多年的春晚来讲，只是偶尔参与并不是必然参演（见附录 2－4）。

1983-2018年间央视春晚节目表演者来源分布比例

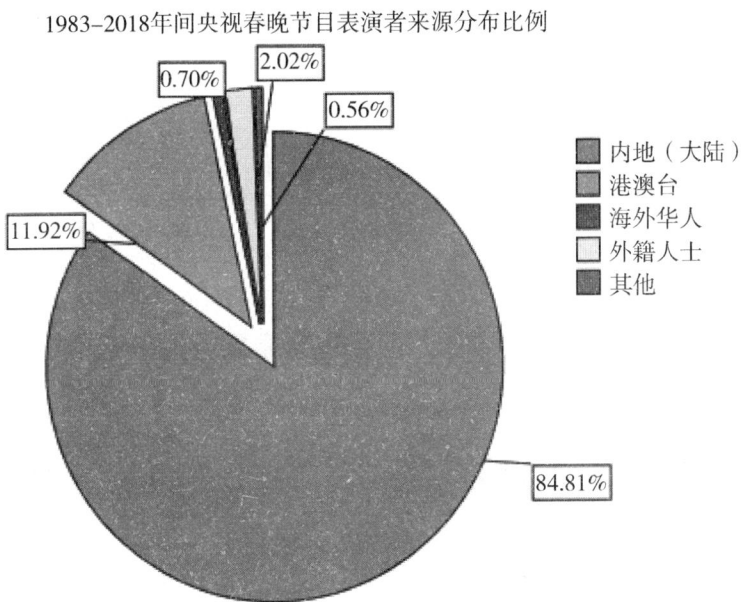

图 3.7　1983－2018 年间央视春晚节目表演者来源分布比例

而上述特征可以解释为以下几个方面：其一，图 3.8 中按照节目个数统计，港澳台演员是央视春晚除大陆演员以外最大的参演群体，虽然参与的节目数量占整台晚会节总数的变化不大，但仍有小规模起伏，特别是参演人数上，有较明显的变化。体现为，80 年代初期在"一国两制"的政治背景下海峡两岸同胞思念家乡、渴望团聚的心情日增，同时改革开放带来了新的气息，这些丰富的情绪体现在对文艺节目的要求上，集中体现在代表 80 年代中国官方艺术最高体现的春晚舞台上，所以这一时期港台艺人登台呈逐渐上升趋势，其中以 1987 年最多，且在节目题材上以主流文化、情感的表达如爱

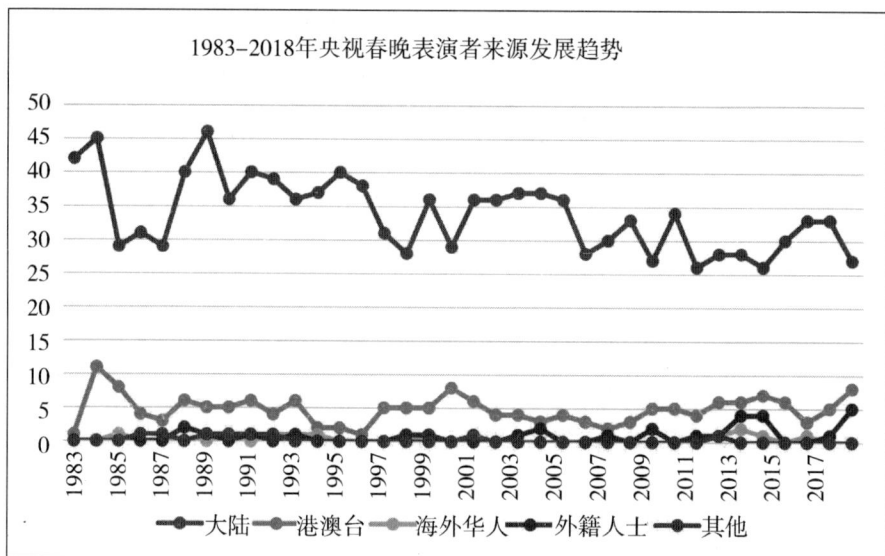

图 3.8 1983 – 2018 年央视春晚表演者来源发展趋势（以参演节目个数统计）

国、团圆、思乡等居多。发展到 90 年代随着邓小平视察南方谈话的发表，市场经济体制日趋稳定也带来了思想的解放，更多的港台流行歌曲和明星登上春晚舞台，演出题材也不只局限于主旋律，开始更多反映个体情感，如亲情、爱情、友情等，流行元素、消费性文化等大众文化特征成为这一时期港澳台演员节目的主导。同时，受到政治等因素的影响，例如个别年份（如 1990 年）缺少香港演艺人员的加入，90 年代后期则台湾演员较少出现。而进入 21 世纪，随着 1997 年和 1999 年香港澳门相继回归，两岸三地在春晚中的交流互动日趋频繁，其中以 2009 年达到顶峰，无论是参加人数（共 12 位）还是节目形式都是最为丰富的。这一时期的节目内容开始进入普遍的常规化，祖国统一、中华民族繁荣、家庭幸福团圆、个体情感情绪，都成为常见的表达内容，但同时也能看到，这一时期港澳台演员带来的节目多是上一年的流行歌曲，很少再出现像《相约九八》那样因春晚而走红的原创作品。而在形式上除了歌舞也出现了语言类节目，如融合了台湾舞台剧元素的相声短剧《谁怕贝勒爷》、群口相声《团团圆圆》以及自

2009 年开始连续登上春晚舞台的魔术节目。21 世纪前 10 年，港澳台演员参与的节目进入瓶颈期，一方面随着内地（大陆）文艺市场的繁荣和各类选秀节目、网络平台贡献的流量、明星的诞生，观众对于港澳台明星及其带来节目的期盼明显减少；另一方面受到节目创新的制约，以及央视春晚筹备和彩排等方面的严苛，港澳台演艺人员参与节目的数量也会随着春晚当年的具体情况在总体平稳的趋势中略有下降，只在个别年份的舞台上稍有反弹，如 2014 年和 2018 年。

　　其二，80 年代中期和 90 年代中期中国先后进入了改革开放期和经济腾飞期，在以经济建设为中心的政策背景下，大量的海外华人放下政治和意识形态方面的顾虑，回到祖国与亲人团聚以及投资发展，顺应这一社会背景春晚在节目设置和演员的邀请上做出了相应的调整，以关注"回归"的海外华人为主，表达了归国的情感。而 90 年代末期以来，春晚对海外华人的展现则主要以"拜年短信"和插播"外拍录像"为主，报道主角更多的是"走出去"的海外华人华侨和留学生，表达的内容也从最初的爱国、思乡、送祝福，扩展为身在海外的中国人因祖国发展经济富足而产生的自信和自豪，充分展现了中国人遍布世界的豪迈。其中较为值得一提的是 2017 年春晚呈现的《海外华人华侨快闪拜年》，一改往年长篇幅的贺电罗列，以短片的形式表达了几代海外中华儿女对祖国母亲的祝福，同时外国面孔的出镜也蕴含了世界人民共度春节的"联欢"之意。

　　其三，进入 21 世纪，中国的迅速发展使其能够自信、平等地参与各种国际事务，特别是近几年各类大型的比赛、会议、展览在中国举行，中国也能够在越来越多的国际事务中扮演主导角色，正如相声节目《和谁说相声》中唱到的，中国与世界各国、特别是发达国家的关系从"千万里我追寻着你"变化为"我和你"，这种国家实力的提升使得除夕像"圣诞节""情人节"一样，由一个传统的中国节日变为一个全世界共庆的日子。这个变化体现在春晚上反映为晚会逐渐凸显更多的国际化元素，越来越多的国际艺人被邀参与晚会的表演，例如 2003 年的《丹尼斯梦幻》、2004 年的《杂技与滑稽表演》和《踢踏风暴》、2007 年的《在那遥远的地方》、2009 年的《大河之舞》、2011 年的《四海之内皆兄弟》、2012 年的《眷恋》和《天鹅湖》等。特别是近五年来随着国家发展战略中"中国梦"和"一带一路"倡议的提出，春晚节目设置上也体现了这些精神，外籍人士参与的节目个数明显增加，2013 年和 2014 年的春晚外籍人士参与的节目均有 4 个，2018 年更是达到 5 个之多，创三十六年春晚之最；而参与者的国籍也更为广泛，既包括一带一路沿线国家又有其他友好国家和地区，包括美国、俄罗斯、法国、意大利、土耳其、匈牙利、白俄罗斯、克罗地亚、肯尼亚等众多国家，这其中有专业演员、也有我国设在国外的孔子学院学生；同时，节目形式也更为丰富，从最初的歌舞拓展到包括器乐演奏、杂技柔术、创意舞蹈、京剧、小品等多种形式。春晚节目中外籍演员的不断充实不仅使得央视春晚由国家庆典变为全球的联欢，更体现了中国文化的包容力、影响力和感召力，展示了中国走向世界的文化自信。

二、春晚表演者的专业身份特征

如前文所述，"节目表演者身份特征"主要用于考察表演者的专业性特征或专业程度，即表演者的"专业身份"。在此维度上的探讨希望解释春晚节目参与者的身份，即春晚"由谁表达"或"代表谁表达的"的问题。"节目表演者身份特征"共分为"专业表演者"即职业艺人或从属于专业表演团队的表演者，"专业表演者反串"即职业艺人或专业表演团队演职员进行了本专业以外的表演，"业余表演者"即非职业演艺人员以及没有受过相关专业教育的表演者。"其他"包括一些非人物表演的节目，如动物表演、机器人表演、游戏随机参与者等。从统计来看，各选项所占比例如下：

表 3.5　1983－2018 年间春晚节目主要表演者专业特征

		频率	百分比	有效百分比	累积百分比
有效	专业表演者	1325	92.3	92.3	92.3
	专业表演者反串	27	1.9	1.9	94.2
	业余表演者	71	4.9	4.9	99.2
	其他	12	0.8	0.8	100.0
	总计	1435	100.0	100.0	

从表中可以看出，如果从表演者的特征来看，春晚的性质应该说是"科班晚会"，因为其九成以上的节目都由专业表演者完成，其中演员从事本专业表演的节目占总数的 92.3%，演员反串非本专业节目的占 1.9%，两者累积百分比达到 94.2%，而业余表演者登台演出的节目在三十六年春晚中共 71个，占总数的 4.9%。

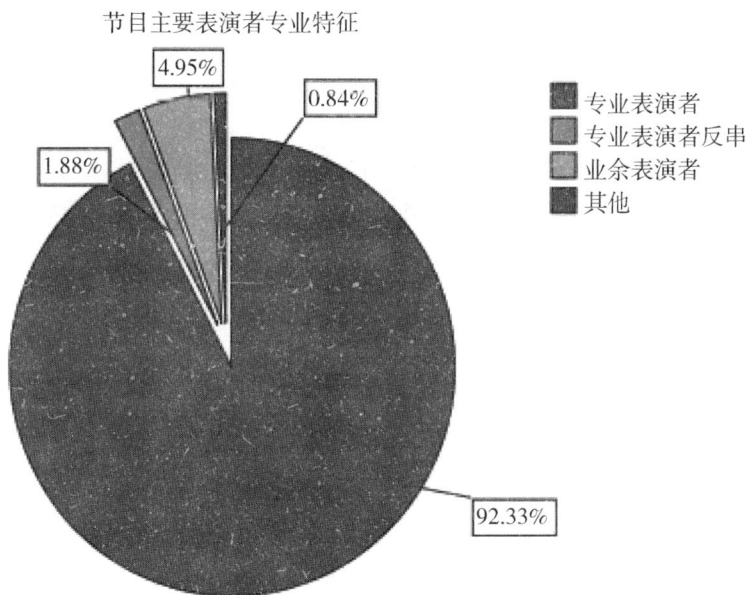

节目主要表演者专业特征

- 专业表演者
- 专业表演者反串
- 业余表演者
- 其他

4.95%
0.84%
1.88%
92.33%

图 3.9　1983－2018 年央视春晚节目表演者专业特征分析

本研究对于表演者专业特征或者称为"职业身份"的统计，意在探讨"业余表演者"参与春晚演出的规律和意义，即近几年引发关注的"草根明星"话题，希望从中解释"草根"上春晚何以引发关注，以及"草根"上春晚的媒介意义和社会意义。

三、春晚舞台上的"草根"明星

（一）"草根"及"草根文化"

"草根"一词直译自英文"grass roots"，这一说法产生于十九世纪美国寻金热流行的时期，盛传有些山脉土壤表层、草根生长的地方就蕴藏黄金。后来这一词汇被引入社会学领域，其隐喻通常有两层含义，一是指同政府或决策者相对的势力，二是多数情况下人们提及的含义，即同主流、精英文化或精英阶层相对应的弱势阶层。

"草根"一词于20世纪80年代传入中国，但其蓬勃发展引人关注则是由于网络媒体在中国的普及，而随着2005年、2006年选秀节目进入电视媒介平台，"草根"开始拥有了自己的"草根文化"。社会学家、民俗学家艾君在"改革开放30周年解读"中认为，每一次思想的解放、社会变革和科教的进步，都会派生和衍生出一些特殊的文化现象。而草根文化现象正是伴随着改革开放后思想的解放、意识观念的革命、科学技术的进步、市场经济的发展而产生的，思想意识的创新和社会形态变革及其带来的社会大众道德观念、爱好趣味、价值审美等方面的变化，从而催生出文化多样化的发展趋势，并在民间产生出大众平民文化现象。尽管在各个专业领域对"草根"及"草根文化"的解释不尽相同，但草根文化平民化、大众化、娱乐性和广泛性的特点是毋庸置疑的。

而在中国，草根文化发展的沃土就是互联网的出现和普及。互联网这一新型媒体的特点正是集文字、图片、声像、超链接为一体的仓储式信息集散，以及更为重要的互动传播模式。它使草根的表达成为可能，并使草根文化的生产和繁衍有了足够的平台和空间。

同时，草根也是社会的缩影，它区别于"民间""大众""平民"，具有独特的价值取向、社会立场、生活主张和文化自觉。在文化上，这是一个特殊的群落，源于社会的底层和边缘，处于文化弱势，其品位质朴而趋"俗"。而在叙事和话语构成上，草根话语植根于民间，反映了普通人的所思所想、生活状态和感情。草根叙事和话语是相对于主流话语和精英话语来说的，但同时它也最容易被忽视或者被主流与精英意识形态所框定和挟裹。因此关注这一群体的表达是对普通人话语权的尊重，同样互联网的发展提供了低准入的舆论场，使其成为草根话语的原生场所，让他们的思维方式和生活状态呈现在大众面前，引发不同社会群体间的信息流动和思考。

（二）草根明星：新媒体时代的产物

在更加注重传播模式平等互动的 web2.0 时代，受众从对广播、电视等传统媒体的依赖中释放出来，去追寻更为主动的表达方式，他们不再满足于接受，而是变成了媒介的主体。将博客、微博、视频网站、社交软件等平台作为自己的发布空间，在表达自我的同时参与传播内容的制作和流通，而草根明星正是这种新媒体生态环境下全民造星的产物。例如，在《我要上春晚》中脱颖而出并最终登上春晚的"西单女孩"任月丽，最初就是 2008 年底网友将其在地下通道演唱《天使的翅膀》视频传到网上，通过惊人点击率而形成了人气。因此，一方面网络媒介的加入使媒介权力、利益分配和生存模式需要进一步达到新的共生和平衡；另一方面，受众希望自己的参与从网络媒体蔓延至传统媒体，而电视这一几十年来公认的"大众传播媒体"便成为了首选。同样，在当前媒介技术发展、社会转型的时期，电视也必须重新调整自己的生存方式，在此情况下，个人需要改变自己在传播活动中的定位，试图对传者和受者二元对立式的角色与功能进行颠覆和解构；而以电视为主的媒体形态又试图利用网络更加巩固、扩大自己的大众传播媒介地位。因此，电视与网络的互动成为新时代媒体共存的方式，而春晚作为电视文艺的品牌和代表，从对网络用语的采用，到"接纳"电视选秀和网络视频中脱颖而出的"草根明星"，都是企图重新建立同受众的稳定依赖关系，从而在

web2.0 时代进一步发展的调整。

对于央视春晚舞台来说，其吸纳草根文化的意义大概可以分为三个层面，首先是节目形式创新的探索：三十余年的春晚不仅使主创人员黔驴技穷，也使亿万观众产生了审美疲劳，春晚急需在演员阵容、内容、形式和意义上的创新，而来自草根群体的新面孔可以在如上方面缓解春晚的尴尬；其次在央视舞台这样一个官方平台上需要草根话语的表达：无论是除夕这个时间节点还是电视文艺这一媒介形式，都具有亲民性和大众化的特点，广泛吸纳社会民众走进主流媒体更是央视"以人为本"理念的体现，春晚与草根文化的结合可以说是草根跻身社会文化主流空间的一次晋级，这见证了平凡者梦想的实现，具有极大的感召作用和榜样力量；再次是还艺术服务大众的本来面目：随着时代的发展，春晚的主体定位已经从仪式、艺术转变为娱乐、狂欢，除夕夜的演出需要满足全国人民的文化需求，草根群体的登台一方面是寻求共鸣，同时也是真实地还原了艺术取之于民、服务于民的本来面目，充分展示了各个阶层对真善美的理解和追求。从早期邀请央视自己的选秀节目《星光大道》上成就的"星"，到 2010 年创办以登上春晚舞台为目的的《我要上春晚》，央视春晚完成了由"摘星"到"造星"的进化。从 2006 年阿宝唱起《草原上升起不落的太阳》，到 2009 年马广福、刘仁喜《超越梦想》，再到 2011 年《我要上春晚》中"西单女孩""旭日阳刚"组合和农民工街舞团的成功亮相，央视春晚基本完成了和"草根"明星的互动。此后，《星光大道》《我要上春晚》及《春晚直通车》成了春晚输送草根艺人的常规化节目通道，演出者不仅包括草根平民，也收揽了在地方台选秀节目中崭露头角并希望通过进一步挑战登上春晚舞台的选秀明星。同时，节目的形式也更为多样，除了常见的歌曲如《天下黄河九十九道湾》（2014，农民歌手王向荣、杜朋朋）等，还包括了小品《我要上春晚》（2013，丁德龙、刘大成、张玉娇、孙朝阳等）、儿童民俗创意节目《剪花花》（2013，邓鸣璐、邓鸣贺）等形式。

而对于受众来说，选秀出身的"草根明星"有着和自己相似的平凡经历和人生感悟，更承载了自己无法实现的明星梦，春晚上"草根明星"和草根文化的亮相是对大多数平凡者渺小愿望的鼓励和肯定。赵本山等人的小品《不差钱》就"编排"了央视媒体走基层的情节，插科打诨地表达了基层老百姓对"走上大道"的渴望——无数湮没于社会中的寻常人终于有了参与中国最高级别电视综艺晚会的可能，或者通过草根明星的最终成功，更多人看到了自己传播力量的成功。而对于央视春晚，这些节目的呈现是其与新媒体磨合共赢以及重新吸引受众依赖的成果，同时也是向更多社会大众展现自身平民价值观的过程。

（三）春晚与非专业"草根"的全接触

2011 年 2 月 10 日的《南方周末》讲述了当年春晚背后的故事，并冠以《央视深深弯下腰，朝生活鞠了个躬》的大标题。而其实春晚上出现"非专业表演者"并不是始于 2006 年的选秀明星，尽管如前文所述"草根"并不代表全部的非专业表演者，但在习惯上人们仍把非科班的业余演员通称为草根，那么春晚与"草根"的接触始于何时，早年登上春晚的非专业表演者都有着怎样的特征，为何人们在当年并没有觉得春晚在"弯腰"，这是本文探讨春晚上的草根文化及草根明星时更为关注的问题。

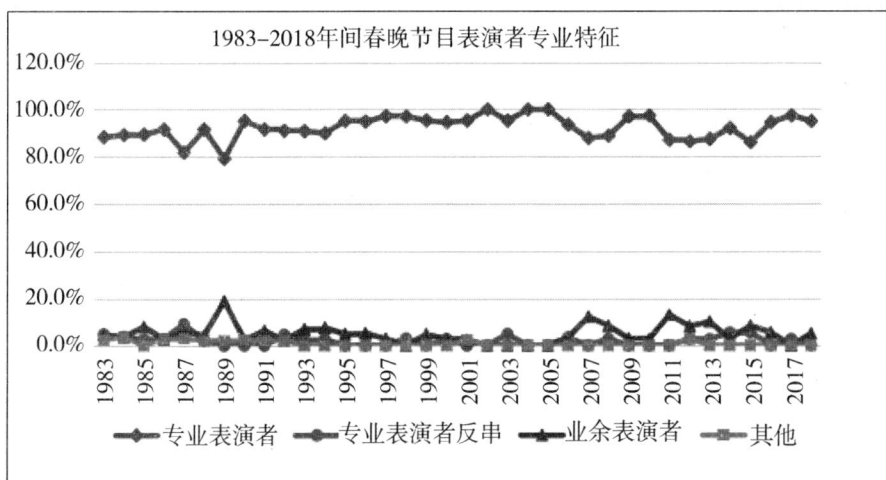

图 3.10　1983－2018 年央视春晚节目主要表演者专业特征

从图 3.10 中可以看出，春晚中吸纳非专业表演者的节目并非始于近几年，其在 80 年代中后期所占比重曾较为显著，特别是 1989 年，这一比例曾高达 18.9%（见附录 2－5），居三十年春晚之首，也就是说接近五分之一的节目由业余表演者表演或主要参演。同时，早年春晚非专业表演者参与的节目样式和表演者来源也非常丰富多样。以 1989 年为例，有气功师傅的气功表演《喷水断砖》和《缩身进笼》，有小学生表演的《儿童集体速算》，有 5—15 岁少年儿童表演的《杂技集锦》，有 6 岁和 8 岁儿童演出的《铡美案》，有各行各业普通劳动者展示才艺的综合节目《五花八门》，有特殊记忆法研究专家展示的记忆表演《活字典》，还有前南斯拉夫留学生演唱的京剧《苏三起解》等等，不仅内容丰富、形式新颖，而且非常贴近生活，融知识性、趣味性和生活性于一身。

纵观春晚发展历程除了草根选秀明星外，业余表演者的类型可以分为几大类，其变化"兴衰"从一定程度上也反映出了社会变迁中，大众文艺关注视角的改变。首先一类是各行各业的劳动者展现各自的"绝活儿"，如 1987年的《抻面表演》、1989 年的《五花八门》、1991 年穿插播出的《百业奇招》等。这类节目展现了劳动者的突出技能，呈现在春晚舞台上表达了 80年代社会中对劳动的歌颂和对劳动者的敬重。可惜的是现在此类节目及其参与者已经很难在春晚舞台上看到了。其次一类是百姓的业余爱好，其中以年龄反差以及职业反差为多数，如 1983 年首个参加春晚的儿童演员尹宏伟表演的京剧，1984 年父子三人表演的气功，1986 年郭昶的小提琴演奏《波兰舞曲》，1987 年的中学生服装表演，1989 年的儿童集体珠算表演、少儿杂技集锦，1989 年、1991 年少儿京剧和戏曲联唱，1994 年的《狗娃闹春》，1999年的《七子之歌》，2011 年的《爱我你就抱抱我》等儿童歌舞，2010 年的儿童特殊记忆《百家姓》，2012 年的《戏迷一家亲》等节目，1996 年有科学家代表和"863"计划工作者演奏的"激光琴"以及曾多次出现的武术、气功表演和特殊记忆表演。第三类是农民或农民工艺术团体的"原生态"演出，这类节目的表演大多展示了我国民间原汁原味的非物质文化遗产，最早可以追溯到 1994 年的侗族大歌《蝉之歌》，而 2007 年甘孜农民艺术团的《飞弦踏春》，2008 年农民工艺术团表演的《农民工之歌》和 2016 年华阴老腔传人们的《华阴老腔一声喊》也是此类型表演者带来的精品。

同时，从三十六年的发展变化来看，由少儿演员表演的节目在数量上有所减少而且更多体现为专业艺术院校培养的"准专业"演员的群舞或伴舞，原本节目中那些个人才艺表演几乎再难看到。同样的情况也存在于，一些行业人士或个人的绝技和才艺表演也几乎很少在春晚中出现。这一方面是因为社会的进步使得很多特殊的技艺可以在网上通过"自媒体"的形式得到充分展示，但另一方面似乎也可以说明，春晚对于普通个体特殊技能的关注在逐渐减弱。《百业奇招》类节目展现了劳动者的突出技能，在春晚舞台上的展示表达了 80 年代社会中对劳动的歌颂和对各行各业普通劳动者的敬重。可惜的是现在此类节目及其参与者已经很难在春晚舞台上看到了，这也从一定程度上体现出春晚对于"工人"和"一线劳动者"这一社会阶层的关注自20 世纪 90 年代开始有所下降。而相对应的是，农民和农民工文艺团体成为当下除了"选秀明星"以外最常在春晚中出现的表演者，这和进入 21 世纪关注三农的社会背景有密切的关联，随着农民和农民工被重视程度的提高，反映在他们身上的一些艺术特质开始被挖掘。而另一方面，随着近年来对原生态艺术形式及非物质文化遗产的搜集整理，一些地方独有的表演形式和技法被保留下来并原封不动地搬上了春晚舞台，这些由农民带来的淳朴表演给看惯了专业演艺人员表演的春晚观众带来了绝对清新的味道，成为除夕"大餐"中开胃的"小菜"。

综合上述对"草根"话题的分析，可以使春晚的"草根"之路进一步开拓和挖掘。如果希望在新的媒介环境和社会发展背景下，与网络等新兴媒体共同发展，并重新建立受众对电视媒体以及电视综艺形式的热衷和"依赖"，那么春晚就还需要进一步地调整视角，找出与网络等自媒体差异化竞争的途径，即除了对"选秀明星"进行关注，不妨回顾下上世纪春晚的思路，将视线扩大至更多身怀绝技的"民间艺人"、普通民众特别是一线的劳动者，关注他们的职业专长以及个人才艺，关注大背景下的普通人，将春晚部分开放成为属于他们的平台，借助各级媒体"走转改"的工作思路，真正做到贴近生活、扎根基层，以平等的视角让春晚走进生活，让普通人融入春晚，而不是个别情况下的"弯腰"以对。

本章小结

通过对三十余年春晚中的节目进行初步分析，我们基本上对春晚的发展有了简要的认识和了解，同时也为后面进一步研究的基础。

第一，通过对三十六年春晚节目类型构成的分析可以得知，春晚节目类型基本稳定，形成了以歌舞为主导，小品相声为辅助，其他节目形式并存烘托的特点。其中，一些节目形式随着媒介发展的属性、社会发展和人们的审美情趣而有所变化，如小品、相声等；但也有些节目类型被忽略和淡化，如戏曲。同时，节目的类型多样性也是春晚发展中面临的一个问题，春晚要想吸引受众、提高可看性，首先应该保留住原有的丰富样式，同时在传承传统艺术文化和与时俱进创新这两个方面深入挖掘。好在近两年通过多方探索，央视春晚在这些方面已有了一定的改善。

第二，春晚的地域性特征或倾向一直是近几年来大众普遍关注的话题。通过对春晚节目"是否体现地域特色"，以及"体现何种地域特色"两个方面进行考察发现，春晚节目中只有四分之一是体现地域特色的，这基本上符合春晚以全国观众为受众群体的定位。同时，在此之中北方地域特征节目所占比例和除港澳台以外的大陆南方地域特征所占比例基本相近，这与观众日常的感知有所差距。而进一步分析显示，这种感觉偏向与年代发展、节目类型相关，即随着时间推移节目的地域性特色由多元变为单一，同时也是由于语言类节目数量增加而地域特色上倾向北方语系所致。因此，笔者认为，春晚节目改变地域倾向性的感知可以从丰富节目形式以及减少节目对语言符号的依赖入手，即增加戏曲、歌舞等节目的地域色彩，或者增强语言类节目中非语言符号的地域性特征。而在晚会总体思路上，也可以继续在"走出去"开设分会场或深入多省市基层，和"请进来"集各省市之力开门办春晚等宏观构想上多尝试。总之，体现地域特色、人文风情的方式并不唯一，这些都可以作为扩大央视春晚受众基础，满足不同地域、不同层次受众需求的有益探索。

第三，对于春晚节目表演者的研究，可以解释春晚主体关注以及话语权归属的问题。近年来关于春晚上的"草根"明星是个备受关注的话题，草根文化及草根明星是新媒介发展的产物，是受众参与意识增强的结果，同时也是央视走亲民化道路的体现。但其实登上央视舞台的普通人并非是近几年电视选秀才产生的，而民众之所以在今天才对春晚表演者的草根身份感到诧异，也从另一个侧面反映了三十多年间春晚已经从一个百姓的联欢会转变为主流话语体系的化身。因此，笔者认为，在新媒体时代，央视的"草根"明星之路需要进一步走下去，这是受众对媒体依赖的基础，但同时这种展现不应是一时的"弯腰"亲民，而是要长久的"扎根"于民。

第四章

研究分析之三十六年春晚中的
家·国·社会

第一节 春晚主题研究："第一"综艺
晚会的灵魂展露

央视春晚作为中国一年一度最为盛大的电视综艺晚会，同时作为每个农历年"交于子时"除旧迎新后国家媒体的第一场综艺节目，其每年都会设置相应的主题引领和组织晚会。这一主题或者概括过往一年中国的重要事件和特征，或者预示未来一年的国家大事或发展。主题是一场晚会的灵魂和基调，左右着当年晚会包括节目选择、舞美装饰、服装设计等在内的各个方面。而另一方面，春晚作为官方的除夕晚会，其主题也在一定程度上成为国家意识形态通过文艺形式的输出。本节拟对于三十六年中春晚的主题进行研究，力图由此分析出春晚深层意义上的表达。

一、历年春晚主题汇总和归纳

历年的春晚主题通常会由央视通过对导演创作团队招标而最终确定，并直接（通过媒体或官网）或间接（在节目中表述渗透）地对外公布，三十六年来央视春晚的主题列举如下：

表 4.1　1983—2018 年央视春晚主题列表①

年份	春晚主题	年份	春晚主题
1983	举国除夕万家欢 共品春晚头道餐	2001	喜庆、亲切、昂扬、展望
1984	爱国、统一、团结	2002	祖国颂、社会主义颂、改革开放颂
1985	团结、奋进、活泼、欢快	2003	凝聚力、自信心
1986	团结、奋进、欢快、多彩	2004	祝福
1987	团结、向上、喜庆、红火	2005	盛世大联欢
1988	团结、奋进，欢快	2006	团结、奋进
1989	团结、欢乐、向上	2007	欢乐和谐中国年
1990	团结、和谐、欢快	2008	飞向春天
1991	团结、欢快、多彩	2009	中华大联欢
1992	团结、欢乐、祥和	2010	虎跃龙腾闹新春
1993	欢乐、祥和、自豪、向上	2011	家和万事兴
1994	团聚、自尊、奋进、祈盼	2012	回家过大年
1995	亲情、友情、乡情	2013	新春中国 新春到 新喜来 新意展 新篇开
1996	欢乐、祥和、凝聚、振奋、辉煌	2014	欢乐祥和迎新春，同心共筑中国梦 唱响"梦想"的时代主旋律
1997	团结、自豪、奋进	2015	家和万事兴 吉祥过大年 团圆话家常 家和万事兴 中华全家福
1998	中华民族春节大团圆 万众一心奔向新世纪	2016	你我中国梦 全面建小康

① 其中 1983—2006 年春晚主题出自《中央电视台 24 届春节联欢晚会台前幕后》（中共党史出版社 2007 年 1 月版），2007 年 –2018 年来自央视官网或节目现场表述。

年份	春晚主题	年份	春晚主题
1999	欢歌笑语大团圆	2017	大美中国梦 金鸡报春来 欢乐中国年 奋进中国人 温暖中国情 大美中国梦
2000	满怀豪情跨世纪 龙腾报春庆振兴	2018	喜庆新时代 共筑中国梦

基于历年春晚主题，笔者根据含义将其合并、归纳为几个选项以便于编码和统计，分别是"团结/凝聚/统一""喜庆/红火/闹新春""和谐/祥和""爱国""欢乐/欢快""奋进/向上/振奋""美好/多彩""希望/企盼/祝福""温馨/温情/关爱/亲切""自豪/自尊/自信""活泼/轻松""振兴/发展""团圆/联欢""新时代/新生活""盛世/辉煌""中国梦"和"其他"，共17个选项，采用多选题的编码方式，对三十六年的春晚主题进行逐年分析，希望借此描述出其中所体现的基本原则和核心表述，结果如下图所示：

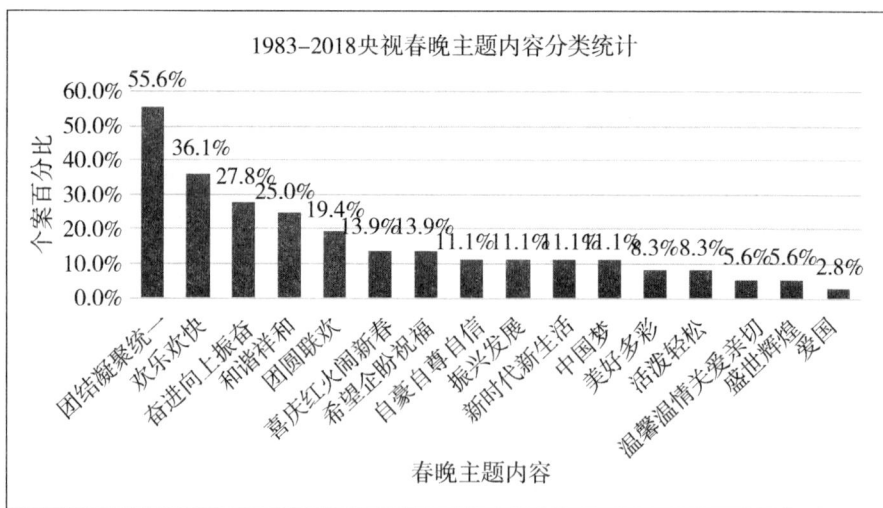

图4.1　1983－2018年央视春晚主题分类统计

由图4.1可以看出，在归纳出的春晚主题中，包含"团结/凝聚/统一"

含义的相关主题所占比例最大，三十六年中共有55.6%的主题与此相关，即占半数以上的春晚蕴含此意；其次是与"欢乐/欢快"相关主题，达36.1%，排在第三位的是包含"奋进向上振奋"之意的主题，共涉及全部的27.8%，而所占比例较少的主题含义选项分别为"爱国""温馨/温情/关爱/亲切"和"盛世/辉煌"，分别有2.8%和6.7%的年度包含此三个主题。由此可以看出，三十六年春晚中，强调最多的还是国家和家庭形式上的团结统一，精神方向上的昂扬振奋，以及节日的欢乐气氛。在此三大主题下，春晚其他方面的含义根据社会背景的变迁而有所侧重。

二、三十六年春晚主题内容的变迁

就春晚主题内容来说，尽管在意义的选取上同样存在"高频词汇"背后的一般性内涵，但纵观三十六年春晚主题"关键词"还是能够感觉到，不同年代背景下，春晚所意图表达的深层含义也会随之变化并有所侧重。

（一）团结欢乐的举国大联欢

20世纪80年代初，国际冷战状态的缓和以及中国改革开放的推进，使得文化领域逐渐摆脱政治空气的高压重新焕发生机，同时，电视在中国家庭中开始普及，这些都促使了作为电视文艺代表形式的春晚应运而生，并逐渐成为中国人乃至全球华人在农历除夕夜必备的"食粮"。早年的央视春晚犹如我们今天生活中的"茶话会"，简单而质朴，只是希望把各家各户的家庭聚会，通过电视这一"新媒体"放大表达出来，因此，早期的春晚更关注的是聚会，是团结、欢聚一堂的举国大联欢，团聚、开心是其最大的目的。在告别了十年动乱给社会、百姓身心带来的阴霾以及给文艺带来的桎梏后，晚会似乎成了人们表达过年心情的新途径，在今天看来当年主持人和演员们朴实的穿着和直白的语言仍然那么亲切。尽管没有收视率的概念以及受众理论的指导，但晚会本能地把观众需求放在第一位，采取了群众点播的形式，将一年中较受民众欢迎的明星请到现场表演其代表作。可以说早期的春晚更多体现为大众的联欢，意图将民俗的节日通过电视的媒体特性聚合在春节联欢晚会中，因此，80年代的春晚主要以"团结""奋进""欢乐（快）"为关键词，突出"民俗"在电视媒体引领下全民大联欢的新形式，以及春节固有的喜庆气氛，特别是改革开放后举国奋进的昂扬势头。

表 4.2　1983－2018 三十六年春晚主题内容统计描述

1983－2018 春晚主题分类统计

		响应		个案数的百分比
		数量	百分比	
春晚主题[a]	团结凝聚统一	20	20.8%	55.6%
	喜庆红火闹新春	5	5.2%	13.9%
	和谐祥和	9	9.4%	25.0%
	爱国	1	1.0%	2.8%
	欢乐欢快	13	13.5%	36.1%
	奋进向上振奋	10	10.4%	27.8%
	美好多彩	3	3.1%	8.3%
	希望企盼祝福	5	5.2%	13.9%
	温馨温情关爱亲切	2	2.1%	5.6%
	自豪自尊自信	4	4.2%	11.1%
	活泼轻松	3	3.1%	8.3%
	振兴发展	4	4.2%	11.1%
	团圆联欢	7	7.3%	19.4%
	新时代新生活	4	4.2%	11.1%
	盛世辉煌	2	2.1%	5.6%
	中国梦	4	4.2%	11.1%
总计		96	100.0%	266.7%

a. 二分法组值为 1 时进行制表。

（二）"九九归一"的大中华情怀

20世纪80年代末至90年代初，国内外的形势突变，在此背景下国家的发展面临了新的考验，而在邓小平同志的南方谈话和党的十四大后，以经济建设为中心的国家发展目标进一步确立，改革开放及市场经济的大潮由南到北的澎湃而来，在国内外复杂的政治形势和经济发展所带来的冲击下，春晚主题也在"团结"的意识和"欢乐"节日氛围的基础上，增加了对"和谐/祥和"的祈盼。而90年代后期随着经济长足发展和社会稳定繁荣的势头，以及香港和澳门的回归被提上议事日程，自豪、奋进的中国人迎来了团圆的新时代。这一时期，春晚舞台上表现中华民族百年曲折历程，展现国家今昔对比的题材成为核心，在这种群情振奋的时刻，中华民族的"民族性"和"自豪感"成为这种对比的最终结论，因此九十年代末期春晚的主题呈现了中华民族大团圆的美满结局，在"欢声笑语"中，团聚了的中华民族开始"万众一心奔向新世纪"。

（三）复兴发展的大国崛起气势

进入新世纪，随着市场经济体制的确立和现代化的不断推进，中国在各领域开始了全面的大发展，而伴随着经济发展和社会转型，国内各利益群体的分化及分配格局的改变使得一些矛盾和问题开始凸现，因此，"和谐"成为中国发展道路中的新诉求，而春晚主题中相关含义在节目内容中的体现也逐渐显露。同时，进入21世纪以来更为突出的是中华民族不断克服困难走向振兴的气势。从新世纪伊始，中国人以自身的本命年"龙年"开始了满怀豪情寻求复兴的决心，紧接着的2001年更是中国人民精神振奋、神采飞扬的一年，各种大事喜事接踵而来，带着这种胜利的喜悦，歌颂祖国、歌颂社会主义、歌颂改革开放成为必然。而随着一次次战胜天灾人祸的经历，中国人民的"凝聚力"和"自信心"随之高涨，因此21世纪的春晚就成了中华民族崛起后的庆祝以及中国人满怀自豪感的大联欢。在这样的盛世环境中除夕又重新成了一个极具特殊性的节日，春晚也成了这个节日中的一个固定仪式，只不过这个仪式从民俗的庆祝变成了汇集自信心和凝聚民族性的国家大舞台。

（四）和谐团圆的"家和万事兴"场景

新世纪的春晚中，各种情感问题同样成为核心的话题，"道德""情感"和"感动"充斥着春晚各类节目。其中，经济高速发展的背后，收入两极分化造成的社会矛盾及情感空缺成为中国人民面临的新问题。在这些社会问题的推动下，党的十七大报告强调指出促进社会公平正义的重要性，树立了"以人为本""以科学发展观为统领""构建和谐社会"的执政和发展理念。因此，这一时期春晚的舞台上，各类节目都提升了情感的诉求，特别是不同阶层人民间的感情融合成为反映的中心。这一背景下，春晚在主题内容中开始强调"家"的概念，不仅在节目中，更在晚会插播的公益广告中直白地表达了这一层含义，中国人民似乎需要重新回归到最原始的感情诉求，但这个"家"不仅是各自的小家，还是社会大家庭，亲情更是代表了深层次的内涵——不同阶层之间可以通过构筑社会大家庭来拉近距离，建构广义上的"家"和"亲情"，强调只有"家和"才能"万事兴"，实现天下一家的和谐社会。

（五）走向世界的大国梦想

2013 年，新一任国家领导人提出了"中国梦"的理念，2014 年央视春晚被定位为"国家工程"，同年国家主席习近平主持召开文艺工作座谈会指出"文艺不能迷失方向当市场的奴隶"要"弘扬中国精神、凝聚中国力量"，2016 年习近平主持召开党的新闻舆论工作座谈会并发表讲话，再次谈到媒体的导向问题。这些意识形态的指导思想和文艺政策的变更都指引着春晚的方向，并非常具体的体现在春晚主题的设置上。"中国梦"成为近几年央视春晚主题中的高频词，并细分为"中国人""中国情""中华全家福""建小康"等具体含义。可以说，意识形态和国家形象的表征在这一时期日益高调，央视春晚更为明确地由一个表达民众原始家庭或人际情感（团圆、欢乐、祥和）、体现为民俗聚会的节日现场变为了一个国家共同体下塑造共识（中国梦、建小康、核心价值观）的政治仪式，传递着"有国才有家""四海通五洲同，华夏儿女让世界歌颂……中华一家同圆一个梦"的理念。

第二节 歌舞升平中的话语表达

歌舞表演在中国的发展历史悠久，其通过音乐的旋律和肢体的表达，可以超越语言、文化、国籍等多种障碍，普及性强，是观众最为喜闻乐见的舞台表演形式，故而在各类综艺晚会中最为常见。自从春晚产生至今，歌舞类节目成为最为稳定和固定的节目形式，并在各类型节目中所占比例最大。在本次研究中作为样本的三十六年春晚共1435个节目中，不包括混搭、创意类节目，传统形式下的歌曲类节目有735个，舞蹈类节目有92个，分别占总数的51.2%和6.4%，两种类型节目累计百分比为57.6%，数量占全部节目的一半以上。因此歌舞类节目数量多、题材各异、表演形式多彩纷呈，其节目主题也在一定程度上反映了春晚的深层次内涵。故而对歌舞类节目主题的研究相对晚会主题更加细腻和丰富，反映出的表达也更为具体。

表4.3 三十六年春晚各类型节目占总体百分比描述
1983－2018 央视春晚各类型节目出现频率及百分比

节目类别	频率	百分比	有效百分比	累积百分比
歌曲	735	51.2	51.2	51.2
舞蹈	92	6.4	6.4	57.6
相声	123	8.6	8.6	66.2
小品	182	12.7	12.7	78.9
魔术	26	1.8	1.8	80.7
杂技	32	2.2	2.2	82.9
戏曲	76	5.3	5.3	88.2
器乐演奏	15	1.0	1.0	89.3
其他	154	10.7	10.7	100.0
总计	1435	100.0	100.0	

一、三十六年春晚歌舞类节目主题的总体描述

歌舞类节目主题的编码设计采用了以经验式论证为主的设置方式，即在三十六年中春晚歌舞类节目常见主题的基础上进行归纳整理，并通过抽取三年（1987、1997、2007）春晚对其节目的试编码进行检验，最终得出如附录编码表中 Q9 所设选项，分别为"传统文化/中国年""爱祖国赞家乡""过年回家""亲情/友情/爱情""军旅及拥军""歌颂中国共产党""经济繁荣社会发展""和平/和谐/统一/团圆""闹春迎新送祝福""青春/成长/励志""歌颂劳动及各行各业工作者""幸福美好生活""其他"，共 16 个。根据对歌舞类共 827 个节目所反映主题内容进行统计，描述如下：

表 4.4　1983－2018 年央视春晚歌舞类节目主题统计

1983－2018 央视春晚歌舞节目主题内容统计分析

		响应		个案数的百分比
		数量	百分比	
歌舞主题[a]	传统文化中国年	65	7.0%	7.7%
	爱祖国赞家乡	161	17.3%	19.0%
	过年回家	11	1.2%	1.3%
	亲情友情爱情	168	18.1%	19.8%
	军旅与拥军	49	5.3%	5.8%
	歌颂中国共产党	18	1.9%	2.1%
	经济繁荣社会发展	40	4.3%	4.7%
	和平和谐统一团圆	73	7.8%	8.6%
	闹春迎新送祝福	123	13.2%	14.5%
	青春成长励志	79	8.5%	9.3%
	歌颂劳动及各行各业工作者	30	3.2%	3.5%
	幸福美好生活	80	8.6%	9.4%
	其他	33	3.5%	3.9%
总计		930	100.0%	109.8%

　a. 二分法组值为 1 时进行制表。

从表格4.4中可以看出,在歌舞类节目全部主题选项中,春晚歌舞节目总体上注重以"情"动人,表达感情的题材较为广泛,其中"亲情友情爱情"题材的节目比例最大,共168个,个案百分比达到19.8%,其次是对于祖国和家乡歌颂,全部歌舞类节目中有19%涉及这一主题,共计161个节目,排在第三位的是突出春晚"节日""仪式"特征的"闹春/迎新/送祝福"的传统主题,有14.5%的节目传达了这一喜庆的主题,共计123个节目。此三项均有超过100个节目涉及相关主题,累计占主题百分比的48.9%、占歌舞节目个案百分比的53.3%。相对来说,歌舞涉及"过年回家""歌颂中国共产党"和"歌颂劳动及各行各业工作者"类主题的节目较少,分别仅有1.3%、2.1%和3.5%的节目与之相关。

根据数据结果大体上可以看出,央视春晚在歌舞类节目的筛选上具有较为固定的特色。首先,作为中国传统节日在电视媒体上的呈现,其传递范围空前广阔,在这个特殊时刻,通过春晚营造的"北京时间"使全球华人产生了"天涯共此时"的通感,而传统节日的背景下,中华民族的各类情感也被放大,因此大量歌舞节目集中反映了以"亲情/友情/爱情"为主的情感主题。例如,家庭情感类的经典作品《回娘家》《我想有个家》《让爱住我家》《常回家看看》《时间都去哪儿了》《拉住妈妈的手》《幸福家家有》等,表达爱情的歌曲《忘情水》《至少还有你》《竹马沙沙》《我的爱对你说》《因为爱情》、舞蹈《两棵树》等,描写友情的歌曲《遥远的朋友》《我们是朋友》《问候你朋友》等,以及抒发各种人间真情的歌曲如《爱的奉献》《邻里之间》《和谐大家庭》等,在除夕这一特殊时刻,人类的一切情感都得以释放。

其次,作为央视这一全国性电视媒体一年一度的收官及开年作品,春晚的政治性功能慢慢形成,其节目设置在塑造国家认同,整合主流话语体系方面也有充分的展现,情感的表达从亲情、友情、爱情等"小情"变成了对祖国和家乡的"大爱",因此大量表达对祖国的歌颂、对家乡热爱的作品也成为流传的经典。如《我的中国心》《万里长城永不倒》《我爱五指山我爱万泉河》《我爱你中国》《四川小吃人人爱》《火火的北京》《珠穆朗玛》《西部放歌》《故土情》《美丽中国》《天耀中华》等等，或表达了对祖国的赞颂，或表达了对故乡的称赞或思念，都使得受众的感情由"小家"到"大家"得到了升华。

再次，作为中国最传统节日的庆典，民俗仪式与电视媒介的结合，使春晚在形式上承担了"新民俗"的责任，因此，营造节日的喜庆氛围、突出除旧迎新、欢乐闹春的民间习俗、沟通和传递问候与祝福，成为电视媒体"集体过年"所必备的要素。在春晚中，大部分年份的开场歌舞和零点过后的大歌舞都表现了这一主题，宏大的歌舞场面、绚丽夺目的舞美灯光、精美的演艺人员造型使节日的气氛呼之欲出，而在整个晚会进行过程中，"闹春/迎新/送祝福"的主题也是主线之一。例如《春之歌》《迎春的哈达》《祝酒请茶大拜年》《金鸡报春》《送吉祥》《狮舞东方》《飞弦踏春》《跳春》《春到福来》等等，希望以此形式，把传统的庆祝方式如舞狮、舞龙、高跷等民间元素搬上舞台，达到举国欢庆的效果。

相比之下，"过年回家"和"歌颂中国共产党"的比例分别只有 1.3% 和 2.1%（见图 4.2）。"过年回家"是进入 21 世纪春晚突出的主题，2011 年春晚的主题就设置为"回家过大年"，而 2012 年春晚的开场也是明星以家庭为单位进行的表演，并穿插了对不同家庭的采访，以此呼唤人们回归家庭、关注家庭，例如 2011 年的开场歌舞《回家过年》和歌曲《家在心里》，以及 2012 年的歌曲《好久没回家》和《我要回家》。"过年回家"是中国人历来的传统，这一点从每年春运的困难程度上可见一斑，春晚在歌舞中对于回家的重视，从一个侧面反映了团圆在中国年中的重要含义，成为"家"这一主题的分化，也是"和谐""统一"这些主题的延续。

另一方面，歌舞类节目在主题方面强调"家"和"国"，同时也淡化了"党"的概念。在春晚伊始的 80 年代，歌颂党的歌曲尚有鲜明的体现如《党啊，我亲爱的妈妈》《妈妈交给我一支歌》等，以此来抒发改革开放初期政策的改变给人们生活带来巨大变化，百姓在新旧生活对比中对中国共产党感

激的深情。进入90年代以来春晚歌舞节目中通常只是将政党的概念蕴含在
"怀旧"歌曲中隐隐地出现，或通过联唱的形式表现，但在主题设置上则将
"党"的作用和影响转化于"经济繁荣/社会发展"或者"幸福美好生活"
的主题当中。直至近几年，这一题材重新回到舞台上，一是在一次次灾难或
重大社会事件后，中国共产党的领导核心作用一再凸显和被强调，百姓在感
受到国富民强、中华崛起的荣誉感之中，感悟党的领导，如2008年的《大
雪无情人有情》、2011年的《旗帜更鲜艳》和《因为有你》；二是随着近几
年春晚"国家工程"定位的确立，反映意识形态内容的节目增多，一批歌颂
中国共产党在实现中国梦过程中领航作用的歌曲重新唱响舞台，如2015年的
《把心交给你》、2017年的《壮丽航程》、2018年的《乘风破浪》等。

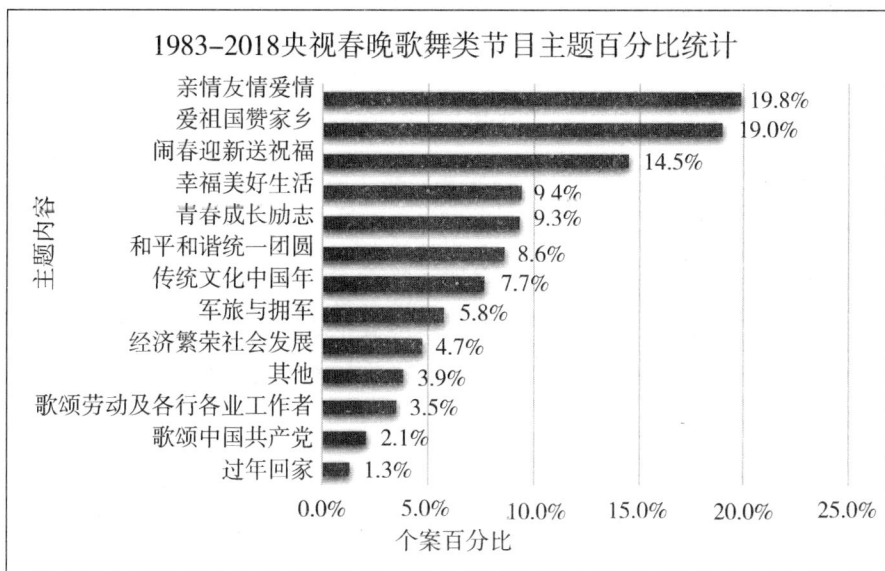

图4.2　1983－2018年春晚歌舞类节目主题百分比统计

二、从"幸福生活"到"中国梦"：歌舞主题在社会背景下的演变

三十六年春晚歌舞以突出"亲情友情爱情""闹春/迎新/送祝福"和

"爱祖国赞家乡"为主线，但随着时代的发展，不同时期除了上述主题外，春晚歌舞类节目的主题也存在侧重上的变化。可以说，央视春晚舞台上歌舞的主题既体现了媒体平台技术、文艺形式多样性的发展，又是社会变迁特别是意识形态塑造下的产物。

80年代的春晚中，歌舞节目的主题除了赞美祖国家乡、歌唱春天和祝福新年，"幸福美好生活"是这一时期另一个突出的主题（见附录2-6），进入80年代以来，改革开放给中国社会和个人带来了前所未有的变化，人们开始享受到时代的发展特别是市场经济的引入给生活带来的便利，并憧憬着物质改善将会带来的美好生活，同时在文娱活动上，"文革"给民众思想造成的桎梏和阴影正在慢慢消除，物质和精神领域的宽松也促进了当时中国人审美和艺术欣赏能力的改变，群众需要用歌舞表达心中的喜悦和对生活的憧憬，特别是在除夕夜的舞台上，观众希望欣赏到能够反映新时代新面貌，反映人民火热生活的题材的作品，同时也希望能够接触到新的表演形式。因此，才有了首届春晚上对《乡恋》等"敏感"歌曲的热情点播，也在随后的春晚中涌现了大量群众喜爱的歌曲，如《太阳岛上》《我们的生活充满阳光》《春光美》以及舞蹈《双回门》《看秧歌》等。在这些作品里，充分反映了十一届三中全会给农村生活带来的翻天覆地变化，以及市场经济给城市人生活带来的改变，此外中国百姓在精神和心灵上的愉悦和对未来生活的向往也悉数体现在了舞台上。

90年代的春晚中，"青春成长励志"成为另一个突出的主题，春晚舞台上大量的歌曲表达了青年人飞扬的青春活力和对理想、追求的渴望。这种倾向有两方面的原因，首先，进入90年代以来，市场经济在中国的逐步成熟，特别是1992年邓小平同志的南方谈话及党的十四大的召开对经济发展速度作了大幅度调整并确立了建立社会主义市场经济体制的目标模式，处于这一历史背景中无数青年人热血沸腾，开始了中国继改革开放后又一个创业高潮。在此激励下，大量的文艺作品也呈现了青春励志的相关题材。其次，在歌曲形式上，这一时期的创作和演唱朝着风格多元化及相互融合的方向发展。在经过了 80 年代港台校园歌曲和的流行歌曲风潮后，内地（大陆）流行歌曲开始了原创发展的道路，特别是 1993 年至 1994 年间，大量原创的作品涌现出来，加之广州歌手北上的浪潮，中国的流行音乐一时间空前蓬勃发展，而在多数原创歌曲中，青春和成长中的种种经历和感悟成为创作的源泉。因此，尽管在春晚舞台上由于各种限制无法完整地体现 90 年代音乐上的"中国风"，但歌舞节目中还是有不少受到经济、社会发展以及专业创作和理念上的影响，一批歌曲反映了在时代背景下青年人青春勃发、渴望成长、创造新生活的理想，以及社会转型期各种思想和情感的碰撞。当年的一些作品如《为我们的今天喝彩》《青春季节》《生命之火》《雾里看花》《青青世界》《青春本色》《远航》等就是这一类型的代表作。

进入新世纪，春晚歌舞类节目主题除了爱国思乡和对情感的表达，同时出现了对"和平/和谐/统一/团圆"这类题材的侧重。这一时期中国开始了高速的发展，各项事业平稳进行，大有"风景这边独好"之势。一方面是香港、澳门的回归使得"大中华"的团聚得以实现，另一方面是国家各项事业的积极发展，中国入世、航天事业的屡次突破、奥运会的举行、世博会的召开等，昭示着中国的大国崛起之势已然形成，并在应对金融危机等国际事务中显露了重要的作用。但同时，经济的快速发展也使得一些矛盾凸现。步入 21 世纪以来，中国的人均国内生产总值已经突破 1000 美元，这样的发展阶段既是经济的"黄金发展时期"，也可能是徘徊不前的"矛盾凸现时期"，因此党的十六大第一次提出将"社会更加和谐"作为重要目标提出，而十六届四中全会进一步提出构建社会主义和谐社会的任务。在此时代背景下，春晚舞台上歌舞类节目与时俱进地表达了这一时期的中心思想，一方面是中华民族的大团圆、多民族大团结以及世界舞台上倡导和平发展的风范，如歌曲《大喜临门》《盼团圆》，民族歌舞《中华大团圆》《幸福大家庭》等；另一方面是宣扬和谐社会、共同发展的节目，如歌舞《和谐乐章》《和谐大家园》《相亲相爱》《天下一家》等等。

21 世纪前十年，一方面是歌舞主题的多元化，相对于之前，这几年的主题涉及广泛，基本覆盖了所有话题元素，体现了大众文化的多元发展和网络娱乐、选秀节目给电视文艺带来的平实和接地气的转变，比如口语化的《倍儿爽》《群发的我不回》《我的要求不算高》等。另一方面题材广泛下又体现了对部分主题的小幅集中，即除了应景的庆团圆、贺新春、送祝福等，歌舞话题又回归到了幸福美好生活和青春励志的话题，所不同的是，这一时期的对生活的向往、对未来的期盼，以及对青年人即祖国未来的厚望均纳入中国梦、大国梦的整体构想中，如《在你伟大的怀抱里》《小梦想 大梦想》《我们的新时代》等。此外，近几年央视春晚中基本每年都有一两首军旅和拥军题材的歌曲，如《甲板上的马头琴》《强军战歌》《铁血忠魂》等，这也契合了当下"强军梦"的内涵。

第三节　三十六年春晚中的意识形态表征

三十多年来，央视春晚的意义已经远远超出了电视晚会本身，而是成为所有中国人在除夕时必然经历的"文化洗礼"，进而从一个年俗文化活动转化为政治和文化双重意义上的"国家工程"。作为大众传媒语境中的年度主流话语体系，国家意识形态通过春晚这一方式转化为具有政治意义和思想性的主题符号，并向受众进行传播。

传统的中国春节其意义是"民俗的节日"，而这一意义需要通过一系列的"仪式"来佐证完成。2012 年春晚开场中，小演员邓鸣贺所诵读的就是这一系列民俗仪式的串联，从腊月二十三的祭灶开始，关于春节的意识通过日复一日的模式化习俗在不断强化，其核心内涵是与中国文化传统一脉相承的，主要表现了人们对自然和生命的敬畏、对未来的憧憬和家庭欢聚、团圆的喜庆。这些"集体无意识"的行为使中国人对于春节的意识和感情萌生并逐步强化，而除夕夜，正是这一系列行为的汇聚和终结。

春晚本来仅仅是除夕夜以文艺形式举行的一次联欢活动，它所承载的叙事主要是民间话语，它的目的主要在于取悦大众的节日庆典，或者说是以大众媒介的形式放大民间、个人的庆祝，而随着时代的发展和春晚的日趋成熟，它开始慢慢地显示出主流意识形态的特征。春晚中的民俗性主题也随着中国政治文化环境的变迁而变化——从民俗意义上的节日庆典转化成了国家主流话语的表达平台。民俗意义上的春晚被纳入国家层面的宏大叙事之中，政治宣传通过"春节"的仪式，将个人的、家庭的情感升华为全国人民的共同理想。

20 世纪 80 年代初，由于精神文化生活的普遍匮乏，春晚作为众星云集的年度最盛大的综艺晚会，其出现极大打动了百姓的心，加之电视这一新生媒介的出现，使央视春晚在观看形式和表演内容两方面给观众带来了新奇和享受，特别是最初几年观众点播的方式，使当年的春晚贴近观众的需求，体现了其"民间叙事性"的特征。而在现代社会中，大众媒介的发展扩大了意识形态的运作范围，它使象征形式能够传输到时间与空间上分散的、广大的潜在受众。意识形态的构建主要来源于象征形式所传达的意义的建立和支撑统治关系的方式，而大众传媒尤其是电子媒体的发展对意识形态现象的宣传语传播具有重大的影响，特别是电视的出现，进一步强调了意识形态现象的群众性和群众潜力。电子媒体使象征形式以空前规模进行流通，此外其发展也改变了象征形式生产与接收的进入方式①。逐步成熟的春晚正是起到了这样的作用，在综艺节目和新民俗文化的结合与演变中，国家主流意识形态通过电视这一媒介，以文艺晚会的形式得以广泛地传播，并借助 80 年代以来人们逐步建立地对春晚的肯定和依赖，产生着重大的影响。本节将根据前文历年春晚主题及歌舞类节目的主题内容探讨的基础，试图分析描绘出春晚中呈现的意识形态现象。

---

① 〔英〕约翰·B. 汤普森. 意识形态与现代文化［M］. 高铦，等，译. 南京：译林出版社，2005：266.

一、春晚中的"家庭"想象

中国人对于"家庭"的重视是由来已久的，相对西方社会家庭的外向型、辐射发展和松散的结构及成员关系，家庭对于中国人来说是个人、国家和社会生存与发展的根基，如果说西方社会的家族模式可以比喻为树的枝杈型，那么中国家族的发展就是树根形态，前者向外扩散或许高于天空而不相交，但后者却深入地下且盘根错节。古人称"齐家治国平天下"，可见，在中国人的观念中，"家庭"的兴衰和发展是万事的根本。而同时，作为中国千年传统的春节，其对"团圆"的诉求更是节日热闹喜庆的前提，因此在央视春晚的舞台上"家庭"的相关题材是必不可少的，并且作为从个人到国家过渡的中间性集合，"家"也是承载意识形态塑造的重要空间。一方面，春晚在形式上以"新民俗"的角色和定位延伸了家庭化春节的节日性特征；另一方面，在春晚产生与发展的三十多年间，中国的个人、国家与社会都在各方面发生了深远的变革，在这一历程中，"家"的观念、想象与意义也随之发生着变化，并在春晚舞台上有了富有内涵的表达。

（一）作为"家庭年俗"延伸的"新民俗"图景

民俗，即民间风俗，指的是一个国家或民族中广大民众所创造、享用和传承的生活文化。它起源于人类社会群体生活的需求，在特定的民族、时代和地域中不断形成、扩大和演变，为民众的日常生活服务。简言之，民俗就是一种来自于人民，传承于人民，规范人民，又深藏在人民的行为、语言和心理中的基本力量，是人民传承文化中最贴切身心和生活的一种文化。

中国的民俗是一种由神话传说、民间故事等"符号"编织而成的世俗信仰文本，其中，传统节日中的民俗是民俗文化中最重要的一部分，而春节就是其中的典型代表。春节据说到汉代已经定型，历经唐、宋、元、明、清诸朝，一直传承至今，其形式是节日的庆祝和仪式，而其背后反映的则是社会制度和群体的文化生活。春节中的民俗即"年俗"，当百姓年复一年地重复这一民间仪式时，其迷醉的不只是节庆的形式，而是节庆形式所蕴含的道德原则和价值体系①。在民间自腊月二十三到除夕，人们怀着仪式化的崇敬心情按照"传统规定"的内容"忙年"，但其实春节的一切仪式活动都超出了节日本身——打扫卫生、采办年货、杀鸡宰羊，而承载着沉甸甸的心灵内涵——对过往之年的回忆、对祖先的祭奠、对灾祸的躲避、对幸福的期盼和对无限美好时光的憧憬等。而在当今中国，春晚的出现成就了大众传播时代的"新民俗"。在除夕这一神圣的时刻，春晚参与了人们的集体性仪式，如同古代围坐于篝火的"社火"式庆典一样，现代的中国民众在节日的集体无意识感召力下聚集在电视前，共同体验着电视媒体带来的全民大联欢。

　　作为一种"新民俗"，春晚成了全民的精神大餐，同吃年夜饭、放鞭炮一样，成为除夕夜神州大地必不可少的仪式项目。春晚把人们带入了共同体的想象，是因为这一节目形式有效地潜入了古老的民俗传统之中，从而实现了对民俗符号和民众节日心理的挪用，所以春晚中更多反映的是"团结""凝聚""欢乐""奋进"的主题和"闹春迎春送祝福"的欢歌笑语。由于民俗的文化基础是来源于民间的，而中国最小的社会组织是家庭，因此春晚这一"新民俗"中反映了团圆和亲情。在春晚舞台上，原本属于家庭的传统年俗元素均有不同程度的体现：美艳的节日服装，带有视觉冲击力的"中国红"元素，舞龙舞狮的传统民间表演，到处张贴的"福"字背景，变异了的舞美化的"春联""吊钱儿"，以及台上台下送祝福的拜年话，使春节的氛围通过电视媒体成了全体国民"天涯共此时"的共同体验。在这一神圣时刻，以家庭为单位的节日庆祝规模被扩大到了全体国民，家庭的团圆变成了民族的、国家的凝聚与统一。因此春晚中的节目从《我想有个家》《常回家看看》《让爱住我家》《回家过年》《我要回家》《紫竹调·家的味道》《我的春晚我的年》等个体的家庭诉求，演变为了《我属于中国》《我家在中国》《神州共举杯》《平安中国》《美丽中国年》《万紫千红中国年》等对于国家的祝福和举国欢庆表述。

---

① 潘知常主编：《最后的晚餐——CCTV 春节联欢晚会的文化阐释》文稿

（二）三十余年社会变革中的"家庭"追求

"家庭"的想象除了"新民俗"中文化意义上的追求，也反映为不同时代中的与时俱进。三十余年中，中国经历了巨大的变革，作为社会最小单位的家庭，其形态和观念反映在春晚舞台上也呈现出了时代性的变迁。

80 年代中，春晚舞台上对于家庭的表现，主要来源于时代带给人们的幸福感和满足感。改革开放以后，在农村，以家庭联产承包责任制和多种经营发展为主要内容的农村改革，使农民在生活脱贫以后开始尝到了生活的"甜头"；而在城市，市场经济体制的实践使人们的生活更为富足和多样。更重要的是，在过往十年的"革命叙事"中，国家和民族的命运占据了主导地位，而以日常生活为内容的个人欲望满足和物质享受被排斥，但进入八十年代，"人的解放"和人道主义思潮的兴起，与国家所推动的经济改革和社会心理的历史转变密切相关，并且前者以后者为前提和基础。人们的自我意识逐渐苏醒和清晰，对于个体家庭的重视和追求重新被唤醒①。因此，这一时代的春晚舞台上，家的概念变得清晰与轻松，家庭中个人的感受得到完整的表达，充满了对幸福生活的歌颂和人们处于改革开放后的欢声笑语，涌现了《在希望的田野上》《回娘家》《双回门》《恩爱夫妻》《狗娃与黑妞》《懒汉相亲》《接妻》《清官难断家务事》等一系列表现家庭情感和婚恋题材的节目，完成了当时人们对于个人、家庭情感的抒发，以及家庭和睦和团圆的追求，同时也传达出了以致富为主要目的的经济要素在确立恋爱关系以及维护家庭稳定发展中的重要意义。

90 年代，经济的发展和社会主义市场经济体制的确立使人们的思想发生了显著的变化：在经济领域中，以个体经济和私营经济为代表的新经济力量在国民经济中的地位攀升，得以使部分人的生活得到改善甚至"先富起来"，同时也为个人中心价值观的确立和扩大提供了强有力的社会支撑，而家庭也

---

① 师力斌．"我想有个家"——中央电视台春节联欢晚会家庭想象的历史转变［J］．北京大学研究生学志，2008（3）．

在这一经济和价值观念转变的大潮中受到了波动和影响。在社会大背景下，个人的发展和一个家庭的和美密切相关，人们开始思考在春潮涌动的大时代中，如何完成个人的改变和家庭的转型。台湾歌星潘美辰演唱的《我想有个家》勾画出了九十年代以前人们对于家庭的渴望和关于家庭功能的构想，在歌中她唱到"我想有个家，一个不需要华丽的地方，在我受伤的时候，我会想到它"，可见当年人们对于家的定义无关大小，只要能够遮风避雨即可。

但进入90年代，家庭关系、婚恋态度等都随着中国在经济和社会两方面的发展而转变。其一，致富后的中国百姓特别是农村人口开始不局限于土地，开始享受到了丰富的文化生活以及中国人走出国门且产生跨国婚姻后的家庭变革：宋丹丹和黄宏的小品《秧歌情》和赵丽蓉等人的《妈妈的一天》就分别反映了农村和城市老人丰富的晚年生活，而郭达、蔡明的小品《黄土坡》和《越洋电话》则从接待外国儿媳妇和给儿子打电话的场景入手，展现了致富后的中国人走出去后的家庭观念，并由老人之口说出了当年中国经济发展的关键词——"村里成立了农工商集团股份有限公司""我当股东了""我当董事长了"等等。其二，家的意义、家庭关系更多和经济地位、社会地位挂钩：例如潘长江的音乐小品《过桥》和《过河》，高秀敏和魏积安的小品《柳暗花明》等都反映了在经济发展中，致富专业户、技术能手在"婚恋市场"中的优势，尽管身材矮小或者年纪偏大，但靠一技之长致富的"万元户"们成为婚恋经济中的首选。其三，在家庭婚恋关系中，人们开始摆脱传统和世俗的束缚勇于追求个人的幸福。赵本山的小品《相亲》和同名小品《我想有个家》就分别反映了老年人和通过电视媒体征婚的再婚男女对婚恋的追求。这些在当今看来再平常不过的婚恋方式，在赵本山的演绎中仍呈现出一种遮遮掩掩和扭捏，也从另一个侧面展现了新旧道德观念和意识形态交替期人们内心的挣扎。其四，经济和社会转型期给也个人及家庭带来了困扰，这一时期走出去和"先富起来"的人们有了不同的变化，同时财富已经不再像八十年代那样具有基础性地位，但财富的获取方式，以及与财富相关的个人社会地位及家庭所有用的可交换资源，成为了家庭建构和发展中的焦点。小品《父亲》《八哥来信》反映了走出去的农村人对自身根基的回避以及对故土和亲人的疏离；《拆迁变奏曲》则将叙事聚焦于"拆迁"这一敏感问题中，百姓家庭挖空心思获得利益的尴尬；而郭冬临的《有事您说话》通过夫妻两人的无奈体现了在经济转轨时期，家庭不再是单纯"疗伤"的地方，而成为人际交往和资源交换中一个最小的单位。同样，另一个值得一提的主题则是在九十年代末期，人们呼唤的对于家庭的回归，歌曲《回家》和后来风靡一时的《常回家看看》都反映了这一主题。在世纪末，家庭的原始功能再一次被提及——家庭永远是一个团聚和象征温情的地方，需要我们回归并还其本来面目。

进入 21 世纪，中国人以家庭为最小单位的社会构造模式开始转变，力图冲破亲缘、家族的局限，以社区甚至更广泛的互助作为维系社会发展的基本元素。在这一时期，由于香港和澳门的回归，大中华的格局开始形成，加之中国在各方面的发展以及在世界事务中越发崭露头角的崛起势头，使得中国人团圆和欢聚的范围也随之扩大，家庭的"小"概念逐渐模糊，取而代之的是各族人民的欢聚和世界人民的和平诉求，走向世界的中国带动着个体家庭的开放和扩张。一方面，随着"和谐社会"主导话语的推出，家庭和睦被进一步嫁接到社区乃至社会的和谐，最终力图达到"天下一家"的共同发展，如歌曲《百家姓》《万家灯火》《中华全家福》《和谐大家园》《相亲相爱》都顾名思义地表达了这一主题，同样小品《邻里之间》《都是亲人》《邻居》等表达的人与人之间超越家庭血缘的情感。另一方面，则是在中国走向世界的过程中，家庭渴望参与其中的热情与愿望，如《北京欢迎你》就体现了家庭中父亲渴望借用儿子志愿者的身份参与社会公益的故事，而 2012 年新创作的春晚结尾曲《天下一家》也反映了走向世界的中国人的包容，以及对"家"这一概念的重新界定。

二、春晚中的"国家认同"建构

三十余年中，央视春晚在意识形态层面表达的另一种方式就是建构"国

116

家认同"，通过"新民俗"的形式，将传统的民俗"戏剧化"和"媒介化"，从传统的"家庭"模式转变为中华民族的"国家认同"。

（一）国家认同以及媒介对其的建构

国家认同是指一个国家的公民对自己祖国的历史文化传统、道德价值观、理想信念、国家主权等的认同。它是一种重要的国民意识，是维系一国存在和发展的重要纽带①。现代民族国家具有由政治法律共同体和民族文化共同体带来的双重归属感，其合法性一方面通过宪法、主权等法律形式表现，另一方面即由国民的认同中获得。在国家认同的建构中，其表现为人们对国家的情感归属。

民族国家认同的建构至少要有两个条件，一是共同的连接基础——血缘和历史回忆，二是通过与他人共享某一公共空间或人际关系而形成的一体感，即经验分享。其中，经验分享通常并非来自个体的亲身体验，而是通过对某种知识的占有激发出对非亲身经历事件的想象而形成的。而在当代社会，媒介就成了人们获得经验分享的重要渠道。媒体技术的发展使人们及其所处的社会达到了极大程度的互动——首先，媒体技术的发展可以把社会互动与实际地点分开，使人们跨越时空进行互动；其次，媒体影响了个人与他人的沟通交流方式，是个人能和他人以新的、更为有效的方式传播和共享。特别是电视媒体对社会具有的强大渗透力及影响力，使其成为建构认同的主要机构。

媒体是构建国家认同的重要渠道，春晚依托于中国最重要的传统节日，并通过电子媒介进行传播提供经验分享，具有建构国家认同的条件。如前文所述，首先，春晚在文化价值上已经成为当代的"新民俗"代表，它借助传统民俗的文化背景，利用现代电子媒介的巨大传播力量，对传统文化进行了意识形态的话语置换。民俗本身就是一个民族或国家借助民间文化符号来确

---

① 金玉萍. 解读 2009 年央视春晚——国家认同建构的视角［J］. 新闻传播，2009（6）.

立和谐秩序的"共同想象"，一方面，它继承和保持着传统的形式或某些具体典型意义的象征，另一方面，则不断选择和吸收新的时代元素，对自身进行调整和意义上的转换，以适应时代话语的需要。同样，以央视春晚作为电视媒介环境下的"新民俗"，将传统民俗中的"风俗礼仪""舞龙舞狮""灯展庙会""春联年画"等元素以及所指代的"辟邪""祈福""娱乐""教化"等含义，通过时代变迁的意义流变和电视媒体的烘托赋予了"国泰民安""和谐发展""民族振兴""中国崛起"等新内涵。传统民俗的"神圣性""狂欢性""个体性""地域性"，在新的意义所指下转化为了"神州共此时""普天同庆"的一致性。其次，在这种神州共此时的氛围下，春晚作为"新民俗"的节庆晚会，在三十六年的发展和固化中，逐步成了关于"年"的重要仪式。有关传统和民俗的节庆仪式本是民族历史、传统文化累计的结果，是连接和描述一个民族的重要形式，也是国家进行自我认同的主要途径。在国家认同的建构中，运用媒体传播此类节庆仪式具有更为深远的意义，通过媒体的集体性参与，那种"我们"是一个"想象的共同体"的认同性经验不断地生产出来，成为一种集体历史记忆的重现，或者说一个"公共仪式"为国家通过媒介强化认同提供了合理的平台。可以说，央视春晚的国家认同建构功能是春晚特性与国家需求共同作用的结果，同时也离不开媒介发展和随之而来的受众需求，因此利用春晚来建构国家认同，成为不可避免的手段。

（二）三十余年春晚对国家认同的建构

春晚对国家认同的建构，主要是通过文本意义以及运用电视媒介的播出手段来实现的。历年来，喜庆、欢乐、团结、奋进等主题一直是春晚的基调。春晚的目的就是要营造国家统一、民族团结、人民生活幸福，社会和谐等观念，通过节目文本、人物言行、场景设置、镜头语言等的串联和组合等体现出来。纵观三十余年春晚，无论是利用新民俗的属性还是"神圣仪式"的方式，其较为稳定地建构国家认同的方式主要有两种，其一是对国家与社会进行"家——国"的营造，脱离开"文革"时期对于国家主导话语下意识形态的严格控制，从个体意识觉醒的前提入手，借助中国千年传统中"家国同构"的特殊意义，帮助人民确立身份归属，完成对中国身份的认同。其二是在港澳回归、中国经济迅速发展，社会逐步繁荣的新世纪中，对比百年历程和今日中国，弘扬民族自尊心和自豪感，完成大国崛起的国家形象建构。

1. "家国同构"下的中国人身份认同

家是每个人特定的生存空间，更是人们精神的归属，可以说是人的身体和灵魂寄托的基本形式，特别是对于中国人来说，"家"无论在历史发展还是社会繁衍中，或是在传统观念以及民族文化中，都是一个极其重要的概念。如前文所述，家的情感和观念在中国传统文化和价值观念中具有举足轻重的地位。而春晚正是将这一特殊元素融入到了晚会的媒介行为中，以电视语言为模式营造了一个由"小家"而至"大家"的温馨画面，使观众对于个体家庭的情感顺利地移植和置换到"中华大家庭"的温暖与和谐中来，由此确立了民众的"家国同构"身份。如果只将春晚作为一台晚会，那么"国家"与原本平民身份的群众性联欢并无直接联系，诸如，早年的零点致辞仅由演艺人员履行，而进入90年代春晚开始着力邀请国家领导人亲临晚会现场或播放录像，使一场来自民间的"笑的晚会"变成了和中国人身份和国家命运"挂钩"的仪式，以"国"置换了"家"，更加强调的是观众的"国家属性"。在历年春晚中，不少歌曲就具有这一鲜明特征。

表4.5　三十年春晚中部分以"家－国"为主题的歌曲

年度	歌曲名称	年度	歌曲名称
1984 年	我的中国心	1998 年	大中国
1985 年	中国梦	1999 年	欢乐中国年
1985 年	祖国啊，我永远热爱你	2001 年	亲爱的中国我爱你
1988 年	中国龙	2002 年	我家在中国
1989 年	我的祖国	2002 年	我是中国人
1991 年	你我是中国	2005 年	平安中国

年度	歌曲名称	年度	歌曲名称
1991 年	在中国大地上	2007 年	花开中国年
1994 年	今日的中国人	2008 年	中国话
1995 年	中国大舞台	2008 年	中国大舞台
1996 年	我属于中国	2009 年	中国之最
1996 年	中国我可爱的故乡	2012 年	中国美
1997 年	中国娃	2016 年	山水中国美
1998 年	我爱你中国	2017 年	母亲是中华

这其中的一些歌曲，单从名字上就能体现出"家——国"话语的置换。在这些春晚经典歌曲的叙事中，不断地强调党和国家是"亲爱的妈妈"、"我"家"在中国"、"我"是中国人、"我"属于中国、"母亲是中华"，利用类似的话语结构的置换完成家的情感表征，强调个体身份的归属感，建构家国同构的意蕴。

如果说八十年代的春晚以联欢会的形式，用简单串联词串场侧重表达的欢乐，同时蕴含"家国"意识形态的表述，那么进入九十年代后，"国家"作为个人、家庭背后政治概念的表达，演变成了春晚舞台上普遍性地陈述甚至成为话语的侧重。对于党和祖国直抒胸臆地表达感激和情感的形式，转化为了对个体归属的认定。

在这个缤纷的世界上，有一个神奇的东方

在亚洲神奇的土地上，有一处最美的地方

在这个旋转的星球上，有一个秀丽的东方

在亚洲秀丽的土地上，有一处最美的地方

五千年积淀的色彩，构筑起锦绣画廊

烟雨迷濛泉林如画，长河雄关 壮丽辉煌

在这个缤纷的世界上，有一个神奇的东方

在亚洲神奇的土地上，有一处最美的地方

沐浴过秦汉的风月，传颂着唐宋华章

英雄儿女情深似海，每天营造崭新殿堂

海角天涯遥相望，迢迢明月寄衷肠

最美的地方在哪里，在我心上，

中国我可爱的家乡

——节选自《中国我可爱的故乡》1996 年春晚

你说我是你遥远的星辰

从前的天空也有我的闪烁

你说我是你失收的种子

从前的大地也有我的花朵

你说你一直在倾听我流浪的脚步

你说你始终在注视我海边的渔火

你用永照人间的日月告诉我

你用奔腾不息的江河告诉我

我属于呀你我的中国

我属于呀你我的中国

你说你理解我的冷漠

长长的离散我才学会沉默

你说你懂得我的珍贵

百年的沧桑才有我那顽强的体魄

你说我漂泊是你屈辱的记忆

你说你思念是你品尝的苦果

你用千秋不老的的历史告诉我

你用每天升起的旗帜告诉我

我属于呀你我的中国

——节选自《我属于中国》1996 年春晚

——姓啥从那百家姓里查 祖籍在那黄土高坡大槐树底下 家住东方神州又名叫华夏 走到天边不改这名咱叫中国娃——

最爱喝的水呀永远是黄河水

给咱一身太阳色能把那雪融化

最爱吃的菜是那小葱拌豆腐

一清二白清清白白做人也不掺假

最爱喝的水呀永远是黄河水

给咱一身太阳色能把那雪融化

最爱吃的菜是那小葱拌豆腐

一清二白清清白白做人也不掺假

最爱穿的鞋是妈妈纳的千层底

站得稳呐走得正踏踏实实闯天下

最爱说的话呀永远是中国话

字正腔圆落地有声说话最算话

最爱写的字是先生教的方块字

横平竖直堂堂正正做人也像它

最爱做的事呀是报答咱妈妈

走遍天涯心不改永远爱中华

——节选自《中国娃》1997 年春晚

　　这些歌曲从个人的视角以民间的话语表达了个人、家庭与国家的关系，背景也通常以国家领导人视察工作、慰问群众，中国在不同时代取得的成就变化，以及海外华人歌唱祖国的画面作为注脚，颂扬"国家"是个人的归属，国家的强大是个人发展的坚实后盾，而对国家和民族的繁荣富强的祝福和期望也取代了传统中民众对个人家庭幸福生活的渴望。这些歌曲的存在使"国家"这个和春节、除夕本无直接联系的概念，通过"家"的过渡，而成为春晚叙事框架中最重要的一个组成部分，而春晚在这一过程中，也由单纯地追求欢乐变得更加庄严与凝重。

2. 民族主义话语中复兴崛起的大国形象

进入 21 世纪，国家领导人不再亲历现场，他们在除夕夜慰问拜年的影像也几乎不再作为单独的节目播放，而对"国家"认同的建构开始侧重于通过一系列历史事件、国家大事的多方面叙述，在弘扬民族主义精神的话语中树立复兴崛起的大国形象。

新世纪以来，随着申奥成功、进入 WTO、奥运会的成功举办、世博会的顺利完成，以及航天事业不断突破的新发展，中国的国际地位不断提高，特别是 2008 年全球性金融危机爆发以来，中国在国际事务中的作用越发凸显。同时我们也经历了新中国成立 60 周年大典和中国共产党诞生 90 周年的欢庆，相比于百年前的落后和衰败，民族复兴中的中国软实力不断增强，一个崛起中的大国形象慢慢清晰，身处其中的中国人的民族自豪感也日益增强。但在这一过程中，随着经济不断繁荣和社会多元化发展，国内的各种社会问题和矛盾也逐渐显露，在这一背景下，春晚舞台上国家认同的建构开始转向对民族复兴的鼓舞和大国崛起下社会和谐的塑造。而无论是前者议题下的世界和平还是后者的和谐发展，团结、团圆的主题都是这一时期强化的主题，特别是近几年，春晚急切地希望以回归家庭的呼唤，唤起人们对于各种矛盾的缓和及解决。

自香港、澳门特别行政区回归到 21 世纪的第一个十年，中国的综合国力迅猛增长，并在世界事务中崭露头角，特别是 2008 年在汶川特大地震灾难后中国仍能如期圆满举办奥运会的能力，让世界对中国更加刮目相看。近几年来"G20 峰会""金砖国家""20 国集团"等成为中国民众耳熟能详的名词，特别是中国在全球经济危机中的积极作用，使中华民族的复兴和中国崛起成为国际和国内热议的话题。对这一系列的国家形象描述，歌曲《中国大舞台》《盛世欢歌》《中国之最》《走向复兴》等就是最好的注解。

好一个中国大舞台，大舞台

五千年龙腾虎跃演不衰

好一个中国大舞台，大舞台

亿万人喜泪欢歌汇成海

汇成黄河长江金色绸带

舞得那神州如火好梦成真情满怀

汇成黄河长江金色绸带

舞得那神州如火好梦成真情满怀

好一个中国大舞台，大舞台

一幕幕沧桑巨变多豪迈

好一个中国大舞台，大舞台

只演得五洲注目齐喝彩

铸成万里长城，万里情海

唱一曲东方神韵人间天上唱起来

——节选自《中国大舞台》

最高的山峰是珠穆朗玛峰

奥运的火炬曾经传递到山顶

最高的高原是青藏高原

天路上走来了美丽的高原红

最长的河流是长长的长江

高峡出平湖一道神奇的风景

最长的城墙是万里长城

月亮之上嫦娥在遥望着中国龙

中国之最，唱也唱不尽

中国之最，数也数不清

最美的色彩是中国的东方红

最美的梦想是千年的飞天梦

最大的盆地是塔里木盆地

塔里木河上倒映着胡杨的倩影

最大的草原是内蒙古草原

马奶酒里飘出了悠扬的胡琴声

最大的岛屿是宝岛台湾

日月潭上挂着那故乡的月儿明

最大的广场是天安门广场

她就矗立在我那最爱的北京城

中国之最，唱也唱不尽

中国之最，数也数不清

最美的地方是中国人的心灵

最美的心愿是世界的和平

——节选自《中国之最》2009 年春晚

我们迎着初升的太阳，走在崭新的道路上

我们是优秀的中华儿女，谱写时代的新篇章

我们迎着风雨向前方，万众一心挽起臂膀

我们要把亲爱的祖国，变得更加美丽富强

前进 前进 向前进，挺起胸膛何惧风浪

前进 前进 向前进，肩负民族的希望

我们迎着灿烂的阳光，飞向太空驰骋海洋

我们是英雄的中华儿女，古老文明焕发新光芒

我们迎着胜利向前方，振兴中华是我们理想

我们迈着坚定的步伐，中国屹立在世界东方

前进 前进 向前进，排山倒海不可阻挡

前进 前进 向前进，走向复兴创造辉煌

——节选自《走向复兴》2010 年

在春晚节目中，近期中国发生的重大事件被勾勒出来，通过节目文本再现，包括飞向太空的"飞天梦"、少数民族地区的发展、也包括对于"台湾"主权的认定。这些文本叙事中，我们的理想是"振兴中华"，我们"迈着坚定的步伐"前进之势如"排山倒海"不可阻挡。在这个过程中，中国人通过家国同构所积累的身份认同被唤醒，大国民的自豪感油然而生，并在"走向复兴"中团聚统一起来。同时我们也不忘说明，崛起和振兴中的中国人"最美的心愿"仍然是世界和平。

而另一方面，在宣扬民族复兴和大国崛起形象的同时，春晚的节目也同样需要考虑在社会迅速发展的过程中不平衡发展所引发的各类社会矛盾。按照汤普森对意识形态运行方式的归纳，21世纪的春晚中，意识形态对国家认同的表达主要通过"虚饰化"和"统一化"的模式，即"统治关系可以通过掩饰、否认、含糊其辞、对现有关系及进程进行转移注意力或加以掩盖的方式来建立和支撑"，以及"通过在象征层面上构建一种统一的形式，把人们都包罗在集体认同之内而不问其差异和分歧，从而建立和支撑统治关系"的方式①。而对于春晚来说，要在新民俗文化的大框架下，以全中国电视观众为目标受众，必须要将不同群体的利益整合到同一个认同想象中。因此在中国，悠久的国与家、政治与伦理一体化的传统是将不同阶层、不同利益群体加以整合的有效方式，在家庭伦理的表述下，阶层之间的对立矛盾、社会的结构性危机的性质都发生了转变，成为家庭内部可以用温情化解的问题②。如前文所述，近几年的春晚中以歌曲节目为代表，"和谐""团聚""统一"成为常被描述的主题。

　　春风亲吻着笑脸，关怀滋润着心田

　　平等友爱肩并着肩

---

① 〔英〕约翰·B.汤普森. 意识形态与现代文化［M］. 高铦，等，译. 南京：译林
　　出版社，2005：62.
② 李黎丹. 央视春晚意识形态运行模式的变迁［J］. 现代传播，2011（5）.

这是一个和谐的家园

一天好过那一天，一年好过那一年

小康生活的甜蜜

汇成幸福的源泉

阳光播洒着灿烂，互助传递着温暖

扶贫济困手挽着手

这是一个和谐的家园

一天好过那一天，一年好过那一年

生我养我的土地，到处都是艳阳天

这是中华的好诗篇

这是神州的美画卷

这是和谐的大家园

这是你我永远的眷恋

——节选自《和谐大家园》2008 年春晚

家逢盛世红火火

国逢盛世蓬勃勃

人逢盛世喜事多

笑声谱做欢乐歌

山起舞来水唱歌

一方唱歌八方和

好日子天天唱着过

盛世欢歌歌不落

唱不尽日新月异新面貌

唱不尽流光异彩好生活

五十六个民族一家亲

中华腾飞同唱幸福歌

唱不尽捷报喜报一起来

唱不尽春潮万里好景色

五千年的岁月今天最美

小康大道越走越宽阔

——节选自《盛世欢歌》2010 年春晚

欢庆的锣鼓敲响幸福乐章

福满千万家 平安吉祥

掌声和笑声 欢聚一堂

生活多美好 把心情点亮

我们的家园是如诗如画的地方

好山好水好日子 好运长又长

把希望放飞在中华大地上

让灿烂的阳光洒满人间天堂

——节选自《幸福赞歌》2011 年春晚

你可记得南湖的红船

你可记得井冈山的烽烟

你可记得遵义的霞光

你可记得窑洞的风寒

苦苦追求 披肝沥胆

旗帜更鲜艳

只为日月清明 阳光灿烂

只为乾坤朗朗 国泰民安

你可记得春天的故事

你可记得新时代的画卷

你可听到和谐的歌声

你可听到科学发展的呼唤

继往开来 勇往直前

旗帜更鲜艳

只为天蓝水碧 风清云淡

只为风调雨顺 百姓梦圆

继往开来 勇往直前

——节选自《旗帜更鲜艳》2011 年春晚

以此为代表的这类歌曲大多被安排在零点钟声敲响以后，并伴以 56 个民族的集体歌舞，彰显出和谐社会的美好华章，更突出了蕴含其中的主题——我们同属一个"中国大舞台"和"和谐家园"，这美好时代和幸福生活是全体中国人共享的"欢歌"。而在中华的大家庭中，执政党是这个家庭得以建立和发展的缔造者，是"继往开来""勇往直前"的保障，更是"国泰民安""百姓梦圆"的维护者和这个大家庭得以前行的"旗帜"。这种前提下的大国形象显得更为温情和感人。

三、"家""国"一体，走向世界的中国梦

近几年，随着"社会主义核心价值观""中国梦""一带一路"等一系列国家顶层设计理念和发展战略的提出，央视春晚舞台对于国家意识形态的呈现更为频繁和直接，而表达的手段和内容也更为丰富和多元化。另一方面，坐看央视春晚发展进入三十六个年头，其意识形态属性对民俗节庆属性的置换似乎已经习以为常被大家所接纳。正如 2016 年晚会开场歌舞中表述的，春节彻底由家庭团聚的家事变为举国欢庆的国事，春晚也已经从拜年转化为对国家过去一年发展的总结，以及来年战略规划的思考。

年年除夕看春晚

今年的春晚好戏连台

张灯结彩团圆夜

咱们又说又唱心情豪迈

四个全面 战略布局

五大理念引领发展未来

九三阅兵 威武震撼

三个必胜赢得全球喝彩

反腐倡廉 民心所向

党风政风社风清风满怀

合作共赢 收货满载

中国足迹跨越五洲四海

北京冬奥 成功申办

一带一路蓝图无限精彩

中国的大飞机造出来

人民币入了篮进入了前排

超级计算机蝉联世界六连冠

再接再厉速度越来越快

浩瀚宇宙 我们来访

暗物质探测卫星飞向天外

青蒿素方剂 中医学瑰宝

屠呦呦登上了诺贝尔奖台

2015 我们的朋友圈是越来越大

2015 我们的获得感是实实在在

都说长风破浪会有时

我们直挂云帆济沧海

新的一年扶贫攻坚精准发力

新的一年全面小康时我不待

同心共筑中国梦 携手再谱那新华章

春到福来喜事连

欢聚春晚把年拜 把年拜

——节选自 2016 春晚开场歌舞《春到福来》

总体来说这一阶段想象共同体建构的主题一是突出"家""国"形象交织为一体的诉求，勾画中国梦与个人梦想的关联——强调"有国才有家"、我的梦想是"要把青春献给中国""国家的兴旺是我的光荣"，二是体现全球化发展进程中的"世界之中国"，强调中国梦的普适性，即"四海通、五洲同"，随着中国走向世界，中国梦是普天下华人共同的梦想，也是世界各国共同发展构建人类命运共同体的梦想。

（一）"家""国"镜像交织的"想象共同体"

党的十八大明确提出了"实现中华民族伟大复兴"的"中国梦"，具体表现为国家富强、民族振兴、人民幸福，这一指导思想和执政理念将国家、民族、个人融合为一体，构成了家国交织的想象共同体——对于国家，"中国梦"关乎着中国未来的发展方向，凝聚了中国人民对中华民族伟大复兴的憧憬和期待；对于民族，它是整个中华民族不断追求的梦想；对于个人，它是亿万人民世代相传的夙愿，每个中国人都是中国梦的参与者、创造者。同时，十八大报告还明确提出"三个倡导"即"倡导富强、民主、文明、和谐，倡导自由、平等、公正、法治，倡导爱国、敬业、诚信、友善，积极培育社会主义核心价值观"，这是对社会主义核心价值观最初的解读。两者分别为国家和个体发展指明了方向，构成了近几年来我国意识形态领域的主要战略目标和指导思想。从实现中国梦的宏伟目标来看，核心价值观是一个国家的稳压器，实现中华民族伟大复兴的中国梦，必须有广泛的价值共识和共同的价值追求。这就要求持续加强社会主义核心价值体系和核心价值观建设，巩固人民团结奋斗的共同思想基础，凝聚起实现中华民族伟大复兴的中国力量。因此，作为一年一度唱响主旋律的央视春晚，这一时期，对国家意识形态呈现更为多样化、显性化甚至可以说日益高调，主旋律在表达方式上更为直接，在节目中出现比例明显增加。自 2013 年以来主题和节目设置均以"中国梦"为关键词，在"家国同构"的社会结构和中华民族传统的"家国情怀"中营造中国梦与社会主义核心价值观的同心圆，以"家国命运共同体"的创作思路和艺术实践展现个人、民族和国家组织结构的共同性及休戚与共的重要性。

一方面，近年春晚的多个节目均是以家为叙事以个人情感为场景诠释社会主义核心价值观，如《紫竹调·家的味道》邀请科学家、艺术家、运动员与家人一同演唱，表达亲情的温暖和家的眷恋，而同为家的题材台湾知名艺人方芳、张晨光的《回家》以乡愁话题，抒发了血脉相连的两岸人民想要走到一起，盼望领土"回家"的愿望。《六尺巷》《信不信》《老爸的秘密》《网购奇遇》等都对应了友善、诚信、感恩、敬业的标签，将社会主义核心价值观融入亲情友情等琐碎日常。另一些内容则在文艺节目以外对社会主义核心价值观进行强化渗透。例如，2017年春晚邀请了杨利伟等11位执行过飞天任务的航天英雄到晚会现场按下手模，几人重温我国航天事业的成就并立志再攀新高峰，展示了中国航天人昂扬的斗志和积极向上的精神面貌，激发国人的爱国热情和民族自豪感，将晚会推向高潮。同时，通过向老红军致敬（2017年）以及连续两年邀请全国文明家庭及道德模范代表（2017/2018年）到春晚现场，也向全国人民传递了满满的正能量。这些节目以外的形式，担负着社会加强价值观建设和道德规范引领的作用。

另一方面，是中国梦题材节目的呼应。早在1985年的央视春晚舞台上便出现过"中国梦"的描述，时年香港歌星罗文的《中国梦》唱出了当时每个炎黄子孙的心声，"五千年无数中国梦，内容始终一个"，即"要同胞不受折磨""要那全世界都看着我""要中国人人见欢乐"。如果说当年的"中国梦"是国人饱经风霜后的呐喊和对民族独立富强、屹立于世界的期盼，那么当下的中国梦则是每一个中国人力图通过自身拼搏努力让中国被世界称颂的雄心（见表4.6）。2014年另一个香港歌手张明敏重登央视舞台，诠释了自己的"中国心"转化成的中国梦。其中"我的中国梦"是"要把青春献给中国""一步一步实现了自我"而后"把握每一分钟"将国家的兴旺作为自己的光荣，实现"四海通五洲同，华夏儿女让世界歌颂"这一中华儿女共同的梦想。可以说，80年代的中国梦是中华民族五千年的梦想，而30年后，当下的中国梦则是每一个家庭、每一个中国人的梦想，"国家的兴旺是我的光荣"这一表述巧妙地连接了国与家，道出了国家繁荣和个人命运的联系。

表4.6　《中国梦》与《我的中国梦》歌词节选对照

中国梦（罗文，1985）	我的中国梦（张明敏，2014）
我的梦和你的梦 每一个梦源自黄河 五千年无数的渴望 在河中滔滔过 那一个梦澎湃欢乐 那一个梦倾涌苦楚 有几回唐汉风范 让同胞不受折磨 哪天中国展开大步① （那天我中国展步） 要那全世界都看着我 （何时睡狮吼响惊世歌） 冲天飞向前路 （冲天开觅向前路） 巨龙声威传播 （巨龙挥出自我） 要中国人人见欢乐 笑声笑面常伴黄河 五千年无数中国梦 （五千年多少中国梦） 内容始终一个	小时候妈妈常问我 你的梦想是什么 我抬起头望着天空说 要把青春献给中国 这些年努力地拼搏 坚强勇敢地生活 一步一步实现了自我 梦想依然在我心窝 我的中国梦 永远在我心中 任岁月匆匆带不走初衷 我的中国梦 把握每一分钟 国家的兴旺是我的光荣 转眼间半世纪奔波 双脚走遍了山河 风风雨雨共同经历过 血脉连接每一个我 我的中国梦 永远在我心中 任岁月匆匆带不走初衷 我的中国梦 把握每一分钟 国家的兴旺是我的光荣 四海通 五洲同 华夏儿女让世界歌颂 心与共 爱相融 中华一家同圆一个梦

　　这一时期有很多春晚节目直白地诠释了"国"与"家"镜像的交织置

---

① 括号外为现场演唱语句，括号内为相应电视字幕显示的歌词，部分内容存在差异

换。最典型的当属成龙的《国家》。歌词中的"家是最小国，国是千万家……有了强的国，才有富的家，国的家住在心里，家的国以和蠡立，国是荣誉的毅力，家是幸福的洋溢……国与家连在一起，创造地球的奇迹"道出了国与家的深厚情感，展现了国的强大与家的祥和之间的关联。而2016年的春晚歌曲《小梦想大梦想》也在歌词中对"小家大国"做了很好的诠释，通过"家""国"的镜像交织，把"家"的情感置换到"国"中，以家庭的情感喻国家的风雨同舟。同时，在家国一体的建构中，也同样强调中国梦是强盛之梦，需要"踏平坎坷我们荣辱与共"才能"共筑中国梦"。

　　一玉口中国 一瓦顶成家

　　都说国很大 其实一个家

　　一心装满国 一手撑起家

　　家是最小国 国是千万家

　　在世界的国 在天地的家

　　有了强的国 才有富的家

　　国的家住在心里 家的国以和蠡立

　　国是荣誉的屹立 家是幸福的洋溢

　　国的每一寸土地 家的每一个足迹

　　国与家连在一起 创造地球的奇迹

　　一心装满国 一手撑起家

　　家是最小国 国是千万家

　　在世界的国 在天地的家

　　有了强的国 才有富的家

　　国的家住在心里 家的国以和蠡立

　　国是荣誉的毅力 家是幸福的洋溢

　　国的每一寸土地 家的每一个足迹

　　国与家连在一起 创造地球的奇迹

　　国是我的国 家是我的家

我爱我的国 我爱我的家

国是我的国 家是我的家

我爱我的国 我爱我的家

我爱我 国家

——节选自《国家》2017年春晚

一个家，婆婆爷爷姐妹亲戚和爸妈

像国家，有参天大树也有青草鲜花

不管你从大到小，或从小到大

都各有各的酸甜苦咸辣

爱的家，欢声笑语从不畏风吹雨打

爱的国，天寒地冻大浪淘沙也不怕

不管你是大是小，或是小是大

都愿高树挺拔山河融洽

小梦想，星星光

大梦想，像太阳

都在我们的心里闪闪亮

你有梦，我有梦，红黄蓝各种各样

但他们的温暖却都一样

——节选自《小梦想 大梦想》2016春晚

雄伟是山的梦

宽阔是海的梦

蔚蓝是天的梦

幸福是百姓梦

鲜花是春天的梦

翱翔是雄鹰的梦

远航是帆的梦

　　强盛是中国梦

　　满怀豪情领略浩荡的风

　　踏平坎坷我们荣辱与共

　　实现梦想拥抱天边彩虹

　　我们昂首再启程

　　共筑中国梦

——节选自《共筑中国梦》2015 春晚

（二）大国时代走向世界的"中国梦"

　　2013 年中国新一任国家领导人提出了"一带一路"合作倡议，旨在借用古代丝绸之路的历史文化符号，以和平发展为前提，积极发展与沿线国家的经济合作伙伴关系，共同打造政治互信、经济融合、文化包容的利益共同体、命运共同体、责任共同体。中国梦点燃了大众的激情和对美好未来的憧憬，而顶层设计的构想同时也昭示了中华民族的大国梦是走向世界融入全球的共同发展之路。"一带一路"倡议以经济合作为基础，带动沿线国家的共同发展，是中国梦的强大助力，也是未来新一轮高水平对外开放的核心内容。

　　在该项目不断深化的过程中，央视春晚几乎每年都会为其开个好头，在节目中"一带一路"精神总能闪耀其中。如 2015 年的《丝路霓裳》《丝路》、2016 年的《丝绸之路》、2017 年的《千年之约》，2018 年这一主题的节目数量进一步上升，且形式突破歌舞更为多样。特别节目《国宝回归》借许荣茂向故宫博物院捐赠斥巨资购得的国宝《丝路山水地图》，以高科技呈现了此幅山水巨作：作品全长 30.12 米，在 LED 屏幕中配合中国符号鲜明的舞台效果，带给观众一场视觉盛宴。而《丝路山水地图》的内涵似乎超越了国宝的巨额身价及回归捐赠这一行为本身——画中共涉及 211 个地理坐标，以嘉峪关为起点，向西延伸到天方城（今沙特麦加），沿途国家、城市众多，正如故宫"掌门"单霁翔所说"它证明早在 16 世纪中叶，我们中国人对于丝绸之路沿线已经有了清晰的认知"，此画作不仅为研究历史上的丝绸之路提供了参考，更使得我国实施"一带一路"倡议的可行性向前追溯了几百年。除此以外，相关主题的节目还有舞蹈《丝路绽放》、钢琴曲《新丝绸之路》和小品《同喜同乐》，和前几年不同的是参演者除了中国人，还包括了"一带一路"沿线国家的演员，大家共同参与体现了共同的追求。

同时，"一带一路"倡议根植历史且面向未来，作为连接中国梦与世界梦的桥梁，走向世界、构建人类命运共同体才是国家战略的美好愿景，因此近两年春晚舞台的"容量"也不断扩张，节目从形式到内容更为全球化，以世界的水准展示着中国味道和中国元素，充分体现中华民族在世界范围对外文化传播的力量，以及通过春晚表达中国走向世界的自信和包容，使得媒体中的春节影像不仅蕴含着中华民族的凝聚力和向心力，还集中展现了中国的过去、现在和将来，凸显了每个中华儿女的国家认同，提高了归属感。由此传达出春节已经从中国最传统的节日庆祝仪式逐步变身为全球大联欢，正如2014年春晚公益广告所言"这一刻无论你在哪儿，中国年让世界相连"。比如2018年春晚，除了在中国播出之外，还被传递到148个国家和地区，无论是技术覆盖带来的文化影响力还是内容意义上体现的国际视野都促进了中国文化的海外传播。这一年春晚舞台上的情感传递不仅由"家"到"国"，更延展到全世界：节目内容从"小家"的夫妻情感、代际关系到国家两岸血脉相连盼统一，再到展现中国援建非洲的中非友谊，不单在节目名称顾名思义体现"同喜同乐"，更借非洲大妈之口说出了我们奉行的价值观，即"撸起袖子加油干"。而晚会结尾在世界部分国家和国际组织领导人的拜年之后，再次唱响《我爱你中国》升华主题。同样，这次演唱除了两位中国歌手外，还包括了美国、俄罗斯、法国、意大利、拉脱维亚5国的多位歌手。这些不仅说明春晚已经由原来中国人的传统节日盛典走向世界，更向世界展示了中国新时代的宏大梦想，这其中不仅有中国人对未来的向往，也有邀请世界各国人民共享盛世的自信和包容。

本章小结

本章主要以历年春晚主题、歌舞主题和文本等为研究对象，力图分析春晚中蕴含的意识形态特征。

第一，每年春晚在内容上概括了过往一年中国的重大事件，而其主题是一场晚会的灵魂，引领着当年晚会包括节目选择、舞美设计等各个方面，也在一定程度上成为国家主流意识形态通过文艺形式的输出。通过对三十六年春晚主题的统计分析发现，春晚强调最多的还是国家和家庭的团结统一、整体精神上的振奋以及作为节日的欢乐气氛。同时春晚的主题也会随着时代背景和社会发展的需求而改变，如，20 世纪 80 年代主要以团结、欢乐为主题，突出"民俗"在电视媒体引领下的新形式，以及春节固有的喜庆气氛和改革开放后举国振奋的势头；90 年代在纷扰的国内外形势和市场经济发展过程中主要凸显中华民族团结与团聚的美满；进入新世纪后主要展示振兴发展中的大国崛起气势和中国人民的自信心与凝聚力；而近几年则回归了和谐团圆的"家和万事兴"情感。

第二，歌舞作为春晚的主要节目类型，其节目主题在一定程度上反映了春晚的深层内涵，对其主题的研究有助于了解整个晚会的话语方式。对三十六年春晚中 827 个歌舞节目的主题研究发现春晚在歌舞类节目的筛选上具有较为固定的特色，即侧重于亲情、友情、爱情等感情的表达。其次是塑造国家认同以及突出春晚作为"新民俗"对节日喜庆欢乐气氛的营造。此外，歌舞主题也和社会背景形成互动，相继体现了歌颂祖国发展和幸福生活、鼓励开拓进取和构建和谐社会的时代性要求，以便适应在不同时期大众媒介对于社会发展的体现以及受众对媒介社会功能的依赖。

第三，大众媒介的发展扩大了意识形态的运作范围，尤其是电视的出现进一步强调了意识形态现象的群众性和群众潜力。经过三十多年的发展，春晚的意义已经超越了电视综艺晚会本身，而成为一个具有政治和文化双重意义的意识形态产物，并通过电视媒介进行思想输出。经过对春晚主题及文本的分析发现，春晚的意识形态呈现主要集中于家庭、国家及社会三者的互动上。其中家庭作为个人与国家的过渡被春晚以年俗的延伸搬上舞台，将小家庭的"年"过成了举国上下的"年"，并在其中融入了三十余年的社会变革对于个体家庭的影响，进而又从传统民俗的家庭模式转变为中华民族的国家认同，通过电视春晚这一重要的媒介平台，以营造"家国同构"意念，帮助个体完成身份认同的方式和弘扬民族自尊心、自豪感的方式，构建中国的"国家认同"。而随着中国梦等国家战略构想的提出，家国一体已经无法分割，个人的梦想集中起来就是国家梦想，国家梦想的实现就是为了每个中国人的美好生活，中国梦不仅凝聚了中华民族，更是以构建人类命运共同体为目标，此意之下，春晚也已经转化成为全球大联欢的舞台。

可见，随着春晚家庭民族国家的叙事结构模式的统一和强化，春晚将传统家庭为单位的团聚、狂欢功能整合到国家层面"想象的共同体"的建构，在意识形态功能不断升华的同时，传统节日的喜庆娱乐功能正不可避免地被弱化。因此，相对具体的节目上形式与内容的创新，央视春晚如何在意义层面上平衡民族国家的意识形态表征以及家庭的民俗节庆元素，是春晚发展更需要用心的地方。

第五章

个案分析：春晚语言类节目中的社会再现

在除夕舞台上，语言类节目通常被认为是整场晚会成败的关键，因为春晚作为除夕夜的"新民俗"文化表征，以及中华民族一年一度最大的节日庆典，其节日的喜庆、欢乐气氛必须被凸显，让忙碌了一年的百姓们在笑声中得到释放，而语言类节目以其自身的特征和目的性正好起到了这样的作用。这也是随着晚会的发展，相声、小品节目的质量成为衡量春晚整体水平标准之一的原因。

相声，作为传统曲艺形式之一，是用诙谐的话语、尖酸、讽刺的嘲弄，以达到令人捧腹大笑的娱乐目的。相声最早的形式由杂戏"俳优"派生出来，在笑料中艺人们往往寄托了对统治者的嘲弄和鞭挞。而今天人们欣赏到的相声则主要起源于中国华北地区的民间说唱艺术，并逐渐流行于全国。一般认为现代相声形成于清咸丰统治年间，成为以说笑话或滑稽问答引起观众发笑的曲艺形式。在形成的过程中，相声广泛吸取了口技、说书等艺术形式之长，寓庄于谐，以引人发笑为艺术特点，以"说学逗唱"为主要艺术手段，以讽刺笑料表现真善美，并从原先的单口相声发展成为包括单口相声、对口相声、群口相声，以及近几年春晚舞台上的"相声剧"等样式丰富的节目类型，最终成为最受观众喜爱的节目类型之一。

而随着时代的发展，人们不再满足于单纯"听"的艺术形式，而希望"看"到更多的内容，同时伴随着电视媒体在中国的普及，甚至可以说是春晚的特殊需求，小品应运而生。小品本是一个戏剧学院学生排练过程或考试中成型的表演形式，自 1983 年的春晚开始进入了中国老百姓的文艺和休闲生活。相对于相声等曲艺形式的民间身份和来源于生活——特别是底层百姓生活的特性，小品自从出生之日就有了一种"身居庙堂"的资质，这也成为日后小品这一艺术形式"成"与"败"的关键。此外，小品的另一个特点就是与电视这一媒介的共生性，没有任何一种节目形式的兴起具备着这种与电视的紧密联系，如果说小品的出生和亮相来自于春晚，那么其成长和发展则完全依赖于另一个电视综艺节目的"前辈"——《综艺大观》。而这两者都为小品这一艺术表演形式贴上了"社会化""生活化"的标签。而之所以小品更依赖于电视媒介，也是因为其相对于相声等其他曲艺形式来说，在电视镜头前更有优势：一是其表演性更强，能借助多种民间曲艺形式；二是它的人物角色都以故事性叙事展开，有特定的情境和情节，符合镜头语言的线性叙述①。

因此，无论是产生于民间的相声，还是诞生于电视媒介时代的小品，在春晚这个需要具备民间狂欢要素的节日庆典中，都是必不可少的。相声和小品以其形形色色的角色塑造，夸张、讽刺或幽默的地方方言，戏剧化的情节冲突，"丑角"的表演定位，成为在百姓观众中创造认同感的重要手段，并促进了春晚在新民俗文化传播的功能，故而成为春晚的新宠。

而同时，正如前文所述，语言类节目通常是寓讽刺、鞭挞于欢笑之中的，其故事情节的架构以及内涵的表达通常会与时代的发展和社会的变迁存在某种联系；其主角形象的身份通常反映了一段时期（至少是一年）以来，国家主流话语体系关注的方向；同样节目中对于不同事件不同身份的角色所反映出的立场也体现了春晚所代表的国家主流话语体系对事物的看法。本章拟通过对三十六年春晚中语言类节目的研究，分析上述思考的问题。

---

① 吕新雨. 解读 2002 年"春节联欢晚会"［J］. 读书，2003（1）.

第一节　春晚语言类节目特征描述

在三十年央视春晚的 1435 个节目中，包括相声节目 123 个、小品节目 182 个，分别占总数的 8.6% 和 12.7%（见第四章表 4.3），累计占各类型节目总量的五分之一以上。另一方面，从节目时长上来看，通常小品节目所占时间为各类节目中最长的，短则十几分钟，长则超过二十分钟（如 2009 年的小品《不差钱》等），因此在吸引观众"眼球"方面，可以说占尽了优势。

一、相声类节目的辉煌与平淡

如前文所述，相声的起源与发展都没有脱离以诙谐的话语、讽刺嘲弄的方式，在令人捧腹大笑中颂扬真善美鞭笞假丑恶。同样，在春晚的舞台上，相声从一开始就是个成熟的节目形式，在三十多年春晚的发展中贡献了很多脍炙人口的作品。例如 1984 年的《宇宙牌香烟》，1987 年的《虎口遐想》《五官争功》，1988 年的《电梯奇遇》，1989 年的《捕风捉影》，1991 年的《着急》，1992 年的《办晚会》，1993 年的《楼道曲》，1994 年的《跑题》和《点子公司》，1999 年的《瞧这俩爹》，2002 年的《妙趣网生》和《谁怕贝勒爷》，2003 年的《今非昔比》，2009 年的《团团圆圆》，2010 年的《和谁说相声》等等。

而如图 5.1 所示，相声在春晚中的发展也经历了细微的变化，随着时代发展和题材的变化，经历了由盛而衰的过程。80 年代堪称是相声最为经典的黄金时期，一方面，小品初登舞台还没有定型和成熟，制造欢乐和笑声非相声莫属；另一方面，大量精品的涌现使得百姓对一年一度春晚中的相声充满了期待，这其中不仅是因为它给观众带来的笑声，更多的是一个个包袱中蕴藏的对现实中种种不良现象的批判，能够切中要害、深入人心。其中马季、侯耀文、姜昆等知名相声表演者的演出是每年观众关注的焦点，奉献了大获成功的《宇宙牌香烟》《虎口遐想》《五官争功》等至今令人捧腹的作品，这些节目以辛辣的语言展现和讽刺了市场经济初期涌现的形形色色人物和他们身上属于自己或时代的"毛病"，它们贴近生活、反映了社会的发展，使观众在接受时没有任何心理上的距离感。90年代的相声开始进入和小品花开并蒂，分庭抗争的时代。这一时期的作品除了《宠物热》《楼道曲》《跑题》等针砭时弊的题材和表达欢度节日的"应景"作品如《民族乐》《新春乐》等以外，伴随着社会的发展开始出现了大量反映时代成就的作品，一类是反映在经济体制的确立和完善的过程中出现的各种新生事物，如《办晚会》《点子公司》《拍卖》等，另一类则主要赞美了各行各业的突出业绩，如《亚运之最》《京九演义》等。

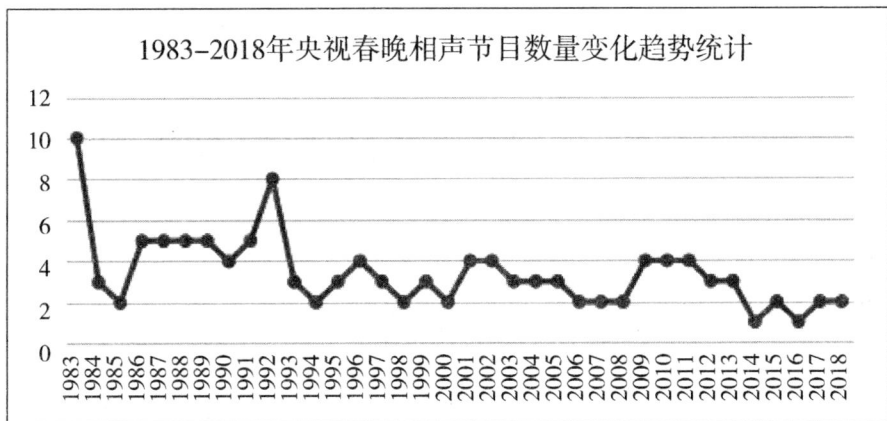

图 5.1　1983－2018 年间春晚各年度相声节目所占百分比统计

自90年代后期及进入新世纪，春晚舞台上相声节目在内容和形式上都有了较大的转变和突破。首先是内容上，这一时期的作品在主题内容上以"情"为主，侧重倡导社会和谐、伦理道德、人与人之间的互助和责任，如《团团圆圆》《今非昔比》《公交协奏曲》《不能让他走》《爱的代驾》等，在主题上符合了新世纪建立和谐社会、牢记"八荣八耻"、践行社会主义核心价值观的主旋律。其次，在形式上，小品与相声的融合更为明显，大量的

"相声剧"涌现在春晚舞台上。相声剧在相声和戏剧的基础上产生，打破了传统相声的表现方式和表演方法，以相声表演为核心，以戏剧冲突为辅助，以幽默搞笑为特点，通过戏剧的形式把相声的精华展示出来，如近几年的《马路情歌》《让一让，生活更美好》《还钱》《信任》等，在一定程度上是相声这一传统艺术表演形式为了满足电视媒体时代的要求而做出的新调整。

但另一方面，人们也可以体会到，相声节目在春晚中的数量和影响力都有所下降，单纯靠几个"大腕儿"艰难支撑，相声创作和演出势单力薄、精品节目匮乏已是不争的事实。究其原因有以下几个方面：其一是在春晚节目多样性上，小品这一节目形式的不断成熟，挤占了观众对相声节目的兴趣和期待；其二是原本支撑相声舞台的表演艺术家如马季、侯耀文等相继离世，或者中坚力量如牛群等纷纷淡出或转行，而新生代的演员们还不能迅速填补空白满足期待，出离了"口传心授"的传统而又没能健全曲艺科班教育体系的情况下，相声在传承上出现了"青黄不接"的现象；其三是在相声创作和推陈出新上，一方面本身近些年质量下降能够入围春晚的优秀作品匮乏，另一方面春晚舞台上的特殊定位要求，力图反映的是"主旋律"的话语体系以及节日的欢快、喜庆气氛，这与相声本应嬉笑怒骂、针砭时弊的风格有所差异，使其无法完全符合相声来自于民间那种"骂百姓心中所骂，笑百姓心中所笑"的气韵精髓，也就无法在春晚舞台上真正吸引观众；其四，源于媒介发展对节目形式的影响——相声作为依赖语言符号进行传播的表演形式，来源于民间的现场表演，盛行于广播媒体的普及和繁荣，但在电视媒介时代，特别是依靠电视进行传播的春晚舞台上，其肢体语言、道具、场景等非语言符号的运用无法像小品这类起源于电视的文艺形式那样自如和充分。

其实，春晚和相声是互动发展的，一方面春晚对相声的传承和发展有着重要的影响，另一方面，相声节目也在一定程度上展现了春晚的质量，是一年春晚节目中重要的"槽点"。因此，相声类节目在春晚舞台上的发展，无论是在内容题材上还是表演形式上，都是一个与时俱进、为了适应新的媒体环境和主流话语体系而不断发展的过程，需要在脚本创作、演员培养、受众定位等方面突破瓶颈。同时春晚也需适当调整思路，尊重语言的发展性与社会性，从语言类节目的初衷出发，以让观众感受欢乐为目的，摒弃繁琐的审查制度，给相声发展营造新的空间，扶持中国传统曲艺不断繁荣创新。

二、小品节目的诞生与兴衰

如果说电视媒介是小品这一节目形式的"母体"，那么春晚舞台则是小品生长的沃土，三十六年的春晚正是见证了小品从萌芽到发展再到成熟的全过程。从 80 年代伴随着电视的普及初登舞台，小品先后经历了 90 年代的成熟和 21 世纪初的鼎盛，成为春晚舞台上最不可缺少的节目形式。

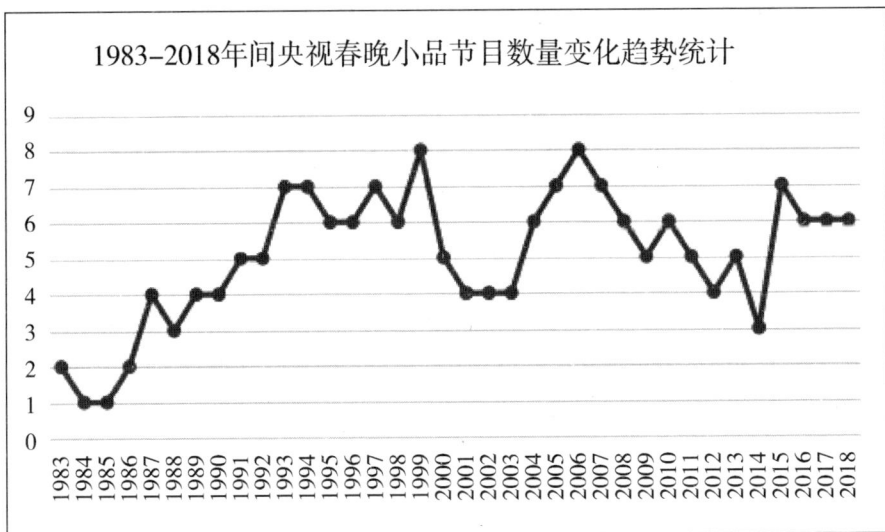

1983–2018年间央视春晚小品节目数量变化趋势统计

图 5.2　1983－2018 年间春晚小品节目所占百分比统计

从图 5.2 中可以看出，在三十余年的春晚舞台上，小品无论是在绝对频数还是相对百分比上都呈上升趋势，并分别于 90 年代中期和 21 世纪头十年的中期达到顶峰，随后下降直至近两年回升。小品以其语言符号和非语言符号共同作用于传播的互补，完美地表达了电视媒介时代舞台艺术的创新，以及大众传播通俗化的新需求。

　　小品最初不能算独立的节目类型，早年只是演艺界考察学员艺术素质和基本功的面试项目，由老师现场出题，应试者当场即兴表演。以 1983 年春晚为例，早年的小品并没有完全独立，而是走来源于电影的思路，因此在 1983 年央视春晚上，出现了来到现代、走进除夕的虎妞和阿 Q，按今天的表述就是两个电影人物的时空"穿越"，将当年群众喜闻乐见的电影人物搬上春晚的舞台，让两个经典形象"来到"人们身边，是早期小品的创作思路之一。《逛厂甸》和《阿 Q 的独白》表演后，现场产生了始料未及的效果，表演大厅里笑声不断，为小品这一新兴表演形式的成功奠定了一定的基础。

　　小品创作和表演的另一个来源，就是 80 年代初春晚上的"哑剧""谐剧""滑稽剧"等戏剧表演形式。其中最著名的就是喜剧、哑剧表演艺术家王景愚的《吃鸡》，这个节目不仅在 1963 年让周总理等人笑出了眼泪，更在 1983 年春晚后的很长一段时间被人们念念不忘。1983 年春晚中的《吃鸡》以及严顺开的《弹钢琴》使得在此后的几年中，无实物表演和哑剧、幽默剧表演等戏剧表演形式的嫁接成为初期电视小品的一个主要形式，不仅有王景愚自己的《电视纠纷》《悠绳》，还有游本昌的《淋浴》等等，都是 80 年代初期的精品。可见，喜庆的气氛、大众的欢笑不只能从煽情、喧嚣中来，也能从静默中产生，可惜的是这种形式的小品在当今已经不多见了。此外，早期小品的另一特色来源就是和戏剧表演以外的其他表演形式的"联姻"，例如《孙二娘开店》《清官难断家务事》《狗娃与黑妞》等。这些经典作品，不仅是在艺术形式上的联合和创新，更因为与不同剧种的"混搭"吸引了不同喜好的群众，增强了地域性的特色，拓宽了受众范围。从其发展至今的历程看来，这种"嫁接"和"混搭"不失为一种很好的创新，应该被保留下来。

　　在题材方面，自 1983 年春晚，中国已经走出了十年浩劫的阴影，改革开放正在逐步深入。农村实行家庭联产承包责任制，粮食连年获得大丰收，工业体制改革正在启动，市场经济使得商品琳琅满目，人民生活一天天走向富足，精神面貌由此呈现了空前的充实和喜悦。这些可喜的变化反映在春晚舞台上，都成了极好的小品题材。这一时期的小品主要关注改革开放给农村带来的变化，对于农村、农民问题的描述多是正面的、欢欣鼓舞的。农村的家庭联产承包责任制给农民的生活带来了翻天覆地的变化，较为典型的是 1987 年王馥荔和陈裕德的小品《恩爱夫妻》，展现了十一届三中全会以来，好政策给农村带来的翻天覆地变化和农民关于致富后生活的思考。可以说这一时期，农民的形象是喜悦、满足和有成就感的，小品给观众带来的也是幸福感。总体来说，80 年代的小品较为关注的是大时代中的小人物，例如《吃面》《拍电影》《送礼》《羊肉串》《胡椒面》等，展现了不同人物的鲜明个性和时代大潮带动下人们的多元化理想和渴望。另一类则是社会变迁中的个体和家庭生活，例如《产房门前》《急诊》《接妻》《英雄母亲的一天》《懒汉相亲》等，体现了社会发展给人们的观念和生活方式带来的变化。

90 年代是小品这一节目形式发展的全盛时期，借助电视媒介在中国的全面普及一年一度的春晚和每周的《综艺大观》，都涌现出了大量优秀的小品。这一时期的小品，开始从戏剧表演类节目注重肢体表现的夸张和滑稽，进而融合了语言的幽默以及对社会的关注，使作品的深刻性得以体现，引发观众在欢笑之后深思，也使小品成为窥视社会的窗口和反映社会的镜子。而从主题上看，反映社会发展给人们生活、观念上带来的变化是这一时期的主要题材，如反映家庭生活和婚恋观的《相亲》《我想有个家》《黄土坡》《柳暗花明》；反映社会发展、观念更新的《秧歌情》《吃饺子》《找焦点》《昨天今天明天》等，另一方面，对现实生活中各种不正之风的讽刺和批判也是这一时期作品的代表特征，如《难兄难弟》《如此包装》《牛大叔提干》《打工奇遇》等，揭示了在社会大潮中的不和谐音符。

进入新世纪，小品在稳定发展的同时也受到了各种质疑和挑战，一是从自身的创作来看，电视小品的创作已进入瓶颈期，语言类节目的喜剧审美主要来自对社会问题针砭时弊以及反映百姓生活的喜怒哀乐，而当下的小品大多光靠嘴皮子的笑料或网络流行语制造"笑果"，让观众无法"入心"很难产生共鸣；二是从央视春晚的"门槛"来看，小品节目创作受到央视体制的束缚，包括晚会定位、审美要求、严格的节目审查制度等，使得一些呼声较高的节目和新人最终以各种原因无缘在除夕登台；三是从受众心理上看，电视小品这一节目形式经过漫长的发展已经开始进入审美疲劳期，无论从演员队伍还是从登台模式上都呼唤创新；四是从媒介环境来看，随着网络等新媒体对于电视类传统媒体的冲击，以及节目制播模式的发展，根植于电视晚会的小品在一定程度上受到影响，各频道和网络平台纷纷录制和广泛传播形态各异的喜剧选秀节目，如《喜乐街》《欢乐喜剧人》《我为喜剧狂》《笑傲江湖》等，这些节目大量承包了人们日常的笑点，使得观众对一年一度在春晚舞台上盼望精彩小品的期待下降。为此，春晚舞台上的小品也力求通过不断创新以及和网络要素的融合来进一步满足受众的需求。例如在形式和内容上，近几年的小品注重融入网络元素，从语言的运用到网络素材的采纳都体现了电视媒体和网络新媒体的融合，以及新媒体环境下受众观念的转变。同时，春晚中的小品改变了以往只运用积极正面角色或戏剧性人物作为主角的模式，开始尝试塑造反面角色，如赵本山的"大忽悠"系列等，这是主题和思想性上的一大突破。此外，考虑到年轻观众的喜好，央视春晚推选开心麻花团队等在年轻人中颇受欢迎的创作团队和个人登台，这也打破了年轻观众对春晚"老面孔"无感的尴尬。但小品这一节目类型亟须改进的地方仍显而易见，主要体现在其社会功能、文化功能等方面。首先，大部分情况下小品的最终结局依然是邪不胜正或者强调教育意义以及道德审判，这与社会转型期人们现实生活中所遭遇社会问题的复杂性和解决的曲折有所出入。其次，在对社会问题的关注中，以往犀利的笔触有所收敛，更多的是强调和谐共赢，而对于社会矛盾的解决方式通常会转为道德层面的诚信、良知等，企图通过模范道德观的树立弱化社会矛盾的尖锐，故而真正涉及解决利益群体矛盾和社会公平的作品较少。此问题将在后面的小节中有进一步的探讨，此处不再赘言。

第二节　春晚小品主题中的社会问题呈现

如前文所述，央视春晚日益成为一年一度呈现国家主流话语体系和意识形态的窗口，小品这一节目形式伴随着春晚的产生而兴起和发展，其主要是用短小精悍的形式、简单的情节、幽默滑稽的风格，以贴近生活的视角，表达丰富的内涵哲理。而以雅俗共赏的幽默形式，透过一些生活化的小题材讽刺不合理的事物，以揭示一定的哲理，这是小品这一节目形式的社会功能。本研究力图通过分析三十六年春晚中182个小品的主题内容，展现其所反映的各类题材、人物百态，看其能否体现出不同年份、不同时代下备受关注的社会问题，因为这不仅是春晚体现晚会主题和立意升华的方式之一，同时也是在中国社会转型期受众对春晚内涵表征的要求。

因此，本节以研究三十六年中小品节目的主题内容入手，从中分析春晚小品反映的社会问题，以及这些社会问题的变化是否能从侧面折射出我国三十余年中的时代关注和社会变迁，特别是蕴含其中的国家主流话语体系对社会问题的关注。

一、三十六年春晚小品主题内容描述

为了能达到上述调查目的，笔者在编码表中将此相关研究设置为"春晚小品节目主题内容"，并在题目下设置多个选项供选择。由于本研究主要力图研究春晚小品所关注的社会问题和反映的社会变迁，因此选项大部分来源于我国三十多年中较受百姓关注的社会话题，在此前提下结合历年春晚小品的经验分析，并根据预测式进行了调整和更正，最终确定了19个选项，分别为"生育、人口问题（包括人口控制、人口素质）""环境问题""就业、失业（下岗）问题""腐败、欺诈等各类社会不正之风""三农问题""收入分配两极分化问题""教育（包括入托、入学、教育体制改革等）""社会犯罪问题""贫困问题（包括农村与城市贫困）""恋爱婚姻家庭问题""医疗制度改革""养老及社会保障""物价、房价调控""情感与伦理道德规范""虚假、非法广告、炒作等不规范商业行为""社会互助与责任""军警法题材""行风或职能部门问题"和"其他"。根据这些选项，在对节目进行编码时采用了单项选择的方式，即每个小品只相应选择一个选项，以此进行统计，结果如下：

表 5.1　1983—2018 年央视春晚小品节目主题内容统计

		频率	百分比	有效百分比	累积百分比
有效	情感与伦理道德规范	29	15.9	15.9	15.9
	恋爱婚姻家庭问题	27	14.8	14.8	30.8
	腐败、欺诈等各类社会不正之风	19	10.4	10.4	41.2
	三农问题	19	10.4	10.4	51.6
	社会互助与责任	19	10.4	10.4	62.1
	其他	13	7.1	7.1	69.2
	军警法题材	9	4.9	4.9	74.2
	生育、人口问题（包括人口控制、人口素质）	8	4.4	4.4	78.6
	就业、失业（下岗）问题	8	4.4	4.4	83.0
	虚假/非法广告/炒作等不规范商业行为	8	4.4	4.4	87.4
	教育（包括入托、入学、教育体制改革等）	7	3.8	3.8	91.2
	行风或职能部门问题	6	3.3	3.3	94.5
	养老及社会保障	5	2.7	2.7	97.3
	社会犯罪及各种社会问题	4	2.2	2.2	99.5
	物价、房价调控	1	0.5	0.5	100.0
	总计	182	100.0	100.0	

由表格 5.1 可以看出，在全部的 182 个节目中，最为常见的主题内容为"情感与伦理道德规范"占总比的 15.9%，其次是"恋爱婚姻家庭问题"占百分比的 14.8%，"腐败欺诈等社会不正之风""三农问题"和"社会互助与责任"，并列第三位，均占总比的 10.4%。几者累计百分比达到 62.1%，超过总量的一半以上。

相应的，主题内容反映"物价、房价调控""社会犯罪问题"和"养老及社会保障"的相对较少，分别仅为 0.5%、2.2% 和 2.7%。同时，较受群众关注的"环境问题""收入/分配两极分化问题""贫困（包括农村与城市贫困）问题"和"医疗制度改革"在春晚舞台上没有被提及。

二、春晚小品中的社会问题聚焦

社会问题，是指由于社会关系失调，而影响社会大部分成员的共同生活，破坏社会正常活动，妨碍社会协调发展的特殊社会现象。社会问题不仅是一种客观存在的状况，也是人们主观构造的产物，它是能够被人们感知和觉察的状况，更是由于价值、规范和利益冲突引起的、需要加以解决的状况，其反映的是社会实际状态与社会期望之间的差距。如果说，一年一度春晚是社会的记事本，那小品这一节目形式，则以其艺术表现形式和审美特征，成为综艺节目中能够反映社会问题的窗口。特别是央视春晚这种特殊时刻、用以表现主流意识形态的晚会，小品节目对社会问题的反映，直接体现了主流话语体系对社会和民生的关注、态度和立场；另一方面，从受众的角度看，小品的幽默和其带来的形式上的欢乐情绪是对于受众的吸引力之一，更重要的是，观众希望能在舞台上看到自己熟悉的生活以及自己关注的问题，因为这些所反映的正是媒体及其所代表的话语体系对群众话语体系的认可。因此，从传播的角度上来说，能否代表受众、服务受众，是受众对传播内容以及传播媒体产生依赖的主要方面，也是维系春晚不断前进的重要因素。

（一）社会情感与伦理道德规范的唤醒

由于春晚的特殊地位，其小品的主题内容和内涵也往往反映了以央视为首的主流话语体系对于社会问题的关注。从前面的分析中可知，历年春晚中最常见的几个主题为"情感与伦理道德规范""恋爱婚姻家庭问题""腐败欺诈等社会不正之风""三农问题"和"社会责任与互助"。这其中以"情感与伦理道德规范"为主题的小品最多，在三十六年的春晚中共有 29 个，占全部总数的 15.9%。这里的"情感"涵盖了除婚恋家庭等个人情感以外的一切社会情感，而伦理道德规范中，"伦理"蕴含着西方文化中的理性、科学、公共意志等属性，相应的"道德"则包含了更多东方文化的性情、人文、个人修养等意味，两者在当代的定义中有交集也有区别，虽在含义、范畴等方面有所差异但通常连缀使用，都是一种用来调节人与人之间、人与社会之间行为的"规范"。这一主题在进入新世纪后频率明显增加，如《小站故事》《假话真情》《午夜电话亭》《美好时代》《小棉袄》《快乐老爸》等。此类主题的集中，反映了中国人在春节以情为主、以情动人的主线，同时也充分反映了媒体及其代表的国家主流话语体系近年来对伦理道德类社会问题的关注。

　　其主要原因在于随着我国 90 年代开始的经济发展，特别是近年来国力和经济的"提速"前进，人们的思想观念受到了多元文化的巨大冲击，导致了经济发展与人口素质提升不协调而造成的多种社会问题，如价值观动摇造成的是非不分、人情淡漠，经济繁荣诱惑下的诚信缺失、见利忘义等，既严重地阻碍了社会的进步发展，又使得很多承袭了千年的中国传统美德被淡忘甚至否定。因此在全社会范围内，由中央文明办、全国总工会、共青团中央、全国妇联于 2007 年开始共同主办了"全国道德模范"的评选，成为新中国成立以来规模最大、规格最高、选拔面最广的道德模范评选，希望所选出的模范及其事迹能够成为全社会学习的榜样，并以此来唤醒全社会道德水准的提高。同时，央视春晚在 2017 年、2018 年连续两年将全国文明家庭、道德模范代表请到晚会现场，对此方面的重视和引领作用可见一斑。由此可见，近几年这一题材在春晚小品中的频繁出现，也是此举在舞台上通过娱乐形式的体现，以同时达到宣传鼓励、寓教于乐的作用。

（二）婚恋家庭问题的温馨视角

在三十余年春晚中，反映"恋爱婚姻家庭问题"的小品数量仅次于"情感与伦理道德规范"共有 27 个，反映了人类相处和生存繁衍的永恒主题——婚恋家庭，包括相亲恋爱题材，如《相亲》《我想有个家》《过桥》等作品；也包括了讲述夫妻相处之道的作品，如《小九老乐》《足疗》《浪漫的事》《真情永驻》等；以及家庭代际间相处话题的《家有老爸》等。这些题材小品中表现的内涵大多是正面和积极的，在各个不同时期都倡导了"正确"的婚姻恋爱价值观。这一方面反映了在中国人的传统观念中，对于婚恋和家庭问题的重视，以及在社会构成上看家庭是构成社会的最小单位，对婚恋和家庭情感的话题的反映贴近日常生活，在观赏角度上容易产生通感从而吸引观众；另一方面，这种倾向与除夕当晚的节日氛围的影响是分不开的，同时也体现了如前文所说的春晚主题中惯于突出"和谐""团圆""喜庆""温馨"等要素的特点，以及重视"情感交流"和"家庭和睦"等中国传统观念话题的主题思想倾向。

但也可能出于上述节庆原因的思考，使得在这一话题的关注下仍有很多备受关注的题材和视角没被纳入春晚的考虑，如多年来先后在国内引发争议的"婚外恋""代际婚姻""裸婚""闪婚闪离""剩男剩女"等话题都鲜有提及。而事实上进入 21 世纪以来，各种社会问题中暴露最多的就是婚姻家庭问题，同时它也经常成为引发其他类社会问题的根源。因此，在春晚的民生关注中，对婚恋家庭问题的多角度、多元化的思考，是小品节目丰富主题深度和提升贴近性所需要完善的。

（三）对腐败等社会不正之风的反讽揭露

进入 90 年代，小品日趋成熟成为春晚舞台上备受期待和关注的节目，每年的节目数量 4－8 个不等，从演出时间看基本占春晚总时长的 1/4—1/3，这也逐步稳固了小品这一节目形式在春晚舞台上的地位。而这一时期伴随着改革和经济发展的不断深入，社会上涌现了"下海潮""经商潮"在繁荣了经济的同时也滋生了一些社会不良现象，如腐败、官僚主义、权钱交易等。

因此，90 年代开始讽刺和批评社会不正之风成为春晚小品的一项社会功能，涌现了一批经典作品，如 1994 年的小品《打扑克》将官场"潜规则"淋漓尽致地揭露在大众面前，并以"贪污受贿"等字眼直指主题，成为春晚反腐作品中的经典。1995 年的小品《牛大叔提干》紧随其后反映了百姓办事难、公款吃喝成风等基层腐败现象。除了官场的不正之风，另一个人际交往滋生腐败的"沃土"就是中国人的"礼尚往来"，从 80 年代后期起"送礼"也成了春晚小品中演绎和讽刺的一大主题，如 1986 年李婉芬、周国治的《送礼》，2007 年郭达，蔡明的《送礼》，2014 年牛莉、郭冬临的《人到礼到》都演绎了不同时期社会上一直存在的走后门、拉关系、行贿受贿等不正之风。这些脍炙人口的力作以艺术的手法再现了转型期中国的各种社会问题，表达了主流意识形态对此类现象的关注与批评，体现了艺术创作良好社会责任的同时，也通过笑声宣泄了民众的怨气，缓解了社会矛盾的积压。

十八大以后，随着国家反腐工作的不断深化，春晚语言节目的反腐题材又重新回到大众视野，如冯巩等人的《我就这么个人》（2014）、开心麻花团队的《投其所好》（2015）和郭冬临等人的《是谁呢》（2016）等。但显然无论是在情节等艺术创作上，还是在讽刺揭露的尺度上，都没能满足观众的期待。以 2015 年春晚的反腐"高峰"为例，在 9 个语言类节目中有 3 个以反腐为题材的节目，但与彩排造势形成的期待相比，观众的认可度并不高，节目表现的只是些不关痛痒的小事，批判的指向性虚无化，给人的感觉是隔靴搔痒而未能触及腐败的实质和根源，不得不说是一种遗憾。

（四）敬业、诚信、友善等主流价值观的传递

春节本身就是一个浸润于传统文化的节日，在中国这个崇尚传统美德和行为规范的国家，将直白的意识形态宣传转换为道德、责任等价值观范畴更能引发共鸣为观众所接受，同时又不与除夕欢乐祥和的气氛相违背。新旧世纪之交，经济发展在带来物质富足的同时也使得人们的自我意识开始觉醒，长期生活在政治至上、集体至上的中国民众开始考虑自身的利益，尝试追求公平、公正以及人格的独立和尊严，但相应的当个人过度追求自身利益时，

也影响部分人开始唯利是图、损人利己、自私自利，导致社会价值观和道德观的"个人化塌陷"。因此，一方面是经济飞速发展带来的物质繁荣，以及国家富强、民族复兴带来的自豪和荣誉，但另一方面是人们在公民素质、道德上的欠缺，以及民主法治制度完善过程中的漏洞，一些社会现象和生活陋习暂时无法用法律制约，就只有呼唤人们在道德上的自律。这种思想上的引领和号召反映在春晚舞台上，就是以倡导社会责任和社会互助为主题的小品大量涌现。十八大召开后伴随社会主义核心价值观的提出，提倡友善、诚信、敬业等社会责任与互助的话题也成为主流价值观导向中的应有之意，此类主题的作品更是应运而生。

这一主题下，一是强调个人道德观念和品行在社会公共事务中的影响，如1998 年严顺开等人的小品《我在马路边》，表现了拾金不昧的个人诚信之举在社会生活中的反映；2003 年郭达等人的小品《都是亲人》展现了社会公众对老年人的关爱，倡导"老吾老以及人之老"的中华传统美德；2010 年周锦堂等人的南方小品《五十块钱》通过小牛意人收到假钱后如何处理反映了"己所不欲勿施于人"的相处之道；2013 年冯巩等人的小品《搭把手不孤独》在讽刺了碰瓷、讹人等当下社会不正之风的同时也鼓励赞扬了助人为乐的优良道德传统；2014 年开心麻花团队的口碑小品《扶不扶》直指备受争议的社会现实话题"老人摔倒是否该扶"，以完整的情结、幽默爆笑的语言和夸张的表演呼吁社会成员应该互助和彼此信任。二是强调责任与公德，包含爱岗敬业、勤勉负责的职业道德以及在社会生活中沉淀下来的道德观念和风气等社会公德。如 2013 年和 2015 年由孙涛分别主演的小品《你摊上事儿了》和《社区民警于三快》都反映了基层小人物忠于职责的精神；2018 年，林永健等人的群演小品《为您服务》更是体现了无微不至的服务行业职责和乐于助人精神。

总体来说，央视春晚小品中传播社会责任、社会公德的题材因为对生活和小人物的真实反映，以及对传统美德的唤醒和称赞，贯穿三十多年春晚发展的各个阶段，这类不议论时政、不涉及批评讽刺、不触及利益，而是单纯强调道德规范和人与人之间真情互助的内容，从应景和观众接受度来看，在春晚舞台上也将是长久的主题。

（五）"三农"问题一度持续被关注

"三农问题"也曾经是一段时间以来春晚小品中备受关注的主题，且相比其他，这一主题在历年春晚舞台上呈现的重点各有不同。所谓"三农问题"是对"农业""农村""农民"三个问题的统称，是一个从事行业、居住地域和主体身份三位一体、互相关联的问题，虽三者的侧重点不一，但总体上必须一体化地考虑上述三个方面。而在春晚舞台上，八十年代的小品中侧重于十一届三中全会后，农村联产承包责任制等一系列变动给农民生活带来的变化，特别是废除"大锅饭"思想、鼓励劳动致富，以及批判农民生活恶习的寓意较多，如1987年的《恩爱夫妻》、1988年的《接妻》和1989年的《懒汉相亲》等。九十年代是我国三农问题凸显的时期，相应地在春晚舞台上，"三农问题"的小品数量最多，占同时期小品主题总量的比例也最大，其内容主要侧重于经济发展为农村和农民带来的影响，其中有反映农民在社会发展后思想观念和行为上的各类变化，如反映农村文化生活得以丰富的《秧歌情》《找焦点》《红高粱模特队》；有反映情感变化、观念更新的《越洋电话》《八哥来信》和《昨天今天明天》；更有反映农村存在问题的《三鞭子》《拜年》等。

以"三农问题"为主题的小品节目之所以数量颇多，笔者认为有两方面的原因：其一，从关注点来看，中国作为一个传统的农业大国，农业、农村、农民的问题仍然是治国之根本，所以自1978年党的十一届三中全会做出了实行改革开放的新决策并启动了农村改革进程开始，三农问题便成为备受关注的话题。尽管步入了21世纪，中国从传统的单一依赖农业走向了多元化发展的道路，但"三农问题"依然是中华民族走向复兴的新征程上极其重要的部分，发挥着不可或缺的基础和保障作用，解决这一问题是中国现代化建设的重要工作任务，为此，党的十六大提出了全面建设小康社会的奋斗目标，其中指出必须解决"三农问题"，只有这样才能使改革开放和社会主义现代化建设继续深化下去，从而实现全面建设小康社会。因此在春晚这一渗透着国家意识形态和主流话语体系的平台上，对此相关题材的展现是必不可少的。其二，作为农业大国，我国的农业人口占全民比例较高，同时，电视媒体作为较为普遍的大众传播媒介，特别是在广大农村电视的适用性和普及要优势于其他媒介，故而春晚作为全年度收视率最高的综艺晚会之一，在其舞台上贴近最大范围观众的生活，满足人数较为广泛的受众的需求，也是春晚体现群众性的路径之一。

尽管反映在舞台上的"三农问题"都得到了解决，冲突呈现为相互妥协的解读方式，可能与现实有些距离，但这一主题在春晚中的屡次出现多少显示了主流话语体系对此问题的持续关注，以及探讨和解决中国这一关系国泰民安基本问题的决心，也算是贴近时代和生活，并满足了百姓对政府决策的期待和对媒体功能的依赖。

三、春晚舞台上社会问题的关注缺失

根据前文中表格5.1不难看出，在三十年间的春晚小品中有一些主题的占有量甚微，例如"物价、房价调控""社会犯罪问题""养老及社会保障"等，累计仅占全部182个节目的5.4%。同时，另有"环境问题""收入与分配两极分化问题""贫困问题（包括农村与城市贫困）"和"医疗制度改革"四个多年来备受关注的问题，在央视春晚舞台上却从未被涉及，这也一定程度表现出春晚在社会问题表述上的局限。

（一）春晚中社会问题的关注缺失

在春晚舞台上，小品节目对有些社会问题并没有给予充分的体现，甚至可以说是完全忽略，这其中不乏近些年备受关注的一些内容，如物价、房价调控问题、收入与分配两极分化、贫困问题、医疗制度与养老制度改革等问题，这些与中国百姓当前关注的社会问题存在出入。

零点研究咨询集团从1993年开始调查采集"中国居民生活质量指数"并完成报告，下表是2000—2016的十七年间中国居民社会问题关注度排行表，其内容显示了十几年来中国人对社会问题关注的指向和变化，百分比为被调查者在此话题中的关注率。

表 5.2　2000－2016 年间中国居民社会问题关注度前六位比较①

排名	2000	2001	2002	2003	2004	2005	2006	2007	2008	2009	2010	2011	2012	2013	2014	2015	2016
1	环境 49.2	失业 42.4	失业 53.5	失业 52.9	失业 39.7	失业 38.9	社会保障 37.9	物价 67.6	物价 70.4	房价 33.9	物价 48.6	物价 61.1	物价 43.4	贫富分化 38.6	房价 34.4	食品安全 30.5	贫富分化 29.0
2	失业 43.7	社会保障 33.0	社会保障 34.6	社会保障 32.1	经济发展 32.0	社会保障 32.4	失业 32.5	房价 28.6	食品安全 33.6	医疗 32.5	房价 39.1	房价 54.4	房价 36.1	房价 35.6	食品安全 29.3	房价 28.7	食品安全 28.0
3	教育 34.7	医改 30.4	环境 29.6	住房 31.6	住房 31.0	住房 26.7	住房 29.3	医疗 24.1	房价 29.5	就业 29.3	医疗 37.5	食品安全 23.1	贫富分化 31.6	物价 35.1	物价 23.8	医改 27.7	房价 27.3
4	社会治安 33.4	环境 26.7	医改 26.3	环境 24.3	社会保障 30.2	环境 25.3	环境 28.2	社会保障 20.9	社会保障 24.4	物价 23.3	就业 28.2	就业 22.7	食品安全 28.8	反腐败 23.1	失业 23.2	贫富分化 27.4	物价 24.0
5	腐败 29.0	住房 24.3	经济增长 25.7	经济增长 22.7	环境 29.6	经济发展 23.7	医改 22.9	食品安全 20.6	就业 22.1	社会保障 22.8	社会保障 25	医疗 16.3	社会稳定 22.2	社会稳定 22.1	贫富分化 22.9	反腐败 25.2	反腐败 21.3
6	经济增长 20.2	教育 23	住房 23.2	医改 21.4	教育 19.0	社会治安 17.7	经济发展 21.7	就业 17.4	医疗 16.8	反腐败 17.6	食品安全 18.9	社会保障 15.3	就业 20.1	就业 20.5	医改 22.9	物价 21.9	社会稳定 20.5

① 资料来源：零点研究咨询集团历年《中国居民生活质量指数报告》汇总

另一个较为持续关注民生问题并形成系统数据资料的是《小康》杂志社，中国全面小康研究中心自 2005 年起开展的"中国民众最关注的十大焦点问题"跟踪调查。2017 年 10 月至 11 月，《小康》杂志社会同有关专家和机构联合进行了"2017 中国综合小康指数"调查，其中"中国全面小康进程中最受关注的十大焦点问题"一直是该调查的保留题目。通过比对 2009—2017 年间焦点问题的变化（见表格 5.3 如下），同样可以看到中国百姓近年来在奔小康的道路上对个人生活和社会发展的焦点所在，这其中很多问题已经成为国人心中社会发展的"顽疾"。

表5.3　历年中国全面小康进程中最受关注的十大焦点问题①

排名	2009 年度	2010 年度	2011 年度	2012 年度	2013 年度	2014 年度	2015 年度	2016 年度	2017 年度
1	医疗改革	物价	房价	食品安全	食品安全	食品安全	食品安全	食品安全	食品安全
2	食品安全	房价	物价	物价	腐败问题	腐败问题	医疗改革	养老政策	住房改革
3	腐败问题	医疗改革	食品安全	腐败问题	医疗改革	物价	腐败问题	房价	环境保护
4	环境保护	食品安全	医疗改革	医疗改革	贫富差距	房价	贫富差距	医疗改革	房价
5	社会保障	教育改革	腐败问题	房价	房价	医疗改革	房价	腐败问题	收入分配改革
6	住房改革	住房改革	住房改革	贫富差距	社会保障	贫富差距	就业问题	环境保护	物价
7	就业问题	社会保障	社会道德风气	社会保障	物价	环境保护	物价	疾病控制与公共卫生	社会信用

① 数据出自《小康》杂志社中国全面小康研究中心"中国民众最关注的十大焦点问题"

排名	2009年度	2010年度	2011年度	2012年度	2013年度	2014年度	2015年度	2016年度	2017年度
8	教育改革	就业问题	教育改革	教育改革	环境保护	就业问题	社会保障	物价	医疗改革
9	社会治安	收入分配改革	生活成本上升	收入分配改革	收入分配改革	社会保障	环境保护	就业问题	教育改革
10	民主法治	腐败问题	就业问题	住房改革	住房改革	社会道德风气	教育改革	社会保障	养老政策

从两个比较权威且具有连续性的调查数据中可以看出，进入新世纪的十几年中，中国百姓较为关注的社会问题离不开物价房价、医疗改革、下岗及就业、社会保障、食品药品安全、贫富分化等几大类问题。特别是近两年来，住房问题脱颖而出，成为中国人相对集中的关注点，而物价、医疗改革、贫富分化、食品安全等问题也持续高关注度。纵观本世纪以来社会问题关注度变迁可以发现，随着中国社会发展转型以及媒介的发展，中国百姓的关注点变化表现为从自身生存利益转变为社会问题的宏观关注，以及由经济领域行为转向政策制度层面。例如，21世纪伊始，下岗就业和社会保障等个体化问题成为公众关注的焦点；而随着中国经济迅猛发展，使得一些涉及经济领域和经济要素的问题成为新的关注点，如房价、物价、教育收费、医疗改革等，同时由于经济提速而引发的其他间接社会问题也凸现出来，如贫富分化、分配不公平、食品安全等；再到21世纪的第二个十年，除了关注切身利益，中国百姓的关注还从经济领域转向宏观的政策和制度保障层面，如社会稳定、反腐败等。但无论关注点如何变化，这些问题都在不同阶段不同程度上直接影响到了中国百姓的生活感受和幸福指数，因此确实应该引发国家职能部门的重视。

同时，在国家和社会的发展进程中，中国百姓聚焦的社会问题以个人生活为基础，并与当年国家的政策以及整体经济环境密切相关，但这其中有些内容在春晚这样的年度综艺晚会上却并没有体现。例如近十年因其一路飙升而引发热议的房价和物价问题，与百姓的居家生活有着极为密切的关系并引发了中央出台一系列房地产调控政策，而这其中关乎社会稳定的各种矛盾与情感在春晚舞台上却并没有被充分地重视，仅2011年出现了由蔡明和刘威等人出演的小品《新房》。

而在步入新世纪以来，收入差距的持续扩大也是影响中国社会发展的重大问题，虽然不同来源的基尼系数数据有所差异，但几乎所有的研究都承认，中国目前的贫富差距是偏高的，以中国社科院社会蓝皮书《2018中国社会形势分析与预测》中引用的国家统计局数据为例，2002年至2016年中国居民收入基尼系数始终在0.462至0.491之间徘徊（见图5.3），尽管总体上呈下降趋势，但在宏观经济尚未根本好转的背景下，缩小贫富差距仍面临不小的压力。这意味着，中国的贫富不平等程度已经达到了相对较高的水平。而这个与经济的急速发展同步存在的现象，可以说是一把双刃剑：一方面，它确

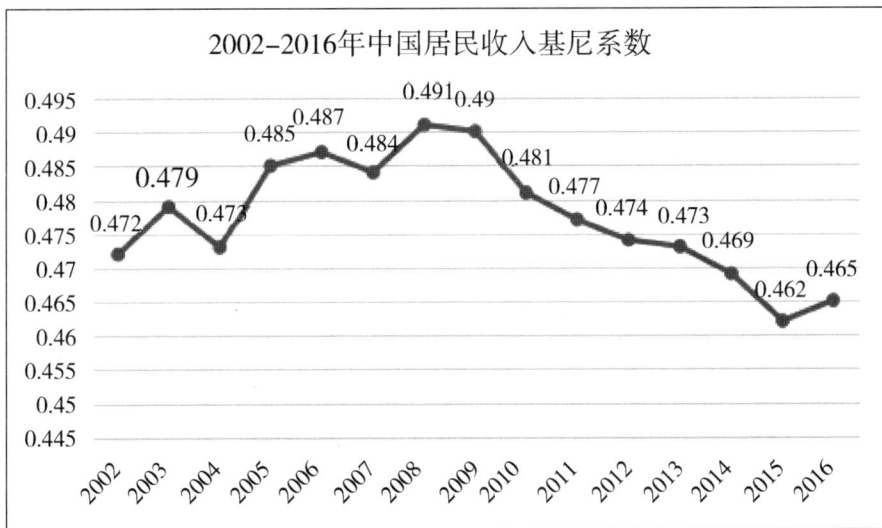

图5.3　2002—2016年中国居民收入基尼系数统计①

---

①　资料来源：国家统计局住户调查资料，引自2018年中国社会形势分析与预测［M］. 北京：社会科学文献出版社，2018：31－32.

实刺激了人们追求财富的欲望，刺激了经济的增长；但另一方面，它也带来了诸多的社会问题——当收入和分配两极分化与"不公正""不合理""不公平"相关联的时候，将会使社会矛盾激化，例如人民网舆情监测室提供的《中国互联网舆情分析报告》显示，近几年很多舆论热点事件均与贫富两极分化、贫困人口、收入差距等问题相关，"社会矛盾"一直居于"不同舆情领域压力指数"排行榜的前两位。而这一问题，连同其他诸如物价、医疗改革、环境问题等在春晚中都没有被提及。

故而，笔者认为节目内容和群众需求之间的差异，是造成受众对春晚依赖和兴趣逐渐减退的原因之一。毛泽东主席的《在延安文艺座谈会上的讲话》曾写道"许多同志爱说'大众化'，但是什么叫做大众化呢？就是我们的文艺工作者的思想感情和工农兵大众的思想感情打成一片。而要打成一片，就应当认真学习群众的语言"。习近平总书记在2014年北京召开文艺工作座谈会时也指出"文艺的一切创新，归根到底都直接或间接来源于人民。……艺术可以放飞想象的翅膀，但一定要脚踩坚实的大地。文艺创作方法有一百条、一千条，但最根本、最关键、最牢靠的办法是扎根人民、扎根生活。"同样，作为意识形态工具的大众传媒在除夕这一特殊的"仪式性"时刻，能够如实地反映民众关注和焦虑的社会问题，才能体现出对百姓的牵挂和重视，而媒介只有能够与时俱进地反映社会现实，才能满足受众的需求，使其产生长久的接触和依赖。

（二）春晚小品中社会矛盾的视角转换

1. 春晚小品中不同主题下的情感倾向

在央视春晚小品中，不同主题内容所设置的情节和反映的创作者立场与视角也有差异。为了探求上述问题，本研究在编码中设置了"纯娱乐，无明显情感倾向""煽情""讽刺""教育""赞扬""其他"共六个选项，通过单选的形式，分析小品中反映出的立场与倾向，并了解是否主题内容与情感倾向上有所联系。统计结果如下图所示：

表 5.4　1983 - 2018 年央视春晚小品节目的立场视角或情感倾向统计

1983 - 2018 年春晚小品所反映立场视角或情感倾向统计

		频率	百分比	有效百分比	累积百分比
有效	无明显情感及倾向，纯娱乐	60	33.0	33.0	33.0
	教育	44	24.2	24.2	57.1
	煽情	31	17.0	17.0	74.2
	讽刺	28	15.4	15.4	89.6
	赞扬	19	10.4	10.4	100.0
	总计	182	100.0	100.0	

从表格 5.4 中可以看出，在春晚舞台上，应景节日追求喜剧效果的小品（即"纯娱乐，无情感和立场倾向"）的小品最多，占总比例的 33%，其次是内容以教化为目的的小品占总数的 24.2%，然后是以情感人的"煽情"倾向作品占 17%，而相对来说表达较为极端情感倾向，即"讽刺"和"赞扬"的小品相对较少，分别占总数的 15.4% 和 10.4%。而在主题内容与情感和立场倾向的关联方面，本研究将通过进一步分析两者之间是否存在联系。

表 5.5　"小品主题内容"和"反映的立场视角和情感倾向"的相关分析

卡方检验

	值	自由度	渐近显著性（双向）
皮尔逊卡方	153.391[a]	56	0.000
似然比（L）	146.411	56	0.000
线性关联	0.862	1	0.353
有效个案数	182		

a. 68 个单元格（90.7%）具有的预期计数少于 5。最小预期计数为 0.10。

对称度量值

		值	渐近标准错误[a]	上次读取的 T[b]	上次读取的显著性
名义到名义	列联系数	0.676			0.000
区间到区间	Pearson 的 R	−0.069	0.073	−0.928	0.355[c]
有序到有序	斯皮尔曼相关性	−0.067	0.073	−0.906	0.366[c]
有效个案数		182			

a. 没有假定空假设。

b. 使用渐近标准错误假定空假设。

c. 基于名义近似值。

本研究分别对"小品主题内容"和所反映的"立场视角和情感倾向"的相关性进行卡方检验，此外为了排除样本量大小（N＝182）带来的误差影响，同时考察其相依系数（Contingency Coefficient，也称列联系数），结果显示概值 Sig＝0.000＜0.05，且相依系数 C＝0.676＞0.16，因此在5%的显著性水平下，"小品主题内容"和所反映的"立场视角和情感倾向"是有关联性的，即两者不是相互独立的，而是具有一定的相关性。同时，笔者将上述两个变量交叉分析如下：

由表格5.6可以看出，存在感情倾向的四个选项"煽情""讽刺""教育""赞美"中，不同小品主题下，其频率各有不同。其中"煽情""教育"的情感倾向中"情感和伦理道德规范"和"恋爱婚姻家庭问题"中较为常见；而"赞美"倾向，则在"社会互助与责任"的主题中出现最多；而"讽刺"多体现于"腐败、欺诈等各类社会不正之风""虚假非法广告、炒作等不规范商业行为"和"行风或职能部门问题"主题中。

表5.6　小品主题内容及其反映的立场视角或情感倾向交叉分析

小品节目主题内容 *小品反映的立场视角或情感倾向 交叉表

小品节目 主题内容		小品反映的立场视角或情感倾向					总计
		无明显情感及 倾向，纯娱乐	煽情	讽刺	教育	赞美	
生育/人口 问题（包括人口控制/人口素质）	计数	4	0	2	2	0	8
	占主题内容 百分比	50.0%	0.0%	25.0%	25.0%	0.0%	100.0%
就业/失业/下岗问题	计数	3	1	1	2	1	8
	占主题内容 百分比	37.5%	12.5%	12.5%	25.0%	12.5%	100.0%
腐败、欺诈等各类社会不正之风	计数	0	0	12	6	1	19
	占主题内容 百分比	0.0%	0.0%	63.2%	31.6%	5.3%	100.0%
三农问题	计数	10	2	1	3	3	19
	占主题内容 百分比	52.6%	10.5%	5.3%	15.8%	15.8%	100.0%
教育（包括入托/入 学/教育体制改革等）	计数	1	2	0	4	0	7
	占主题内容 百分比	14.3%	28.6%	0.0%	57.1%	0.0%	100.0%
社会犯罪及各种社会问题	计数	1	0	0	2	1	4
	占主题内容 百分比	25.0%	0.0%	0.0%	50.0%	25.0%	100.0%
恋爱婚姻家庭问题	计数	11	7	1	6	2	27
	占主题内容 百分比	40.7%	25.9%	3.7%	22.2%	7.4%	100.0%
养老及社会保障	计数	2	0	0	3	0	5
	占主题内容 百分比	40.0%	0.0%	0.0%	60.0%	0.0%	100.0%
物价、房价调控	计数	0	0	0	1	0	1
	占主题内容 百分比	0.0%	0.0%	0.0%	100.0%	0.0%	100.0%
情感与伦理道德规范	计数	11	8	0	8	2	29
	占主题内容 百分比	37.9%	27.6%	0.0%	27.6%	6.9%	100.0%
虚假/非法广告/炒作等不规范商业行为	计数	0	0	7	1	0	8
	在小品主题 内容中占比	0.0%	0.0%	87.5%	12.5%	0.0%	100.0%
社会互助与责任	计数	7	1	1	3	7	19
	占主题内容 百分比	36.8%	5.3%	5.3%	15.8%	36.8%	100.0%
军警法题材	计数	2	6	0	1	0	9
	占主题内容 百分比	22.2%	66.7%	0.0%	11.1%	0.0%	100.0%
行风或智能部门问题	计数	2	0	3	1	0	6
	占主题内容 百分比	33.3%	0.0%	50.0%	16.7%	0.0%	100.0%
其他	计数	6	4	0	1	2	13
	占主题内容 百分比	46.2%	30.8%	0.0%	7.7%	15.4%	100.0%
总计	计数	60	31	28	44	19	182
	占主题内容 百分比	33.0%	17.0%	15.4%	24.2%	10.4%	100.0%

这些情感倾向基本上符合人们日常的情感表达和思维逻辑。春晚小品中对于某些类型的社会问题以积极引导、正面反应为主，如"恋爱婚姻家庭问题"和"情感与伦理道德"为主题的小品，其情感倾向多为中立，或以煽情、教育为主，倡导"以情动人"的冲突解决方式；与此相反的是对于"腐败、欺诈等各类社会不正之风""虚假非法广告、炒作等不规范商业行为"多以讽刺的立场视之；而一些社会不正之风、不良现象和无法简单解决的体制性社会问题如"物价、房价调控""养老及社会保障""社会犯罪问题"等则多以教育的口吻作为主题的升华。

2. 社会问题引导中的情感转化

综合前文中春晚小品主题中关注的缺失、小品主题与情感倾向和立场的关联，以及不同主题下矛盾冲突的处理方式等，我们可以看出春晚作为电视媒介时代的产物，其"产品"必然按照大众传播的模式存在着"把关"行为。笔者认为这种把关体现在两个方面：首先是行政上的把关。诞生初期的春晚以娱乐为主，导演的决定权较大，节目较少受到多级审查，歌曲、相声等主题的限制并不多，其宗旨主要是"有意思""联欢"。到了 1986 年，随着央视春晚影响力的扩大，当时的广播电影电视部发文，禁止各地方台在除夕夜制播同类晚会，使得央视在同时段没有了其他竞争对手，因而彻底改变了春晚市场的生态，逐渐形成了央视春晚的霸主地位。而 1993 年后，国家新闻出版广电总局对于春晚的把关进一步加强，春晚开始实行导演招标制。春晚总导演除了由央视的 21 位变为投票表决外，还需国家新闻出版广电总局批准。晚会的"联欢"色彩淡化，转变成"仪式""盛典"，同时也增强了团圆、团聚和团结的宣教功能，央视春晚基本转型为了新时期"寓教于乐"的除夕夜国家仪式①。再到 2014 年，央视春晚被定位为"国家工程"，其意识形态性质和主流价值观的传播更加直白，对观众思维方式和观念的引领也更为直接。其次，对于除夕舞台上的小品作品而言，需要注意的禁忌除了行

---

① 无忌. 央视春晚的悖论［J］. 神州，2011（3）.

政以及意识形态的把关，还要考虑到除夕这一特殊的时刻和氛围所造成的节日把关，即考虑民俗或情感上的禁忌，侧重表达欢乐、喜悦、幸福的情感，因此对于春晚节目，特别是语言类节目的把关的过程也就较为严谨和复杂。而在此把关下就不难理解春晚小品节目中对于主题的选择，以及对主题内容和倾向立场之间的处理。

小品的主题设置和处理的策略之一是迎合，这种迎合既要考虑到节日的气氛，借用民俗符号和仪式，迎合民众寻求"喜庆"的心理，又要考虑到蕴含宣教的功能。这样的小品节目在"三农问题"等相关问题中反映的较多。例如1997年的小品《红高粱模特队》就是这方面的代表作。红高粱是北方农村的代表性产物，其鲜艳的颜色蓬勃的生长造型，很容易让人联想到当今农村欣欣向荣的势头。小品中的模特队集结了各类致富能手和"大户""大王"，彰显了当今农民的实力，同时丰收致富后的农民不满足于物质的富有，开始寻求精神上的满足，因此有了进京模特表演的故事。同样，2010年赵本山的小品《捐助》则反映了当代农民已经走上了慈善的道路，尽管过程中有些尴尬和无奈，但结尾时"善心"战胜了犹疑，善举变得坚定。而2011年的《同桌的你》更体现了富裕后的农民开始感恩图报，既要还钱给当年帮助过自己的人，又能收养孤儿以回报社会。在这些情景的设置中，三农问题已经被解决，农民、农村和农业方面也不再是一个社会问题，农业多元化发展使农村脱离贫困，而农民生活富裕后也在思想道德和素质上有了显著的提高，这虽然和现实有些不符，但这种一片繁荣的景象却是所有人都愿意看到的。

小品主题设置的第二个方式是转化，即将一些当前无法根治的社会问题转化成可以解决或可以被理解的角度。春晚小品中有时也会涉及敏感的社会问题，但多数情况下会把这些暂时无法解决的问题淡化，使人们感觉不到其尖锐性，或者在冲突的解决上进行转化，使矛盾从无法解决的尖锐层面转化到可以被接受或吸收的层面。以2011年春晚小品《新房》为例，在这个春晚历史上唯一触及了当前最突出的社会问题——房价暴涨导致年轻人无力承受的主题中，年轻恋人遭遇了无房便无法成婚的社会现实，无奈下借了房子欺骗未来丈母娘，但最终在更为现代化的传播方式——微博的作用下，信息迅速公开和透明，使得骗局穿帮。但随着小品情节的展开似乎慢慢冲淡了"房价高"这一核心问题，而转化为是否应该欺骗父母的诚信问题，故事结尾在双方的相互妥协下，房子的尖锐问题被转化为道德层面的教化得以解决，并最终在"有爱才有家"的主题升华下被淡化。整个小品使人们在欢笑中对困扰自己的难题有了更为温馨的解读，并在道德和诚信的掩饰下有了令自己心安的借口。这正是小品在用自己的方式篡改现实、粉饰太平，尽管这种转化是暂时的麻痹，但至少在春节的时候让人们有了片刻的心灵慰藉。

当有些问题最终无法得到妥善解决的时候，春晚小品往往采用回避的方式，包括前面提到的一些社会问题，如收入和分配两极分化、物价高涨、贫困问题等。其实，这些问题不只是国家和政府暂时回避的，更是民众在节日心理作用下同样不想面对的现实，在除夕这样的夜晚，无论是谁都希望用欢乐、喜庆的一面代替日常的苦难和无奈。这也是春晚小品中纯娱乐的中立色彩居多，而讽刺等负面情感较少的原因之一。例如 2009 年的小品《梦幻家园》，其主题涉及了高房价、商业欺诈、豆腐渣工程等多个近年来突出的社会问题，但在蔡明童音的表演下，这些问题被笑料和机器娃娃舞的滑稽所取代，结尾对房地产商和售楼欺诈的惩治更是大快人心，轻松和欢笑替换了社会问题，在问题终能被解决的期盼和"幻想"中，小品用笑声回避了社会中的实质问题。2012 年春晚中，演绎社会犯罪的小品《天网恢恢》也是在笑声中，使曾经让很多百姓成为受害者的电话欺诈罪犯在节目中轻松伏法，小品结局同样大快人心，让观众在笑声中看到了惩恶扬善的社会正气。

而对于腐败、社会不正之风等负面主题内容，央视春晚小品往往采用批判转教化的主题升华模式。对官场丑恶现象进行批评是春晚语言类节目的传统主题，例如前文提到的《牛大叔提干》《三鞭子》《五官争功》《打扑克》等，都因为主题针砭时弊而被观众认可和记忆。十八大以后"打老虎拍苍蝇"成为社会关注度较高的话题，但近年来这类主题的小品总给观众隔靴搔痒的感觉。究其原因，一是节目内容选材不够深刻和典型，人物身份背景弱化，批判的指向性虚无，导致内涵及趣味较之以往的经典作品显得逊色，再有就是在情节设置上虽然前半部分也有"包袱"来制造比较明显的戏剧冲突，但往往结尾会刻意表达一些教化型的台词，体现出较为生硬地升华，让观众顿觉失望，如小品《人到礼到》《投其所好》等。其实这种模式本无可厚非，因为无论是舆论监督还是批判其目的并不是单纯的"揭丑"，而是在于引起关注并启发思考，但这种教化的升华需要恰如其分地融入作品，而不是如此突兀地衔接。教育需要"润物细无声"，于无形间展示对抗贪污腐败等犯罪行为和整治不良社会风气的决心，让民众相信"明天会更好"。

可见，无论如何小品总是能用自己的方式，使问题得到解决、淡忘和转化，让辛苦了一年的民众，不再受到社会问题的困扰，以电视媒体大众传播的特性营造集体的社会无意识，或者道德层面上的劝解和教化，以使人们在平和的心境中度过节日。

第三节　春晚小品：三十余年中国社会的阶层流动与话语分析

如前文所述，春晚中的小品节目是整场春晚的亮点和出色与否的关键之一，同时其中也蕴含了国家话语体系和主流意识形态对社会问题等的关注，因此，本节力图通过研究进一步分析，小品在主题的选择和情节的设置中更关注社会中的哪个群体，以及在三十余年的春晚中，某个社会群体的特征演变以及对这一群体的社会关注和再现是否存在变化。

一、春晚小品角色中的阶层归属

（一）改革开放后中国社会的阶层划分

中国社会在 1978 年改革开放以后发生了深刻的变化，经济体制转轨和现代化进程的推进促使中国社会阶层结构发生了改变。原来的"两个阶级一个阶层（工人阶级、农民阶级和知识分子阶层）"的社会结构发生了显著的分化，一些新的社会阶层逐渐形成，各阶层之间的社会、经济、生活方式及利益认同的差异日益明显，以职业为基础的新的社会阶层分化机制逐渐取代了过去的以政治身份、户口身份和行政身份为依据的分化机制，社会经济变迁已导致了一种新的社会阶级结构的出现并逐渐稳定①。而央视春晚诞生于1983 年，基本符合以改革开放为分割所形成的新的社会结构。

在对于春晚小品关注对象的编码上，本文以"阶层"来为节目主角进行划分，笔者认为按照"阶层"进行归类较之按照"职业"归类，更能说明主体的社会属性及其所在社会的发展和变迁，同时也更能够体现本节所研究的社会关注的本质。而另一方面，"阶层"相对于"阶级"来说，又是一个弱化了冲突性而具有等级性质的群体概念。

因此在上述前提下，笔者参考了一些社会分层构想，比较赞同以职业分类为基础，以组织资源、经济资源和文化资源的占有状况为标准来划分社会阶层的理论框架②。这种划分基于国际社会对现代社会阶层结构划分的三个标志，即权力、财产和名望，并结合了中国当代的特殊性，是现在类似研究中较多采用的社会阶层划分方式之一。在这一框架下，2002 年中国社会科学院推出的《当代中国社会阶层研究报告》将当代中国社会阶层结构的基本形态划分为十个阶层构成的五个等级，即社会上层，包括高层领导干部、大企业经理人员、高级专业人员及大私营企业主；中上层，包括中低层领导干部、大企业中层管理人员、中小企业经理人员、中级专业技术人员及中等企

① 陆学艺. 当代中国社会阶层研究报告［M］. 北京：社会科学文献出版社，2002：4.

② 陆学艺. 当代中国社会阶层研究报告［M］. 北京：社会科学文献出版社，2002：8，其中组织资源包括行政组织资源与政治组织资源，主要指依据国家政权组织和当组织系统而拥有的支配社会资源（包括人和物）的能力；经济资源主要是指对生产资料的所有权、使用权和经营权；文化（技术）资源是指社会（通过证书或资格认定）所认可的知识和技能的拥有。

业主；中中层，包括初级专业技术人员、小企业主、办事人员、个体工商户；中下层，包括个体劳动者、一般商业服务人员、工人、农民；底层，包括生活处于贫困状态并缺乏就业保障的工人、农民和无业、失业、半失业者。这一划分方式成为许多相关领域研究的依据。而近年，学者杨继绳在其《中国当代社会阶层分析》中对21世纪第一个十年，中国社会阶层模型做了类似的描绘，将社会分为五个阶层，即上等阶层，包括高级官员、国家银行及国有大型实业单位负责人、大公司经理、大型私有企业主；中上等阶层，包括高级知识分子、中高层干部、中型企业经理、中型私有企业主、外资企业白领雇员、国家垄断行业中层企业管理人员；中等阶层，包括一般工程技术人员和科研人员、一般律师、大中学教师、一般文艺工作者、一般新闻工作者、一般机关干部、一般企业中下层管理人员、小型私有企业主、个体工商业者；中下等阶层，包括生产第一线操作工人、农民工、农民；下等阶层，城市下岗待业人员、农村困难户。由于两种划分方式意义上大体相同，而考虑到时间接近性上的原因，经过十年的社会发展，后者的划分更接近现在的社会现实状况（例如个体工商户在之前的划分中为中下阶层，但在后者的划分中变动为中等阶层），本研究以后者作为编码依据，共设置六个选项，详见附录中的编码表及编码表说明。

（二）春晚小品中主角所属阶层统计

按照上述编码方式，笔者对三十六年春晚中的182个小品进行了编码分析，其中一些小品的角色戏份较为相近，难分轻重，且又所属阶层不同（如《警察与小偷》《姐夫与小舅子》等），本题允许选择两个选项。由此分析得出结果如下：

表5.7 1983-2018年间央视春晚小品中主要角色所属阶层统计

		响应		个案数的百分比
		N	百分比	
小品主要角色社会阶层分析[a]	中上等阶层	4	2.0%	2.2%
	中等阶层	97	48.0%	53.9%
	中下等阶层	70	34.7%	38.9%
	下等阶层	6	3.0%	3.3%
	主角的社会阶层无法确定或其他	25	12.4%	13.9%
总计		202	100.0%	112.2%

a. 二分法组值为 1 时进行制表。

　　根据表5.7显示，春晚小品中所塑造形象以中等阶层和中下等阶层为主，个案百分比分别为53.9%和38.9%，这与社会中的现实情况基本符合，同时也体现了电视媒体作为大众传播媒介，其目标受众的广泛性特点，以及春晚服务全国人民的目标定位。但另一方面，小品中对于下等阶层所涵盖的"城市下岗待业人员"和"农村困难户"的表现与该阶层占中国人口的实际比例有所出入。对于贫困人口的划分标准和其相应的数据，一直存在较多争议，目前按照我国每人每年纯收入2300元的农村贫困标准计算，十二五期间中国贫困人口从2010年的1.66亿减少到2015年底的6000万左右，十二五扶贫工作虽顺利完成，但截至2016年底，全国农村贫困人口仍有4335万，是中国社会发展中不容忽视的群体。显然，在央视春晚中对下等阶层的呈现是远远不够的。

　　而进一步探析会发现，在同一阶层中，小品往往对不同职业的反映也有侧重，例如在中等阶层中，春晚小品着力体现了"一般机关干部""企业中下层管理人员""小型私有企业主"和"个体工商业者"，而其他职业或社会身份较少或没有提及。在中下等阶层中，对"农民"和"农民工"的关注要远远多于"生产第一线操作工人"。

二、春晚小品中的中国社会阶层流动

通过上述分析，可以基本了解春晚作为主流媒体通过小品节目传达的社会阶层关注。但经历了三十六年的跨度，是否这一关注有着持续的指向或者某些变化，是本文需要继续探讨的另一个话题。在中国改革开放后四十年的社会发展中，阶层的流动和变迁一直存在，同时在同一阶层中，不同职业和身份的社会属性也随着社会发展产生了某种变化，例如农民群体出现了根本性的职业分化，工人队伍也出现了转变，干部队伍几经潮起潮落，知识分子的政治、经济和社会地位提高等等，而这些变化在春晚的小品又是如何体现的，是本研究力图进一步剖析的问题。

（一）三十年春晚小品中的中国农民形象变迁

"农民"是春晚小品主力塑造的形象之一，春晚小品中的农村题材或者涉农人物的出现频率也是最高的，涉及了计划生育、农民致富、农村婚恋、农村问题、农业人口流动等多个方面，但总体来看，随着三十余年中国社会的发展，春晚小品对农民及其连接社会关系的表征也是差异和多元化的。

1. 改革开放致富后幸福生活的农民

中国的改革始于农村，在农村开始改革的时候城市还停留在计划经济体制中，在20世纪80年代前半期也就是春晚产生时，农村经济发展迅速，城乡差距迅速缩小。1978—1984年，农业生产总值年均增长7.6%（按1978年不变价格计算），粮食生产增长率4.9%，农村居民人均纯收入由160.2元增长到355.3元，年均递增17.3%，扣除物价影响仍高达15.9%①。那个时代农村是个让人羡慕的地方，农民的劳动积极性有了显著提升，同时国家提高农产品收购价格，促进了农民收入的增加，而乡镇企业的发展对农民收入的增加也做出了重要贡献，此时的农民其致富方式和热情要优于城市人，先富起来的农村人中出现了令城市人都羡慕的"万元户"，甚至城市中许多技术

---

① 李强. 中国社会变迁30年［M］. 北京：社会科学文献出版社，2008：69.

工人和退休人员被乡镇企业聘请。因此，当年"专业户""乡镇企业"都成为人们向往的富裕生活的代名词。

在这一时代背景下，刚刚起步的春晚中也出现了表述这一内容的节目，一方面是歌颂勤劳致富后的农民生活，如 1987 年的《恩爱夫妻》、1993 年的《过桥》、1995 年的《找焦点》以及 1997 年的《柳暗花明》和成为春晚小品经典的《红高粱模特队》，以及 1998 年的《拜年》等，在这些小品中出现了"种粮大户""养鸡、养鸭、养鹅专业户""养鱼大王""养牛大王"等，再现了农民致富专业户的形象。另一方面，春晚中也通过一些小品节目及人物形象的塑造批判了当时和"勤劳致富"背离的典型，如 1988 年方言小品《接妻》、1989 年的《懒汉相亲》、1990 年的《难兄难弟》等，揭示了主人公因为和时代背道而驰所导致的狼狈模样。总之，此类小品中通过塑造农民和农村致富形象，展现了专业户和乡镇企业家的幸福生活和违反政策的落魄，总结经验教训，把农村致富之路的诀窍归结于勤劳致富、城乡合作、发展三产、计划生育等，作为这一时期促进农业发展的致富政策的成果展示。

2. 三农问题中挣扎作乐的农民

80 年代后半期，农民的收入增幅明显减缓，一些结构性问题在进入 90 年代后开始暴露出来——实行家庭联产承包责任制后，农业生产的基础设施没有得到改善，因此经过几年的高速发展，基础设施薄弱的问题显现出来。此外，为了治理通货膨胀，1989 年前后国家进行了宏观调控紧缩银根，这导致了乡镇企业大量破产，使得在乡镇企业工作和在城市打工的农民受到了较大影响，农民的非农业收入也随之大幅降低。20 世纪 90 年代前半期，由于国民经济发展的速度比较快，加之这一时期政府连续两次提高农产品的收购价格，使农业生产的收入增加，同时农民的非农业收入也有所增加。但另一方面由于 1992 年以后的中国市场经济改革是自上而下推行的，这使城市现代化成为主流，从而自 90 年代后期开始中国逐渐出现了严重的三农问题，主要表现为农民收入增长再度缓慢、农业生产萎缩和农村公共服务严重不足。至此，在市场经济条件下农村成了弱势地区，虽然自 1985 年后国家多次出台政策以增加农民收入，尽管这些政策也在短时期内发挥了作用，但是从长期来看都无法保障农民收入稳定提高。特别是从 2000 年开始，国家增加了对农村地区的投入，统筹城乡发展，希望通过国家的投入改善农民的生活，但是要想在迅速城市化过程中避免农村的衰落，还需要较长一段时间。

虽然九十年代春晚中出现了《牛大叔提干》《三鞭子》这样反映农村基层腐败、拖欠等不正之风，以及对干群关系的谴责与渴望，但反映农村真实情况的作品越来越少。对于农村现实和农民生活的呈现很快被赵本山的《卖拐》（2001 年）、《卖车》（2002 年）、《心病》（2003 年）和《功夫》（2005年）所取代，在这个"大忽悠"系列中，农民呈现出一种自娱自乐的无奈，尽管无力改变生活，但可以通过自己的"狡黠"欺骗城里人，使原本处于弱势的乡村文化战胜了强势的城市精英文化。农民在这些小品中以一种阿 Q 的心态在心理上战胜了城里人，而在此文本下，农村贫困的生活和凋敝的现状被掩盖。

3. 新时代反哺社会的农民

21 世纪以来，农村的发展逐渐受到国家的重视和政策的保护，尽管仍存在着和城市的贫富差异，或者被归入"弱势群体"和城市中的"边缘群体"，但在春晚舞台上，善良的农民仍然用自己的方式幸福地生活，并开始回报他人、反哺社会。其中 2000 年的小品《小站故事》就是其中的代表作。当黄宏饰演的农民在回家路上的小站遇见了凌峰扮演的台胞，并知道台湾遭遇大地震后，坚持要把自己准备回家过年给母亲的钱送给素昧平生的台胞，同时动情地说"别人的钱能收，我们的钱为什么不能收呢？别忘了我们是一奶同胞啊！"这句话既强调了中华民族大家庭的民族统一，又突出了农民与台湾工程师以及其他社会群体在精神境界上的无差别。而 2010 年赵本山的小品《捐助》也将戏剧冲突聚焦在了农民的善心上，尽管这种善举开始的有些无奈和尴尬，但最终的结局仍是农民"兄弟"不计回报、倾其所有地进行了捐助，在这一情节设置中，农民不再是弱势群体，而是成了能够接济别人的强者。同样，在 2011 年赵本山师徒的小品中，王小利饰演的农民已不仅仅是

"被捐助"他人，而是主动坚持多年行善——收养孤儿，并懂得去回报曾经帮助过自己的人，农民的形象不仅是强者，更进一步成为"知恩图报"的人，构建了一个农村富裕、农民反哺回报社会的景象，一扫农民长期作为弱势群体被城市人同情、怜悯和照顾的形象，塑造了农民在经济上可以扶贫，在精神上懂得感恩的形象。

（二）社会转型期的中国工人

改革开放以来，中国的工人阶层是变化最为深刻的一个群体。在很长一段时间里，工人阶级作为"国家的主人"享受着"老大哥"的待遇，在职业管理模式上，工人阶级是依靠行政力量来配置劳动力资源，即由国家统一负责招工用人，工人们一旦被分配则终身就业，流动性很小，同时工人们的工资有国家统一定级统一调整，且从工作伊始就落实了医疗和养老保险。而更重要的是，"工人阶级"在中国曾经是个带有政治含义的词汇，其领导阶级和主人翁的地位使其具有很高的社会声望，因此，政治上的优越感才是很多工人引以为自豪的真正所在。然而这一切随着改革开放而逐渐改变，中国工人成了改革阵痛的直接承受者。在进入市场经济体制后，工人阶级退却了政治上的光环，实事求是地成了在劳动力市场上以劳动换取收入的劳动者。而改革必然带来阵痛，这其中原本最具优越感的国有企业工人承受得最为严重。1995 年以后，中央政府把"减员增效"作为国企改革的一项重要政策，这势必使一部分人失去了工作。1995 年，国有经济单位的职工为 10955 万人，通过减员增效的手段，2002 年减少到了 6924 万人，总共减少了 4031 万人①。离开国企的 4000 多万人中，相当大的一部分成了下岗工人。失去赖以生存的工作岗位使这些下岗工人的生活顿时变得贫困，而更重要的是，他们还要承受巨大的精神和心理压力，以及由此而引发的健康问题。但纵观三十余年春晚舞台中的小品，对工人特别是改革中的工人，展现得相对较少。

---

① 杨继绳．中国当代社会阶层分析［M］．南昌：江西高校出版社，2011：199.

1. 自强乐观的下岗工人形象

世纪之交的十年中，由于国企改革，下岗及再就业成为这一时期民众关注的重要话题。在国家统计局公布的数据中，中国城镇登记失业人数和失业率分别由 2000 年的 595 万人、3.1% 增长为 2009 年的 886 万人和 4.2%，而中华全国总工会的调查还远远高于这个数字①。失业人口中有 72.5% 其来自国有企业和集体企业，他们中的大部分文化水平偏低、年龄偏大，再就业十分困难。但在春晚舞台上却很少反映这种现状，在有限的提及中，下岗工人也是体谅国家、生活乐观、积极创业的形象。

有人说在春晚的舞台上，相对于赵本山代表的中国农民形象，黄宏则代表着中国工人的形象。而在 1999 年的小品《打气》中黄宏饰演的工人乐观积极，塑造了下岗工人的创业"神话"。作为自愿下岗的自行车厂工人，下岗前是厂里工人中的积极分子，十八岁进厂、"先入团后入党"、"上过三次光荣榜"，单位减员并厂他带头表态下岗。因此，当他遇到因降职而发牢骚的"街道办事员"时，对后者进行教育和道德驯化，声称"工人要替国家想，我不下岗谁下岗"，这个"和谐下岗"的场景以下岗工人之口喊出了国家的号召。节目将下岗工人放到了一个强势的地位，而非现实中的边缘群体。并以自身的乐观畅想规划了下岗工人这一群体的发展趋势："从头再来，不出半年，我准有这条街上最大的修车行"，它规避了现实中的种种痛苦，使下岗工人虽然失去了"主人翁"的光环，但许给了他们可以从属于个体商户、私营企业主等其他群体的未来。可以说这一小品中的工人形象塑造，以第一人称的视角高调地将下岗工人的话语进行了转嫁，成功避开了下岗的深层次原因以及社会中这一群体的辛酸和无奈。

2. 作为城市边缘群体的工人

除了下岗工人这一时代变迁造就的特殊群体，春晚对于工人形象的塑造较少，且以操作工、修鞋工人、修车工人等非国企正规工人为主，总体上都

---

① 杨继绳. 中国当代社会阶层分析［M］. 南昌：江西高校出版社，2011：202.

是小人物在平凡生活中的感悟以及对国家政策、工厂规定和个人命运的理解。

1993 年春晚中黄宏和魏积安的小品《擦皮鞋》就塑造了两个边缘群体工人的形象。小品中的两个擦鞋工人，一个能够直面自己的身份，同时还在鞋油研究方面有所建树，而另一个则开始掩饰身份摆出有钱人的派头。小品的隐喻在于对两个工人的塑造——魏积安饰演的前者通过个人努力在精神上获得了社会的认可而跻身强势行列，而黄宏饰演的后者只能靠外表的物质包装来压抑真实身份，满足自己"上等阶层"的虚荣心。小品将国家意识形态的强势话语通过前者之口提醒和鼓励，指出边缘工人的命运完全把握在自己手中，只要努力学习并积极从事多方面的职业，前途"不会越抹越黑只会越擦越亮"。而 2004 年的小品《好人不打折》也塑造了"三八毛巾厂"技术员和保安工人之间的误会，这其中的工人同样是快乐与满足的状态，通过一系列搞笑的情节，最终传递了工人们"与其做个打折的好人，不如做个堂堂正正的普通人"的定位。

总体来讲，春晚小品在对工人形象的塑造上，更多是自强、乐观、勤劳、知足的特征，并力图用其强势的自我表白强调上述品质，以及通过心理暗示创造出一个充满希望的未来。而在情节的设置上，春晚小品同样避谈其边缘化的真实社会地位和艰辛的生活，将一个社会问题转化为情感和理智话题，并加以喜剧化的展现。我们据此可以看出主流媒体对当代工人形象的表征和再现，虽然可以迎合春晚中小品所需具备的"以情动人""喜庆"和"欢乐"的定位，但它和现实生活的距离，也成为春晚小品逐渐失去社会认同和陷入危机的原因之一。

（三）改革开放带来的新社会阶层：个体户和私营企业主

改革开放四十年来，我国社会阶层最大的变化就是出现了新的阶层，而这其中最重要的就是个体户和私营业主两个群体，确切地说，这两个群体并不是简单的新生阶层，而是表现为一种再生或复兴的现象，或者说是一种历史的回归。到目前为止，这两个阶层已经发展为人数庞大的群体，成为举足轻重的社会力量。按照前面所说的社会阶层分类，虽然这两个群体有着许多相关联的地方，但却分属于两个不同的阶层，即中等阶层和中上等阶层。而春晚中着力反映的是归于中等阶层的个体工商业者和小型私有企业主，并且，这一形象在春晚舞台上也随时代的发展而存在着变化。

1980 年 8 月中央在北京召开全国劳动就业工作会议，提出"鼓励和扶持个体经济适当发展，一切守法的个体劳动者应当受到社会的尊重"，而当年鼓励个体经济发展的根本原因之一就是为了解决"文化大革命"多年积压所造成的城市中大量待业青年和失业人口问题。因此早年的个体工商业者多被称为"个体户"或者"倒爷"，具有贬义，基本上是待业青年和投机倒把者的代名词，被社会所轻视。1987 年的小品《卖鱼》就反映了这种情景。小品中刘亚津饰演的个体工商业者属于"小商贩"，油嘴滑舌、以次充好，被大家所取笑和鄙夷，是个滑稽角色。1993 年的小品《推销》也延续了这种幽默，小品中张国立和刘亚津饰演了两个卖"假老鼠药"的同行，在"竞争"中互相攻击，借以讽刺了市场上的假冒伪劣产品。而同年春晚中的小品《市场速写》则描述了几个"练摊儿"的青年"倒爷"间的仗义和情感，以较为正面的视角反映了 90 年代初青年人的多元化职业选择和生活。这一题材到了 1996 年的《打工奇遇》和 1999 年的《将心比心》进一步被赋予了教育个体经营者诚信经营的新含义，并间接反映了当时社会中存在的假冒伪劣、见利忘义等市场行为。尽管春晚对个体经营者和私营企业主的描绘由取笑讽刺而变为教育和道德感化，但对于这一阶层群体的反映似乎就到此结束了，而没有在进入 21 世纪后进一步"跟踪"刻画其发展，特别是对其中部分跻身中上等阶层（中型私有企业主）或上等阶层（大型私有企业主）群体的形象再现也成了一种缺失。

由此可见，春晚对个体经营者和私营企业主这两个群体的反映，更多是微观的视角，描述其性格特征、经商行为等，并着力在此方面进行道德教化，但少有宏观的视角，刻画社会转型期这一阶层的发展历程及其背后中国改革的道路起伏，这是春晚话语和视角亲民的体现，但也是形象再现上的一种局限和缺憾。

（四）农民工：中国城市化进程中的特殊群体

80年代中后期，经济改革中心由农村转向城市，为农村劳动力的流动创造了新的空间，农村剩余劳动力开始了"离土又离乡"的模式，而1992年南方谈话后中国的经济改革掀起又一高潮，非国有部门迅速发展带动了对廉价农村劳动力的强烈需求，中国农村劳动力非农就业进入了高潮。在经历了1997年金融危机后的农民工短期回流，进入新世纪后，为了统筹城乡发展和解决农民增收难问题，对农民外出务工采取了积极引导的政策，农民外出务工又进入了一个新时期。因此，在过去的几十年间，农村劳动力流动由少到多，成为中国经济发展中一个重要的现象，而形形色色的进城农民具有着既不属于城市人也不属于农村人的特殊地位，也成为当下中国社会中一个举足轻重的群体。

对农民工群体的呈现是主流媒体一直较为关注的话题，农民工群体的出现在与城市发生关联、对社会产生影响的同时，也为媒体提供了大量的素材。作为年度综艺盛会的春晚，对农民工和进城农民的体现也较多，而这种形象再现既展现了他们的不同性格、不同工作和不同心态，同时也因时代和社会发展的不同而有所变化。央视春晚小品对于进城打工农民的塑造始于上世纪九十年代，此时进城务工并不十分普及，打工农民也尚未形成一个群体，因此只是零星地出现在个别节目中作为个体典型形象，而进入新世纪，进城农民发展为了"农民工"这一特殊群体，央视春晚也开始有意识地刻画和突出这一群体，反映在小品这一节目类型中，农民工也有了较为鲜明的群体特征和意识形态方面的投射。

1. 性格善良、勤劳能干的进城农民

早期春晚中呈现的进城农民形象，往往是以个体为视角，反映进城务工农民的生活和工作，这一时期的小品虽然主题各异，但进城农民的角色通常单独出现，作为烘托城市和城市人的某种特征或情结而存在。这说明当时的进城农民只是作为单独的个体存在于城市中，他们的存在只是满足城市人的需要或者衬托城市的特质。

自 1996 年春晚中的经典小品《打工奇遇》赵丽蓉饰演的餐馆服务员开始，进城农民在春晚小品中就扮演着各种各样的角色，如《过年》中的保姆、《回家》中的洗车工、《邻居》和《装修》中的装修工人、《都是亲人》中的打工妹等等，而这些角色也恰好是他们在城市生活中的写照。上世纪末至本世纪初，农民开始了"农民"到"农民工"的第一个跨越。进城农民在性别上比较均衡，从职业上来看，男性一般从事体力劳动行业，如建筑工人、装修工人、洗车工人等；而女性则多从事服务性体力劳动，如餐厅服务员、保姆等。在性格特征上他们纯朴、善良、勤劳，会以一种简单的心态为人处世，例如《过年》中的小保姆为了照顾孤单的城市独居老人而放弃回家团聚的机会，同样《都是亲人》中的打工妹虽物质匮乏但心地善良地将迷路且痴呆的老人带到小饭馆吃饭。同时，早年的进城务工农民的打工目的也十分单纯，即在城市赚钱回农村改善生活，他们的归处始终是在农村的家，打工的目的不过是想通过辛苦劳动换来"衣锦还乡"，因此农民工呈现出一种"候鸟式"的流动：一是"钟摆式"，一年为周期在城乡和地区之间流动；二是"兼业式"，以农业生产季节为周期，利用农闲时间外出打工，其中的典型当属《回家》中的洗车工夫妇。

由此可以看出，进城农民在城市的角色早先都是从属性的"城市暂住者"，他们散落在城市的角落，在心理上和城市以及城市人都保有一定的距离，他们的勤劳和努力并不是想扎根城市或者融入城市人的生活，只是为了生存或者在为更好地回乡做准备。但另一方面进城农民中也有机智灵活的一面，当面对城市中的丑恶现象时，他们能用自己的淳朴去看待事情，同时也能用自己的"小聪明"解决问题，例如《打工奇遇》中的餐馆服务员大妈和《装修》中的黄大锤等，他们在用自己的价值观解决问题的同时，也在维护着城市人的利益。

2. 融入城市、和谐共处的新生代农民工

2003 年 10 月 24 日，农村妇女熊德明公然开口向总理讨薪，这不仅使其成为2003年度对中国经济有重大影响的人物登上中央电视台亮相，同时也让"农民工"成了媒体和社会关注的焦点。在此之前的2001年，政府对户籍制度的改革加速了我国城镇化的进程，同时也标志着相当一部分在城镇打工的农民开始有"资格"融入进城镇，而同样发生在2003年的"孙志刚事件"更加引发了社会反思和批判收容派遣制度，并最终促成了这一在中国行使了多年的制度被取消。这些事件的发生，都促使了更多农民向城市迈进的步伐。同时，国务院有关部门接连发出的《国务院办公厅关于进一步做好改善农民进城就业环境工作的通知》《劳动和社会保障部办公厅、建设部办公厅、中华全国总工会办公厅关于开展农民工工资支付情况专项检查活动的通知》等文件，也切实提高了农民工在城市生活的多方保障。此外，进入新世纪中国经济的迅猛发展和城市建设的逐步完善也加剧了用工需求，因此，多方面的利好条件促成了农民工涌入城市的数量和速度剧增，之前的"候鸟式"进城变为了"迁徙式"，即脱离农业生产、常年在外打工的农民工以及举家外出打工的"家庭化农村移民"增多，在这些前提的作用下，进城务工农民开始融入了所在城市的生活，而一些在城市中出生以及成长的农民工子女，以及新晋进城务工的年轻一代，构成了新生代农民工群体，他们在性格、工作以及价值观方面已经较为接近城市人，成了"新式"农民工，并开始亮相于舞台。

这一时期春晚小品中的农民工在性格和心理上已经有了明显的变化，他们从事的工作更为多元化，如《打工幼儿园》中的幼教老师、《吉祥三宝》中的三个年轻人，《不差钱》中的西餐厅服务员，《钟点工》中的陪聊等，但无论从事何种工作，这一时期的新式农民工与上个世纪的传统农民工相比，性格和生活态度更为乐观和积极，主体意识有所增强且更为自信，开始认识到自己的劳动对于城市的意义，逐渐从心理上融入了城市的生活，并产生了"我骄傲"的情感。同时，他们也开始注重儿女在城市的教育和成长，再现了当代农民工从"农民工"到"城市人"的第二次转变。

总体来说，央视春晚小品中对于农民工的展现在一定程度上符合了这一群体在时代发展中的形象、地位和作用，形成了基本稳定的"农民工形象"，并以"情感"作为构成情节的主要元素，突出了农民工对城市的意义以及近几年城市人逐渐对其产生的情感。但同时，央视舞台对于农民工在城市生活中的若干现实问题的再现还存在着缺失，例如他们所遭遇的就业排斥、生活排斥、人际交往排斥，以及根本性的制度根源——缓慢的户籍制度改革等等。如果能真实地再现农民工生活中的负面状况，则能更多地唤起社会对这一特殊群体的重视，以及城市人对其更为平等和尊重的心态。

（五）新工人：二十一世纪的城市新阶层

2012 年开始，"农民工"这一称谓的合理性开始引发讨论——认为农民工是城乡"二元社会经济结构"下经济和资源发展不均衡的产物，随着我国二元社会经济结构的解体，工业化和城镇化的实现，城乡差距、工农差距、区域差距正在逐步消失，农民工问题逐步得以解决，这一群体也完成了自己在中国现代化进程中的使命①。2013 年两会期间，部分人大代表及全国政协委员拟向大会建议，以更加尊重的方式来称呼外来务工人员，自此，农民工更名为"新工人"，特指工作和生活在城市而户籍在农村的打工群体。

"新工人"这个称谓不仅简单替代了"农民工"，在新的经济和社会发展环境下还有着更为丰富的内涵，一方面，相对于原有的"国企工人""工人阶级"等概念，摒弃了阶级性和意识形态意味，另一方面，它模糊了地域来源等"出身"特征，更好地描述当下城市务工者的"职业"身份，可以说它融合了原有工人和农民工的概念，成为一个标注城市新阶层的新名词。

相应的在近几年春晚舞台上，小品节目中已经没有了关于农村出身角色的特别刻画描写，更多的是关注于这一群体的生存状况、心态和诉求。角色设定往往将"新工人"作为一个新生代的群体，表现了他们投身城市建设、热爱本职工作、怀揣理想不怕挫折的形象。例如 2013 年的小品《你摊上事了》讲述了写字楼保安忠于职守的故事，虽然孙涛的口音点明了他的异乡人

---

① 马智宏．"新兴产业工人"的概念、地位、培育及其发展——对"农民工"概念的商榷与扬弃［N］．人民网 - 理论频道，2012 - 02 - 10．

身份，但是在情节的发展中，他已然不再是讨薪农民工中的一员，而是成为城市中一个新的群体，并带着强烈的自豪感和职业道德，在情感和行为上"独立"地坚守自己的岗位。2014年小品《扰民了你》浓缩了三个带着各自梦想在城市打拼的年轻人，在生存压力和个人梦想间挣扎徘徊，但最终在房东老太太的鼓励和资助下准备继续追逐理想的生活片段，同样的，他们是否来自农村并不重要，小品着力展现的是他们对于理想的执着以及"漂"群体和城市原住民间相互关爱的情谊。2017年的小品《大城小爱》则刻画了一对在外漂泊的青年夫妻同甘共苦、共同为美好生活打拼的故事，小品中展现了高空清洁人员工作的热情，以及作为外来人口对城市建设的投入和对城市生活的憧憬热爱。

在这些小品中，新工人的形象和以往有了很大的不同，节目的情节和内容弱化了地域、出身、农业、农民等刻板印象，新时代的他们文化素质普遍提升，不再单纯的为钱奔命，开始有了理想和追求，职业选择更为多元化。同时在情感和话语权上，他们融入城市生活，并被城市人所接纳，敢于表达自己的诉求，敢于坚持自己的权力，不再是"异乡客""外来人"。而在春晚舞台上，新工人不再被异化的贴标签，也说明我们的国家、政府和社会完成了对这个群体的认同、接纳和融合，这也意味着在政治话语和社会变迁中，"盲流""打工仔""农民工"这一系列阶段性形象的终结和消亡。

总之，由于大众传播具备赋予社会地位的社会功能以及进行议程设置的功能，三十多年春晚中对于不同群体的塑造，逐渐成为民众认知这一群体的重要依据，而这些形象的塑造往往是以主流媒体的视角，难免与社会现状存在一些偏差。这成为央视小品主导社会状态和群体形象认知的手段，但也无形中成为小品逐渐失去社会认同的原因之一。

本章小结

本章以语言类节目作为个案分析，试图以此探讨春晚所代表的主流话语体系对于社会问题的表现。小结如下：

第一，虽然相声与小品的起源和群众基础不同，但都是春晚能否引发高潮和赢得受众青睐的关键。相声节目从 80 年代以来由盛转衰，而小品作为依托春晚而诞生的节目形式，在高峰后也慢慢归于平淡。但总体上，两者都在不同程度上依附于社会的发展和群众的需求，因此在当前也暴露出来一些问题需要解决，主要体现在模式化的情节设置以及再现社会问题不彻底等。

第二，春晚中的小品节目往往是反映社会问题的一个窗口，并能够从中揣摩主流媒体的意识形态流露。而通过研究发现，春晚小品主题中对于社会问题的呈现存在一定的规律，即对情感与伦理道德规范、恋爱婚姻家庭问题等问题有持续的关注，而对物价房价调控、收入与分配两极分化、城市贫困与农村贫困等问题较少展现甚至没有提及，这与当前中国百姓所关注的社会问题存在出入。由此笔者认为节目内容和群众需求之间的差异，是造成观众对春晚的兴趣和依赖减退的原因之一。作为意识形态工具的大众传媒以及展现主流价值观的春晚，能否如实地反映民众关注的社会问题，是判断其能否体现群众思想、起到上传下达作用的重要标准。

第三，春晚小品视角的立场和态度存在一定倾向，这主要与小品的主题相关，即对于婚恋家庭、情感与伦理道德等主题多以中立、煽情和教育为主，对腐败、欺诈等各类社会不正之风多用讽刺，而对物价、房价等敏感问题则多以教育的方式作为主题升华。此外，春晚小品中对于社会问题的解决方式也做了策略化处理，即对无法深入剖析和解决的问题用迎合节日气氛和观众喜庆心情、转化和淡化尖锐矛盾和回避问题的方式处理。

第四，春晚小品多以社会中等阶层和中下阶层为主角，更着力塑造了其中的农民、工人、个体工商业者和农民工等群体。由于大众传播具备赋予社会地位的功能，对上述阶层及职业群体的再现，在一定程度上反映了三十六年间中国在政治、经济和社会领域的巨大变化。但另一方面，对这些形象的塑造往往是以主流媒体的视角，存在着报喜不报忧、粉饰矛盾等做法，因而与社会现状存在些许偏差。

第六章

研究结论与不足

作为中国的第一综艺晚会，春晚诞生与发展的三十余年正是中国长足发展的三十余年，这其中蕴含了媒介大环境的改变，也折射出中国个体命运、国家发展和社会变迁的关联。多年来，研究春晚的文章和著作层出不穷，但多为展现春晚某个方面的特征或探讨某个领域的问题，纵览三十余年春晚的系统研究较少。本文运用定量与定性研究相结合的方式，对这个话题展开全景式的系统研究，描述了三十六年春晚的基本特征和发展变化，探讨了社会发展、媒介技术进步、受众需求三个方面与春晚的互动，揭示了春晚中国家主流意识形态的表征，特别是春晚节目对三十余年中国社会变迁的再现。同时，笔者也对本研究的创新之处和不足有了一定的认识，并对进一步研究该问题提出了建议。

第一节 本研究的结论和思考

一、春晚本体研究方面的结论和思考

通过对三十六年春晚中的节目进行初步分析，我们基本上可以对春晚的发展有简要的认识和了解，同时也可以作为后面进一步研究的基础。

第一，通过对三十余年春晚节目类型构成的分析可以看出，春晚节目类型基本稳定，形成了以歌舞为主导，小品相声为辅助，其他节目形式共同烘托的特点。其中，一些节目形式随着媒介发展的属性、社会变迁和人们的审美情趣而有所变化，如小品、相声等；但也有些节目类型被忽略和淡化，如戏曲。另外，笔者认为节目类型的多样性是春晚发展中面临的一个问题，春晚要想吸引受众、提高可看性，首先应该保留住原有的丰富样式并不断创新，特别是在传承传统艺术文化，以及与时俱进大胆创新这两个方面深入挖掘。

第二，通过对春晚节目是否体现地域特色，以及体现何种地域特色两个方面进行考察发现，春晚节目中只有四分之一是具有地域特色的，这基本上符合春晚以全国观众为受众群体的定位。事实上，北方方言的节目所占比例和除港澳台以外的大陆南方所占比例基本相近，而这又与观众日常的感知有所差距。而进一步分析显示，这种感觉偏向与年代发展、节目类型相关，即随着时间推移节目的地域性特色由多元而变为单一，同时语言类节目数量增加而地域特色上倾向北方语系所致。因此，笔者认为，春晚节目改变地域倾向性的感知可以从丰富节目形式及减少节目对语言符号的依赖入手，即增加戏曲、歌舞等节目的地域色彩，或者增强语言类节目中非语言符号的地域性特征。而在晚会总体思路上，也可以通过开设分会场或深入多省市基层，或延续开门办春晚等宏观构想上的尝试。总之，体现地域特色人文风情的方式并不唯一，都可以作为扩大央视春晚受众基础，满足不同地域、不同层次受众需求的有益探索。

第三，通过对于春晚节目表演者的研究发现，从表演者来源上看，春晚的表演者主要以大陆人士为主，港澳台、外籍人士、海外华人的表演者数量随政治、经济、文化的发展而有所变化。而对于"草根"明星的话题，笔者认为草根文化及草根明星是新媒介发展的产物，是受众参与意识增强的结果，同时也是央视走亲民化道路的体现。而之所以社会大众在今天才对春晚表演者的草根身份感到诧异，也从另一个侧面反映了三十多年间春晚已经从一个百姓的联欢会转变为主流话语体系的化身。因此，在新媒体时代，央视的"草根"明星之路需要进一步走下去，但不能局限于选秀明星，而是真正地展示普通百姓群体的才艺技能，这种文艺为大众服务的指导思想是受众对电视媒体产生依赖的基础，也是电视媒体在新媒体层出不穷的时代亟须思考的问题。

二、对春晚意识形态表征的结论和思考

第一，通过对三十多年春晚主题的统计分析发现，春晚强调最多的还是国家和家庭的团结统一、整体精神上的振奋以及作为节日的欢乐气氛。同时春晚的主题也会随着时代背景和社会发展的需求而改变，如上世纪 80 年代主要以团结、欢乐为主题，突出"民俗"在电视媒体引领下的新形式，以及春节固有的喜庆气氛和改革开放后举国振奋的势头；90 年代在纷扰的国内外形势和市场经济发展过程中主要凸显中华民族团结与团聚的美满；进入新世纪后主要展示振兴发展中的大国崛起气势和中国人民的自信心与凝聚力；而近几年则回归了和谐团圆的"家和万事兴"情感。

第二，歌舞作为春晚的主要节目类型，其节目主题在一定程度上反映了春晚的深层内涵，而对三十六年春晚中 827 个歌舞节目的主题研究发现，春晚在歌舞类节目的筛选上具有较为固定的特色——侧重于亲情、友情、爱情等感情的表达，其次是塑造国家认同以及突出春晚作为"新民俗"对节日喜庆欢乐气氛的营造。此外，歌舞主题也和社会背景形成互动，先后体现了歌颂祖国发展和幸福生活、鼓励开拓进取和构建和谐社会的时代性要求，以便适应在不同时期大众媒介对社会发展的体现以及受众对媒介社会功能的依赖。

第三，大众媒介的发展扩大了意识形态的运作范围，尤其是电视的出现进一步强调了意识形态现象的群众性和群众潜力。经过三十余年的发展，春晚的意义已经超越了电视综艺晚会本身，而成为一个具有政治和文化双重意义的意识形态产物，并通过电视媒介进行思想输出。经过对春晚主题及文本

的分析发现，春晚的意识形态呈现主要集中于家庭、国家及社会三者的互动上。其中家庭作为个人与国家的过渡被春晚以年俗的延伸搬上舞台，将小家庭的"年"过成了举国上下的"年"，并在其中融入了三十余年的社会变革对个体家庭的影响；进而又从传统民俗的家庭模式转变为中华民族的国家认同，通过电视春晚这一重要的媒介平台，以营造"家国同构"意念帮助个体完成身份认同的方式和弘扬民族自尊心、自豪感的方式，构建中国的"国家认同"。

从上述的三个方面都说明，春晚作为国家主流意识形态表达平台，既有与时俱进的时代性，同时也受到社会发展的影响，因此两者之间存在互动的关系。而从总体定位上看，春晚面临着不断涌现的新媒介的竞争以及这一媒体环境下受众需求的改变。若要继续发展，如何平衡春晚作为除夕夜民众民俗大联欢的模式以及致力于国家形象、道德标准的塑造，成为主流话语体系平台的功能，是需要思考和探讨的问题。

三、对春晚语言类节目中社会再现的结论和思考

第一，在基本形态和特征方面，相声节目从 80 年代以来由盛转衰，而小品作为依托春晚而诞生的节目形式，在高峰后也慢慢归于平淡。但总体上，两者都在不同程度上依附于社会的发展和群众的需求，因此在当前也暴露出来一些问题需要解决，主要体现在模式化的情节设置以及再现社会问题不彻底等。

第二，春晚中的小品节目往往是反映社会问题的一个窗口，并能够从中揣摩主流媒体的意识形态流露。而通过研究发现，春晚小品主题中对于社会问题的呈现存在一定的规律，即对情感与伦理道德规范、恋爱婚姻家庭问题等问题有持续的关注，而对物价房价调控、收入与分配两极分化、城市贫困与农村贫困等问题较少展现甚至没有提及，这与当前中国百姓所关注的社会问题存在出入。而笔者认为节目内容和群众需求之间的差异，是造成观众对春晚的兴趣和依赖减退的原因之一。作为意识形态工具的大众传媒以及展现

主流价值观的春晚，能否如实地反映民众关注的社会问题，是判断其能否体现群众思想、起到上传下达作用的重要标准。

第三，春晚小品视角的立场和态度存在一定倾向，这主要与小品的主题相关，即对于婚恋家庭、情感与伦理道德等主题多以中立、煽情和教育为主，而对腐败、欺诈等各类社会不正之风多用讽刺，而对物价、房价等敏感问题则多以教育的方式作为主题升华。此外，春晚小品中对于社会问题的解决方式也做了策略化处理，即对无法深入剖析和解决的问题用迎合节日气氛和观众喜庆心情、转化和淡化尖锐矛盾和回避问题的方式处理。

第四，春晚小品多以社会中的中等阶层和中下阶层为主角，更着力塑造了其中的农民、工人、个体工商业者和农民工等群体。由于大众传播具备赋予社会地位的功能，对上述阶层及职业群体的再现，在一定程度上反映了近四十年间中国在政治、经济和社会领域的巨大变化。但另一方面，在这些形象的塑造往往是以主流媒体的视角，"报喜不报忧"，因而与社会现状存在些许偏差。这也成为小品逐渐失去社会认同的原因之一。

基于上述结论可见，春晚舞台上小品节目的兴衰与其主题的社会性具有一定的关联，小品中的社会再现与群众的社会关注间的偏差如何解决，小品思想和内容的文本呈现与观众对其的解读之间是否存在误差，而这些是否能够解释当前小品这一节目形式面临的危机，是需要我们进一步思考和探讨的问题。同时，小品的危机也被认为是来源于电视媒体所面临的危机，随着各类综艺节目的改版或转型，以及媒介技术进步和社会发展造成的受众对电视媒体依赖的弱化，依托电视媒体诞生和成长的小品，能否找到新的发展路径？但无论是与网络等新媒体平台的嫁接，还是像相声一样回归小剧场的实景演出，小品这一节目形式都需要考虑如何找到更广泛而稳定的受众基础。

第二节　本研究的创新与不足

本研究力图在原有的春晚研究基础上进行创新，但同时也存在着一些不足，有待日后的进一步思考和完善。

一、本研究的创新之处

首先，在研究方法和研究范围方面，本研究突破了以往相关研究以思辨为主要研究方法或者以单一年度为研究对象的局限性，通过定量和定性研究相结合的方法，以1983年以来春晚中的1435个节目作为样本，第一次全景式地描述了三十六年春晚的基本特征，其中包括央视春晚的主题特征、节目类型构成特点、表演者特征、地域性特点、歌舞类节目和语言类节目的特征等。从中可以勾画出三十余年中春晚的基本轮廓和整体发展脉络。这其中一些观点必须建立在对三十六年春晚每个节目逐一研究的一手资料基础上，例如，对节目地域性特征和表演者特征的研究，特别是其中草根明星问题的解析，如果不是基于全样本的实证分析，很难避免抽样误差和个案特征对相关问题全貌的困扰。

其次，本研究利用实证研究，以大量的数据和事实论证为基础，通过对春晚主题和占春晚节目数量一半以上的歌舞节目主题的分析，以意识形态理论和媒介系统依赖理论为框架，探讨了春晚的传播规律和意识形态表征，以及两者和政治、经济、社会发展之间的互动。春晚的意识形态特征被认为是一个不言而喻的结论，但缺乏事实依据的思辨式研究，不足以客观地认识问题的全部并得出令人信服的结论。因此，本文首先弥补了当前对春晚研究中单一的视角和理论框架所带来的研究缺憾，其次，以三十六年春晚中的1435个节目为样本进行统计分析，得出春晚意识形态传播的总体特征，以及意识形态表征在不同年代，不同媒介环境中的变化。例如，春晚主题变迁的社会背景，春晚节目主题和文本传达的意识形态变迁等。

再次，本文关注春晚节目内容和社会发展之间的互动，并以个案研究的方式，弥补了一般定量和定性研究中的不足，通过对语言类节目的个案研究，分析蕴含其中的社会关注和群体关注，以及这些关注和三十余年间社会变迁的互动关系，并以媒介系统依赖理论为框架，探讨社会发展、媒介时代进步与受众需求之间的关系。例如，春晚小品关注的社会问题、从节目中体现的中国时代和社会变迁，以及不同社会阶层和群体在三十六年中形象与地位改变。

因此，本研究的创新首先是研究方法上的创新，其次是研究内容和理论框架上的创新。

二、本研究的不足之处和未来研究的设想

本文对三十六年中的春晚进行了较为全面和系统的研究，但研究仍存在明显的不足和局限，以及有待进一步完善和挖掘的地方，主要包括以下方面：

首先，在研究方法上，虽然实证研究为方法是本研究的主要创新之一，但每种研究方法都不可避免地存在各自的优缺点。其中，内容分析的研究方法往往局限于特定的类别框架和定义，特别是编码表的编辑与使用，也就是说，不同的研究者可能会采取不同的研究框架和定义测量同一个概念，因此内容分析法的应用及其结果难免会带有研究者的主观意识，例如编码表问题的设置和选项划分方式，会直接影响所观测的研究对象及得出的相关结论。以其中的歌舞主题和小品主题为例，相比春晚主题没有官方信息作为参考，而要根据理论框架或研究者的经验判断来完成选项设置，所以不同的研究者可能对编码项有不同的概括，从而使得研究对象及结论有所不同。因此，本研究在方法上除了目前使用的内容分析法和个案研究法以外还需多元化，以便取长补短，弥补相互间的不足。

其次，本研究探讨的媒介系统依赖理论中，受众对媒体的认知和需求也是三者关系中较为重要的一部分，但由于条件和时间所限，文章在此角度上的探讨仍有不足。本研究开展伊始本打算采用春晚收视率数据和"我最喜欢的春晚节目"评选结果做相关的佐证，但两者的年份数据无法与央视春晚产生和发展完全同步，同时两者的统计方法和权威性一直存在争议，因此最终未被采用。而如果能通过受众调查的方式获得一手资料，了解观众对春晚相

关问题的看法，例如节目类型、表演者来源、节目内容、节目评价等方面，将能对本文的结论起到非常有益的补充，同时也能兼顾各种研究方法之长，弥补前面所提到的内容分析研究方法上的局限。

再次，春晚经过三十六年的发展，既反映了国家、社会的变迁，同时也影响了民众对社会问题和社会阶层及群体的关注。而三十余年的春晚为人们提供了很多方面的研究素材，本研究只是挂一漏万地摘取了其中的少部分，还有很多方面可供研究和探讨。例如，春晚与传统文化，春晚中的少数民族文化和形象呈现，春晚中的两岸三地话题等，由于时间和精力所限，这些方面的研究还有待日后进一步完善。

最后，春晚是持续举办的综艺晚会，其中必然还会生发出许多新的话题或视角被人们关注和挖掘，用发展的眼光看待春晚，也是我们进一步开展相关研究的基础。

总之，在展开此项研究的过程中，特别是观看三十六年春晚的过程中，笔者感受到了其不断成长的努力和艰辛，以及蕴含其中的中国的发展和变化，并深刻体会到春晚于中国社会和民众的重要意义，因此对于春晚的研究既有十足的必要又有很大的空间。谨以此文抛砖引玉，促进这一领域更多研究的出现，为丰富春晚舞台以及满足受众需求提供更多有益的建议和尝试。

附 录

附录1 论文编码表及编码说明

央视春节联欢晚会节目编码表

编　　号：_____（从1开始）

年　　份：_____

节目名称：_____

Q1. 今年春晚的主题是：

A. 团结/凝聚/统一；　B. 喜庆/红火/闹新春；　C. 和谐/祥和；

D. 爱国；　E. 欢乐/欢快；　F. 奋进/向上/振奋；　G. 美好/多彩；

H. 希望/企盼/祝福；　I. 温馨/温情/关爱/亲切；

J. 自豪/自尊/自信；　K. 活泼/轻松；　L. 振兴/发展；

M. 团圆/联欢；　N. 新时代/新生活；　O. 盛世/辉煌；

P. 中国梦；　Q. 其他_____；

Q2. 表演者的专业特征：

A. 专业表演者　B. 专业表演者反串　C. 业余表演者

D. 其他_____

Q3. 表演者的来源：

A. 大陆　B. 港澳台　C. 海外华人　D. 外籍人士

E. 中国籍非华裔　F. 其他_____

Q4. 节目类型

A. 歌曲　B. 舞蹈　C. 相声　D. 小品　E. 魔术

F. 杂技　G. 戏曲　H. 器乐演奏　I. 其他_____

Q5. 节目是否体现少数民族特征

A. 是　B. 否

Q6. 节目在题材和形式等方面是否具有地域特色

A. 是　B. 否（跳至 Q8）

Q7. 节目具有的地域特色为（　　）

A. 华北地区　B. 东北地区　C. 华东地区　D. 华中地区

E. 华南地区　F. 西南地区　G. 西北地区

H. 香港特别行政区、澳门特别行政区、台湾地区

Q8. 节目是否体现中国传统文化

A. 是　B. 否

Q4 题选 A、B 项时填写此题：

Q9. 此歌舞类节目主题（　　）

A. 传统文化/中国年　B. 爱祖国赞家乡　C. 过年回家

D. 亲情/爱情/友情　　E. 军旅及拥军　　F. 歌颂中国共产党

G. 经济繁荣社会发展　　H. 和平/和谐/统一/团圆

I. 闹春迎新送祝福　　J. 青春/成长/励志

K. 歌颂劳动及各行各业工作者　　L. 幸福美好生活

M. 其他＿＿＿＿＿

Q4 题选 C、D 项时填写下列题目：

Q10. 本相声、小品节目主题内容

A. 生育、人口问题（包括人口控制、人口素质）；　　B. 环境问题；

C. 就业、失业（下岗）问题；

D. 腐败、欺诈等各类社会不正之风；

E. 三农问题；　　F. 收入分配两极分化问题；

G. 教育（包括入托、入学、教育体制改革等）；

H. 社会犯罪及社会问题；

I. 贫困问题（包括农村与城市贫困）；　　J. 恋爱婚姻家庭问题；

K. 医疗制度改革；　　L. 养老及社会保障；

M. 物价、房价调控；　　N. 情感与伦理道德规范；

O. 虚假/非法广告/炒作等不规范商业行为；　　P. 社会互助与责任

Q. 军警法题材；　　R. 行风或职能部门问题

S. 其他＿＿＿＿＿

Q11. 小品主角的社会阶层属性

A. 上等阶层，包括高级官员、国家银行及国有大型实业单位负责人、大公司经理、大型私有企业主；

B. 中上等阶层，包括高级知识分子、中高层干部、中型企业经理、中型私有企业主、外资企业白领雇员、国家垄断行业中层企业管理人员；

C. 中等阶层，包括一般工程技术人员和科研人员、一般律师、大中学教师、一般文艺工作者、一般新闻工作者、一般机关干部、一般企 业中下层管理人员、小型私有企业主、个体工商业者；

　　D. 中下等阶层，包括生产第一线操作工人、农民工、农民；

　　E. 下等阶层，城市下岗待业人员、农村困难户；

　　F. 主角的社会阶层无法确定或其他（请注明　　　　）

Q12. 本小品所反映的立场视角或情感倾向

　　A. 无明显情感及倾向，纯娱乐；　　B. 煽情；　　C. 讽刺；

　　D. 教育；　　E. 赞扬；　　F. 其他＿＿＿＿＿＿

编码说明

　　以下是对编码表中各个问题的解释和说明，用于限定和提醒编码过程中的操作，如下：

　　1. 春晚主题用于记录该年度春晚想要传达的主要思想，即晚会编排的主旨和意图。央视春晚每年有官方对外公布的主题，所设置选项综合了官方的主题并进行了调整和归纳，最终设置了"团结/凝聚/统一""喜庆/红火/闹新春""和谐/祥和""爱国""欢乐/欢快""奋进/向上/振奋""美好/多彩""希望/企盼/祝福""温馨/温情/关爱""自豪/自尊/自信""活泼/轻松""亲切""团圆/联欢""新时代/新生活""盛世/辉煌"及"其他"，共16个选项，本题设置为多选，但选择不能超过3个，以便后期的统计和描述不至于太过分散。

　　2. 表演者的专业的特征，用于记录每个节目演员的身份，是否为专业演员从事本领域的专业表演或从事非本专业的表演，以及业余演员出演。

　　3. 表演者来源用于记录表演者的身份属性，其中"海外华人"包括已入外国籍和仍为中国籍但来自海外的演员，"外籍人士"指外国籍的非华人，"中国籍非华裔"指加入中国国籍的非华裔外国人。

　　4. 节目类型只将完整的节目形式作为选项，共设置了"歌曲""舞蹈"

"相声""小品""魔术""杂技""戏曲""器乐演奏""其他"9个选项，如果该节目无法归于前8个选项则归入其他，并需要注明具体形式。但国家领导人讲话、各界人士致辞、拜年短信和主持人串场不做归纳。其中，"歌曲"包括独唱、对唱、多人组合、合唱、歌曲联唱、歌伴舞；"舞蹈"包括独舞、双人舞、群舞等形式；"相声"包括独口相声、对口相声、群口相声。

5. 节目是否体现少数民族特征是指，节目在内容、题材、形式以及表演者服饰等方面是否带有鲜明的少数民族特征，其中表演者为少数民族但节目中上述特征不明显的，不计入其中。

6. 节目的地域特色一题中，此种划分按照地理特征划分而非经济特色和社会发展程度范畴的划分，选项所指地区包含具体省市如下：

"华北地区"包括北京市、天津市、河北省、山西省、内蒙古自治区，"东北地区"包括辽宁省、吉林省、黑龙江省，"华东地区"包括上海市、江苏省、浙江省、安徽省、福建省、江西省、山东省，"华中地区"包括河南省、湖北省、湖南省，"华南地区"包括广东省、海南省、广西壮族自治区，"西南地区"包括重庆市、四川省、贵州省、云南省、西藏自治区，"西北地区"包括陕西省、甘肃省、青海省、宁夏回族自治区、新疆维吾尔自治区，以及香港特别行政区、澳门特别行政区、台湾地区。如果歌舞为联唱（或组合）形式，则每个片段都计入选项，可以进行多项选择。

7. 在第8题中，"传统文化"指文明演化而汇集成的一种反映民族特质和风貌的民族文化，是民族历史上各种思想文化、观念形态的总体表征。世界各地，各民族都有自己的传统文化。中国的传统文化以儒家为内核，还有道教、佛教等文化形态，包括：古文、诗、词、曲、赋、民族音乐、民族戏剧、曲艺、国画、书法、对联、灯谜、射覆、酒令、歇后语等①。此题目主要是记录节目在题材、形式、内容、服饰、思想主题等方面包含的传统文化的相关特性。

---

① 百度百科"传统文化"词条 http：//baike.baidu.com/view/29087.htm

8. Q9 针对歌舞节目的主题进行了选项设置，共 13 个选项，其中前 12 个选项为经验推导得出的常见歌舞主题，同样，如果节目为联唱（或组合）形式，则每个片段都计入选项，可以进行多项选择。

9. Q10 – 12 是针对小品、相声类语言类节目的，在"我最喜爱的春晚节目"评选中，语言类只特指小品，但个人认为相声也是运用语言展开的节目形式，因此在本次编码中，将相声归入语言类。Q10 – 12 分别用于记录语言类节目的主题、主角所属阶层和情感立场倾向。

其中 Q11 主角所属阶层主要根据节目中提供信息判断，如言语中的交代和衣着等，或通过节目中情节推测，如无法辨别则选择"无法确认"选项。此题目中关于"阶层"选项的设置主要参考杨继绳提出的"中国社会阶层模型"①，将当代中国社会各阶层划分为 5 个等级，并将每一等级所包含的职业和身份列出，供编码时使用。

---

① 杨继绳 . 中国当代社会阶层分析 ［M］. 南昌：江西高校出版社，2011：351.

附录 2　数据表汇总

附录 2-1　春晚年度与节目类型交叉分析表

春晚年度 * 节目类型 交叉表

春晚年度		节目类型									总计
		歌曲	舞蹈	相声	小品	魔术	杂技	戏曲	器乐演奏	其他	
1983	计数	17	1	10	2	2	1	6	0	4	43
	占年度总比	39.5%	2.3%	23.3%	4.7%	4.7%	2.3%	14.0%	0.0%	9.3%	100.0%
1984	计数	32	0	3	1	0	2	10	0	8	56
	占年度总比	57.1%	0.0%	5.4%	1.8%	0.0%	3.6%	17.9%	0.0%	14.3%	100.0%
1985	计数	23	2	2	1	0	1	6	1	2	38
	占年度总比	60.5%	5.3%	5.3%	2.6%	0.0%	2.6%	15.8%	2.6%	5.3%	100.0%
1986	计数	18	2	5	2	2	0	2	1	4	36
	占年度总比	50.0%	5.6%	13.9%	5.6%	5.6%	0.0%	5.6%	2.8%	11.1%	100.0%
1987	计数	17	0	5	4	1	0	1	0	5	33
	占年度总比	51.5%	0.0%	15.2%	12.1%	3.0%	0.0%	3.0%	0.0%	15.2%	100.0%

续表

春晚年度		节目类型									总计
		歌曲	舞蹈	相声	小品	魔术	杂技	戏曲	器乐演奏	其他	
1988	计数	22	2	5	3	1	1	1	2	11	48
	占年度总比	45.8%	4.2%	10.4%	6.3%	2.1%	2.1%	2.1%	4.2%	22.9%	100.0%
1989	计数	24	5	5	4	0	2	5	1	7	53
	占年度总比	45.3%	9.4%	9.4%	7.5%	0.0%	3.8%	9.4%	1.9%	13.2%	100.0%
1990	计数	25	2	4	4	0	0	1	0	6	42
	占年度总比	59.5%	4.8%	9.5%	9.5%	0.0%	0.0%	2.4%	0.0%	14.3%	100.0%
1991	计数	24	1	5	5	0	1	3	1	8	48
	占年度总比	50.0%	2.1%	10.4%	10.4%	0.0%	2.1%	6.3%	2.1%	16.7%	100.0%
1992	计数	22	2	8	5	0	0	2	0	6	45
	占年度总比	48.9%	4.4%	17.8%	11.1%	0.0%	0.0%	4.4%	0.0%	13.3%	100.0%
1993	计数	20	5	3	7	1	0	4	1	3	44
	占年度总比	45.5%	11.4%	6.8%	15.9%	2.3%	0.0%	9.1%	2.3%	6.8%	100.0%
1994	计数	16	8	2	7	0	0	3	0	4	40
	占年度总比	40.0%	20.0%	5.0%	17.5%	0.0%	0.0%	7.5%	0.0%	10.0%	100.0%
1995	计数	20	6	3	6	1	1	2	0	3	42
	占年度总比	47.6%	14.3%	7.1%	14.3%	2.4%	2.4%	4.8%	0.0%	7.1%	100.0%

续表

春晚年度		节目类型									总计
		歌曲	舞蹈	相声	小品	魔术	杂技	戏曲	器乐演奏	其他	
1996	计数	18	3	4	6	1	0	3	2	2	39
	占年度总比	46.2%	7.7%	10.3%	15.4%	2.6%	0.0%	7.7%	5.1%	5.1%	100.0%
1997	计数	19	0	3	7	1	0	3	0	3	36
	占年度总比	52.8%	0.0%	8.3%	19.4%	2.8%	0.0%	8.3%	0.0%	8.3%	100.0%
1998	计数	18	2	2	6	1	1	2	0	2	34
	占年度总比	52.9%	5.9%	5.9%	17.6%	2.9%	2.9%	5.9%	0.0%	5.9%	100.0%
1999	计数	26	3	3	8	0	1	1	0	1	43
	占年度总比	60.5%	7.0%	7.0%	18.6%	0.0%	2.3%	2.3%	0.0%	2.3%	100.0%
2000	计数	22	0	2	5	0	0	2	0	6	37
	占年度总比	59.5%	0.0%	5.4%	13.5%	0.0%	0.0%	5.4%	0.0%	16.2%	100.0%
2001	计数	27	1	4	4	0	1	1	2	3	43
	占年度总比	62.8%	2.3%	9.3%	9.3%	0.0%	2.3%	2.3%	4.7%	7.0%	100.0%
2002	计数	22	1	4	4	2	1	2	0	4	40
	占年度总比	55.0%	2.5%	10.0%	10.0%	5.0%	2.5%	5.0%	0.0%	10.0%	100.0%
2003	计数	26	1	3	4	2	1	1	0	4	42
	占年度总比	61.9%	2.4%	7.1%	9.5%	4.8%	2.4%	2.4%	0.0%	9.5%	100.0%

续表

春晚年度		节目类型									总计
		歌曲	舞蹈	相声	小品	魔术	杂技	戏曲	器乐演奏	其他	
2004	计数	26	2	3	6	1	1	2	0	1	42
	占年度总比	61.9%	4.8%	7.1%	14.3%	2.4%	2.4%	4.8%	0.0%	2.4%	100.0%
2005	计数	22	4	3	7	0	1	1	0	2	40
	占年度总比	55.0%	10.0%	7.5%	17.5%	0.0%	2.5%	2.5%	0.0%	5.0%	100.0%
2006	计数	14	4	2	8	0	1	1	1	0	31
	占年度总比	45.2%	12.9%	6.5%	25.8%	0.0%	3.2%	3.2%	3.2%	0.0%	100.0%
2007	计数	16	4	2	7	0	1	1	0	2	33
	占年度总比	48.5%	12.1%	6.1%	21.2%	0.0%	3.0%	3.0%	0.0%	6.1%	100.0%
2008	计数	19	1	2	6	1	2	1	0	4	36
	占年度总比	52.8%	2.8%	5.6%	16.7%	2.8%	5.6%	2.8%	0.0%	11.1%	100.0%
2009	计数	16	5	4	5	1	1	1	0	1	34
	占年度总比	47.1%	14.7%	11.8%	14.7%	2.9%	2.9%	2.9%	0.0%	2.9%	100.0%
2010	计数	19	5	4	6	1	1	1	0	2	39
	占年度总比	48.7%	12.8%	10.3%	15.4%	2.6%	2.6%	2.6%	0.0%	5.1%	100.0%
2011	计数	14	1	4	5	2	2	1	0	2	31
	占年度总比	45.2%	3.2%	12.9%	16.1%	6.5%	6.5%	3.2%	0.0%	6.5%	100.0%

续表

春晚年度		节目类型									总计
		歌曲	舞蹈	相声	小品	魔术	杂技	戏曲	器乐演奏	其他	
2012	计数	17	5	3	4	1	1	1	2	3	37
	占年度总比	45.9%	13.5%	8.1%	10.8%	2.7%	2.7%	2.7%	5.4%	8.1%	100.0%
2013	计数	23	1	3	5	1	2	0	0	5	40
	占年度总比	57.5%	2.5%	7.5%	12.5%	2.5%	5.0%	0.0%	0.0%	12.5%	100.0%
2014	计数	20	2	1	3	1	1	2	0	8	38
	占年度总比	52.6%	5.3%	2.6%	7.9%	2.6%	2.6%	5.3%	0.0%	21.1%	100.0%
2015	计数	16	1	2	7	1	1	1	0	7	36
	占年度总比	44.4%	2.8%	5.6%	19.4%	2.8%	2.8%	2.8%	0.0%	19.4%	100.0%
2016	计数	21	3	1	6	1	1	1	0	3	37
	占年度总比	56.8%	8.1%	2.7%	16.2%	2.7%	2.7%	2.7%	0.0%	8.1%	100.0%
2017	计数	18	3	2	6	0	1	1	0	8	39
	占年度总比	46.2%	7.7%	5.1%	15.4%	0.0%	2.6%	2.6%	0.0%	20.5%	100.0%
2018	计数	16	4	2	6	0	0	1	1	10	40
	占年度总比	40.0%	10.0%	5.0%	15.0%	0.0%	0.0%	2.5%	2.5%	25.0%	100.0%
总计	计数	735	92	123	182	26	31	77	15	154	1435
	占年度总比	51.2%	6.4%	8.6%	12.7%	1.8%	2.2%	5.4%	1.0%	10.7%	100.0%

附录 2 - 2　春晚年度与节目是否体现地域特征交叉分析表

春晚年度 * 节目是否体现地域特征 交叉表

			节目是否体现地域特征		总计
			是	否	
春晚年度	1983	计数	13	30	43
		占年内百分比	30.2%	69.8%	100.0%
	1984	计数	25	31	56
		占年内百分比	44.6%	55.4%	100.0%
	1985	计数	12	26	38
		占年内百分比	31.6%	68.4%	100.0%
	1986	计数	8	28	36
		占年内百分比	22.2%	77.8%	100.0%
	1987	计数	6	27	33
		占年内百分比	18.2%	81.8%	100.0%
	1988	计数	17	31	48
		占年内百分比	35.4%	64.6%	100.0%
	1989	计数	11	42	53
		占年内百分比	20.8%	79.2%	100.0%
	1990	计数	11	31	42
		占年内百分比	26.2%	73.8%	100.0%
	1991	计数	13	35	48
		占年内百分比	27.1%	72.9%	100.0%
	1992	计数	15	30	45
		占年内百分比	33.3%	66.7%	100.0%
	1993	计数	14	30	44
		占年内百分比	31.8%	68.2%	100.0%
	1994	计数	10	30	40
		占年内百分比	25.0%	75.0%	100.0%

续表

			节目是否体现地域特征		总计
			是	否	
春晚年度	1995	计数	14	28	42
		占年内百分比	33.3%	66.7%	100.0%
	1996	计数	12	27	39
		占年内百分比	30.8%	69.2%	100.0%
	1997	计数	13	23	36
		占年内百分比	36.1%	63.9%	100.0%
	1998	计数	6	28	34
		占年内百分比	17.6%	82.4%	100.0%
	1999	计数	10	33	43
		占年内百分比	23.3%	76.7%	100.0%
	2000	计数	3	34	37
		占年内百分比	8.1%	91.9%	100.0%
	2001	计数	8	35	43
		占年内百分比	18.6%	81.4%	100.0%
	2002	计数	7	33	40
		占年内百分比	17.5%	82.5%	100.0%
	2003	计数	4	38	42
		占年内百分比	9.5%	90.5%	100.0%
	2004	计数	7	35	42
		占年内百分比	16.7%	83.3%	100.0%
	2005	计数	6	34	40
		占年内百分比	15.0%	85.0%	100.0%
	2006	计数	13	18	31
		占年内百分比	41.9%	58.1%	100.0%
	2007	计数	7	26	33
		占年内百分比	21.2%	78.8%	100.0%

			节目是否体现地域特征		总计
			是	否	
春晚年度	2008	计数	3	33	36
		占年内百分比	8.3%	91.7%	100.0%
	2009	计数	8	26	34
		占年内百分比	23.5%	76.5%	100.0%
	2010	计数	7	32	39
		占年内百分比	17.9%	82.1%	100.0%
	2011	计数	7	24	31
		占年内百分比	22.6%	77.4%	100.0%
	2012	计数	3	34	37
		占年内百分比	8.1%	91.9%	100.0%
	2013	计数	7	33	40
		占年内百分比	17.5%	82.5%	100.0%
	2014	计数	9	29	38
		占年内百分比	23.7%	76.3%	100.0%
	2015	计数	9	27	36
		占年内百分比	25.0%	75.0%	100.0%
	2016	计数	14	23	37
		占年内百分比	37.8%	62.2%	100.0%
	2017	计数	20	19	39
		占年内百分比	51.3%	48.7%	100.0%
	2018	计数	11	29	40
		占年内百分比	27.5%	72.5%	100.0%
总计		计数	363	1072	1435
		占年内百分比	25.3%	74.7%	100.0%

附录2-3 1983-2018年间央视春晚节目类型与所展现地域特征的交叉分析

节目类型		华北地区	东北地区	华东地区	华中地区	华南地区	西南地区	西北地区	港澳台地区	总计
歌曲	计数	30	22	17	16	21	51	53	18	147
	百分比在节目类型内	20.4%	15.0%	11.6%	10.9%	14.3%	34.7%	36.1%	12.2%	
	百分比在地域特征内	30.0%	28.9%	19.5%	30.2%	52.5%	57.3%	58.2%	75.0%	
	占总百分比	8.2%	6.0%	4.7%	4.4%	5.8%	14.0%	14.6%	4.9%	40.4%
舞蹈	计数	13	3	2	1	3	14	13	2	31
	百分比在节目类型内	41.9%	9.7%	6.5%	3.2%	9.7%	45.2%	41.9%	6.5%	
	百分比在地域特征内	13.0%	3.9%	2.3%	1.9%	7.5%	15.7%	14.3%	8.3%	
	占总百分比	3.6%	.8%	.5%	.3%	.8%	3.8%	3.6%	.5%	8.5%
相声	计数	7	0	7	3	1	2	2	1	17
	百分比在节目类型内	41.2%	0.0%	41.2%	17.6%	5.9%	11.8%	11.8%	5.9%	
	百分比在地域特征内	7.0%	0.0%	8.0%	5.7%	2.5%	2.2%	2.2%	4.2%	
	占总百分比	1.9%	0.0%	1.9%	.8%	.3%	.5%	.5%	.3%	4.7%
小品	计数	28	40	16	5	2	7	10	1	88
	百分比在节目类型内	31.8%	45.5%	18.2%	5.7%	2.3%	8.0%	11.4%	1.1%	
	百分比在地域特征内	28.0%	52.6%	18.4%	9.4%	5.0%	7.9%	11.0%	4.2%	
	占总百分比	7.7%	11.0%	4.4%	1.4%	.5%	1.9%	2.7%	.3%	24.2%

地域特征[a]

续表

节目类型		地域特征[a]								总计
		华北地区	东北地区	华东地区	华中地区	华南地区	西南地区	西北地区	港澳台地区	
杂技	计数	1	0	0	0	0	1	0	0	1
	节目类型内百分比	100.0%	0.0%	0.0%	0.0%	0.0%	100.0%	0.0%	0.0%	
	地域特征内百分比	1.0%	0.0%	0.0%	0.0%	0.0%	1.1%	0.0%	0.0%	
	占总百分比	.3%	0.0%	0.0%	0.0%	0.0%	.3%	0.0%	0.0%	.3%
戏曲	计数	10	2	28	21	5	4	3	0	39
	节目类型内百分比	25.6%	5.1%	71.8%	53.8%	12.8%	10.3%	7.7%	0.0%	
	地域特征内百分比	10.0%	2.6%	32.2%	39.6%	12.5%	4.5%	3.3%	0.0%	
	占总百分比	2.7%	.5%	7.7%	5.8%	1.4%	1.1%	.8%	0.0%	10.7%
器乐演奏	计数	2	0	2	1	0	0	1	0	4
	节目类型内百分比	50.0%	0.0%	50.0%	25.0%	0.0%	0.0%	25.0%	0.0%	
	地域特征内百分比	2.0%	0.0%	2.3%	1.9%	0.0%	0.0%	1.1%	0.0%	
	占总百分比	.5%	0.0%	.5%	.3%	0.0%	0.0%	.3%	0.0%	1.1%
其他	计数	9	9	15	5	8	10	9	2	37
	节目类型内百分比	24.3%	24.3%	40.5%	16.2%	21.6%	27.0%	24.3%	5.4%	
	地域特征内百分比	9.0%	11.8%	17.2%	11.3%	20.0%	11.2%	9.9%	8.3%	
	占总百分比	2.5%	2.5%	4.1%	1.6%	2.2%	2.7%	2.5%	.5%	10.2%
总计	计数	100	76	87	53	40	89	91	24	364
	占总百分比	27.5%	20.9%	23.9%	14.6%	11.0%	24.5%	25.0%	6.6%	100.0%

附录 2－4 春晚各年度表演者来源交叉分析

春晚年度 * 表演者来源 交叉表

			表演者来源					总计
			内地（大陆）	港澳台	海外华人	外籍人士	其他	
春晚年度	1983	计数	42	1	0	0	0	43
		占年度总比	97.7%	2.3%	0.0%	0.0%	0.0%	100.0%
	1984	计数	45	11	0	0	0	56
		占年度总比	80.4%	19.6%	0.0%	0.0%	0.0%	100.0%
	1985	计数	29	8	1	0	0	38
		占年度总比	76.3%	21.1%	2.6%	0.0%	0.0%	100.0%
	1986	计数	31	4	0	0	1	36
		占年度总比	86.1%	11.1%	0.0%	0.0%	2.8%	100.0%
	1987	计数	29	3	0	0	1	33
		占年度总比	87.9%	9.1%	0.0%	0.0%	3.0%	100.0%
	1988	计数	40	6	0	2	0	48
		占年度总比	83.3%	12.5%	0.0%	4.2%	0.0%	100.0%
	1989	计数	46	5	0	1	1	53
		占年度总比	86.8%	9.4%	0.0%	1.9%	1.9%	100.0%
	1990	计数	36	5	0	0	1	42
		占年度总比	85.7%	11.9%	0.0%	0.0%	2.4%	100.0%
	1991	计数	40	6	0	1	1	48
		占年度总比	83.3%	12.5%	0.0%	2.1%	2.1%	100.0%
	1992	计数	39	4	1	0	1	45
		占年度总比	86.7%	8.9%	2.2%	0.0%	2.2%	100.0%
	1993	计数	36	6	1	1	0	44
		占年度总比	81.8%	13.6%	2.3%	2.3%	0.0%	100.0%

		表演者来源					总计
		内地（大陆）	港澳台	海外华人	外籍人士	其他	
1994	计数	37	2	1	0	0	40
	占年度总比	92.5%	5.0%	2.5%	0.0%	0.0%	100.0%
1995	计数	40	2	0	0	0	42
	占年度总比	95.2%	4.8%	0.0%	0.0%	0.0%	100.0%
1996	计数	38	1	0	0	0	39
	占年度总比	97.4%	2.6%	0.0%	0.0%	0.0%	100.0%
1997	计数	31	5	0	0	0	36
	占年度总比	86.1%	13.9%	0.0%	0.0%	0.0%	100.0%
1998	计数	28	5	0	1	0	34
	占年度总比	82.4%	14.7%	0.0%	2.9%	0.0%	100.0%
1999	计数	36	5	1	1	0	43
	占年度总比	83.7%	11.6%	2.3%	2.3%	0.0%	100.0%
2000	计数	29	8	0	0	0	37
	占年度总比	78.4%	21.6%	0.0%	0.0%	0.0%	100.0%
2001	计数	36	6	0	0	1	43
	占年度总比	83.7%	14.0%	0.0%	0.0%	2.3%	100.0%
2002	计数	36	4	0	0	0	40
	占年度总比	90.0%	10.0%	0.0%	0.0%	0.0%	100.0%
2003	计数	37	4	0	1	0	42
	占年度总比	88.1%	9.5%	0.0%	2.4%	0.0%	100.0%
2004	计数	37	3	0	2	0	42
	占年度总比	88.1%	7.1%	0.0%	4.8%	0.0%	100.0%
2005	计数	36	4	0	0	0	40
	占年度总比	90.0%	10.0%	0.0%	0.0%	0.0%	100.0%

春晚年度

		表演者来源					总计
		内地（大陆）	港澳台	海外华人	外籍人士	其他	
春晚年度	2006	计数	28	3	0	0	0	31
		占年度总比	90.3%	9.7%	0.0%	0.0%	0.0%	100.0%
	2007	计数	30	2	0	1	0	33
		占年度总比	90.9%	6.1%	0.0%	3.0%	0.0%	100.0%
	2008	计数	33	3	0	0	0	36
		占年度总比	91.7%	8.3%	0.0%	0.0%	0.0%	100.0%
	2009	计数	27	5	0	2	0	34
		占年度总比	79.4%	14.7%	0.0%	5.9%	0.0%	100.0%
	2010	计数	34	5	0	0	0	39
		占年度总比	87.2%	12.8%	0.0%	0.0%	0.0%	100.0%
	2011	计数	26	4	0	1	0	31
		占年度总比	83.9%	12.9%	0.0%	3.2%	0.0%	100.0%
	2012	计数	28	6	1	1	1	37
		占年度总比	75.7%	16.2%	2.7%	2.7%	2.7%	100.0%
	2013	计数	28	6	2	4	0	40
		占年度总比	70.0%	15.0%	5.0%	10.0%	0.0%	100.0%
	2014	计数	26	7	1	4	0	38
		占年度总比	68.4%	18.4%	2.6%	10.5%	0.0%	100.0%
	2015	计数	30	6	0	0	0	36
		占年度总比	83.3%	16.7%	0.0%	0.0%	0.0%	100.0%
	2016	计数	33	3	1	0	0	37
		占年度总比	89.2%	8.1%	2.7%	0.0%	0.0%	100.0%
	2017	计数	33	5	0	1	0	39
		占年度总比	84.6%	12.8%	0.0%	2.6%	0.0%	100.0%

			表演者来源					总计
			内地（大陆）	港澳台	海外华人	外籍人士	其他	
春晚年度	2018	计数	27	8	0	5	0	40
		占年度总比	67.5%	20.0%	0.0%	12.5%	0.0%	100.0%
总计		计数	1217	171	10	29	8	1435
		占年度总比	84.8%	11.9%	0.7%	2.0%	0.6%	100.0%

附录 2 - 5　1983 - 2018 年间节目主要表演者专业特征交叉分析

春晚年度 ∗ 节目主要表演者专业特征　交叉表

			节目主要表演者专业特征				总计
			专业表演者	专业表演者反串	业余表演者	其他	
春晚年度	1983	计数	38	2	2	1	43
		百分比在春晚年度内	88.4%	4.7%	4.7%	2.3%	100.0%
	1984	计数	50	2	2	2	56
		百分比在春晚年度内	89.3%	3.6%	3.6%	3.6%	100.0%
	1985	计数	34	1	3	0	38
		百分比在春晚年度内	89.5%	2.6%	7.9%	0.0%	100.0%
	1986	计数	33	1	1	1	36
		百分比在春晚年度内	91.7%	2.8%	2.8%	2.8%	100.0%
	1987	计数	27	3	2	1	33
		百分比在春晚年度内	81.8%	9.1%	6.1%	3.0%	100.0%
	1988	计数	44	1	2	1	48
		百分比在春晚年度内	91.7%	2.1%	4.2%	2.1%	100.0%
	1989	计数	42	0	10	1	53
		百分比在春晚年度内	79.2%	0.0%	18.9%	1.9%	100.0%

			节目主要表演者专业特征				总计
			专业表演者	专业表演者反串	业余表演者	其他	
春晚年度	1990	计数	40	0	1	1	42
		百分比在春晚年度内	95.2%	0.0%	2.4%	2.4%	100.0%
	1991	计数	44	0	3	1	48
		百分比在春晚年度内	91.7%	0.0%	6.3%	2.1%	100.0%
	1992	计数	41	2	1	1	45
		百分比在春晚年度内	91.1%	4.4%	2.2%	2.2%	100.0%
	1993	计数	40	1	3	0	44
		百分比在春晚年度内	90.9%	2.3%	6.8%	0.0%	100.0%
	1994	计数	36	1	3	0	40
		百分比在春晚年度内	90.0%	2.5%	7.5%	0.0%	100.0%
	1995	计数	40	0	2	0	42
		百分比在春晚年度内	95.2%	0.0%	4.8%	0.0%	100.0%
	1996	计数	37	0	2	0	39
		百分比在春晚年度内	94.9%	0.0%	5.1%	0.0%	100.0%
	1997	计数	35	0	1	0	36
		百分比在春晚年度内	97.2%	0.0%	2.8%	0.0%	100.0%
	1998	计数	33	1	0	0	34
		百分比在春晚年度内	97.1%	2.9%	0.0%	0.0%	100.0%
	1999	计数	41	0	2	0	43
		百分比在春晚年度内	95.3%	0.0%	4.7%	0.0%	100.0%
	2000	计数	35	1	1	0	37
		百分比在春晚年度内	94.6%	2.7%	2.7%	0.0%	100.0%
	2001	计数	41	0	1	1	43
		百分比在春晚年度内	95.3%	0.0%	2.3%	2.3%	100.0%

			节目主要表演者专业特征				总计
			专业表演者	专业表演者反串	业余表演者	其他	
春晚年度	2002	计数	40	0	0	0	40
		百分比在春晚年度内	100.0%	0.0%	0.0%	0.0%	100.0%
	2003	计数	40	2	0	0	42
		百分比在春晚年度内	95.2%	4.8%	0.0%	0.0%	100.0%
	2004	计数	42	0	0	0	42
		百分比在春晚年度内	100.0%	0.0%	0.0%	0.0%	100.0%
	2005	计数	40	0	0	0	40
		百分比在春晚年度内	100.0%	0.0%	0.0%	0.0%	100.0%
	2006	计数	29	1	1	0	31
		百分比在春晚年度内	93.5%	3.2%	3.2%	0.0%	100.0%
	2007	计数	29	0	4	0	33
		百分比在春晚年度内	87.9%	0.0%	12.1%	0.0%	100.0%
	2008	计数	32	1	3	0	36
		百分比在春晚年度内	88.9%	2.8%	8.3%	0.0%	100.0%
	2009	计数	33	0	1	0	34
		百分比在春晚年度内	97.1%	0.0%	2.9%	0.0%	100.0%
	2010	计数	38	0	1	0	39
		百分比在春晚年度内	97.4%	0.0%	2.6%	0.0%	100.0%
	2011	计数	27	0	4	0	31
		百分比在春晚年度内	87.1%	0.0%	12.9%	0.0%	100.0%
	2012	计数	32	1	3	1	37
		百分比在春晚年度内	86.5%	2.7%	8.1%	2.7%	100.0%
	2013	计数	35	1	4	0	40
		百分比在春晚年度内	87.5%	2.5%	10.0%	0.0%	100.0%

			节目主要表演者专业特征				总计
			专业表演者	专业表演者反串	业余表演者	其他	
春晚年度	2014	计数	35	2	1	0	38
		百分比在春晚年度内	92.1%	5.3%	2.6%	0.0%	100.0%
	2015	计数	31	2	3	0	36
		百分比在春晚年度内	86.1%	5.6%	8.3%	0.0%	100.0%
	2016	计数	35	0	2	0	37
		百分比在春晚年度内	94.6%	0.0%	5.4%	0.0%	100.0%
	2017	计数	38	1	0	0	39
		百分比在春晚年度内	97.4%	2.6%	0.0%	0.0%	100.0%
	2018	计数	38	0	2	0	40
		百分比在春晚年度内	95.0%	0.0%	5.0%	0.0%	100.0%
总计		计数	1325	27	71	12	1435
		百分比在春晚年度内	92.3%	1.9%	4.9%	0.8%	100.0%

附录2-6　1983—2018年间央视春晚歌舞节目主题交叉分析表

春晚年度＊歌舞主题 交叉列表ª

年度		歌舞主题													总计
		传统文化中国年	爱祖国赞家乡	过年回家	亲情友情爱情	军旅与拥军	歌颂中国共产党	经济繁荣社会发展	和平和谐统一团圆	闹春迎新送祝福	青春成长励志	歌颂劳动及各行各业工作者	幸福美好生活	其他	
1983	计数	1	5	0	3	1	0	1	0	3	1	0	3	0	18
	在年度内%	5.6%	27.8%	0.0%	16.7%	5.6%	0.0%	5.6%	0.0%	16.7%	5.6%	0.0%	16.7%	0.0%	
1984	计数	0	6	0	8	2	2	1	1	2	2	2	5	1	32
	在年度内%	0.0%	18.8%	0.0%	25.0%	6.3%	6.3%	3.1%	3.1%	6.3%	6.3%	6.3%	15.6%	3.1%	
1985	计数	3	10	0	4	2	0	1	0	2	1	0	1	1	25
	在年度内%	12.0%	40.0%	0.0%	16.0%	8.0%	0.0%	4.0%	0.0%	8.0%	4.0%	0.0%	4.0%	4.0%	
1986	计数	3	4	0	5	1	0	1	2	2	1	1	3	1	21
	在年度内%	14.3%	19.0%	0.0%	23.8%	4.8%	0.0%	4.8%	9.5%	9.5%	4.8%	4.8%	14.3%	4.8%	
1987	计数	2	5	0	3	1	0	0	1	6	0	3	0	0	17
	在年度内%	11.8%	29.4%	0.0%	17.6%	5.9%	0.0%	0.0%	5.9%	35.3%	0.0%	17.6%	0.0%	0.0%	
1988	计数	0	7	0	4	2	0	0	4	1	2	0	4	0	24
	在年度内%	0.0%	29.2%	0.0%	16.7%	8.3%	0.0%	0.0%	16.7%	4.2%	8.3%	0.0%	16.7%	0.0%	
1989	计数	1	6	0	4	2	1	0	4	2	4	1	3	1	29
	在年度内%	3.4%	20.7%	0.0%	13.8%	6.9%	3.4%	0.0%	13.8%	6.9%	13.8%	3.4%	10.3%	3.4%	

续表

年度		传统文化中国年	爱祖国赞家乡	过年回家	亲情友情爱情	军旅与拥军	歌颂中国共产党	经济繁荣社会发展	和平和谐统一团圆	闹春迎新送祝福	青春成长励志	歌颂劳动及各行各业工作者	幸福美好生活	其他	总计
1990	计数	0	3	0	4	1	1	0	2	5	7	0	3	1	27
	在年度内%	0.0%	11.1%	0.0%	14.8%	3.7%	3.7%	0.0%	7.4%	18.5%	25.9%	0.0%	11.1%	3.7%	
1991	计数	2	5	0	5	1	0	0	3	2	0	4	4	0	26
	在年度内%	7.7%	19.2%	0.0%	19.2%	3.8%	0.0%	0.0%	11.5%	7.7%	0.0%	15.4%	15.4%	0.0%	
1992	计数	2	3	0	3	3	0	1	3	4	0	2	2	2	25
	在年度内%	8.0%	12.0%	0.0%	12.0%	12.0%	0.0%	4.0%	12.0%	16.0%	0.0%	8.0%	8.0%	8.0%	
1993	计数	5	1	0	7	1	0	2	0	4	5	1	1	0	27
	在年度内%	18.5%	3.7%	0.0%	25.9%	3.7%	0.0%	7.4%	0.0%	14.8%	18.5%	3.7%	3.7%	0.0%	
1994	计数	4	2	1	3	1	0	2	1	1	4	2	2	1	24
	在年度内%	16.7%	8.3%	4.2%	12.5%	4.2%	0.0%	8.3%	4.2%	4.2%	16.7%	8.3%	8.3%	4.2%	
1995	计数	7	1	0	9	3	0	0	1	7	4	0	2	0	27
	在年度内%	25.9%	3.7%	0.0%	33.3%	11.1%	0.0%	0.0%	3.7%	25.9%	14.8%	0.0%	7.4%	0.0%	
1996	计数	1	7	0	4	3	1	0	2	2	2	3	2	0	22
	在年度内%	4.5%	31.8%	0.0%	18.2%	13.6%	4.5%	0.0%	9.1%	9.1%	9.1%	13.6%	9.1%	0.0%	
1997	计数	1	7	0	5	1	0	1	2	2	3	1	1	0	19
	在年度内%	5.3%	36.8%	0.0%	26.3%	5.3%	0.0%	5.3%	10.5%	10.5%	15.8%	5.3%	5.3%	0.0%	

歌舞主题a

续表

年度		传统文化中国年	爱祖国赞家乡	过年回家	亲情友情爱情	军旅与拥军	歌颂中国共产党	经济繁荣和社会发展	和平和谐统一团圆	闹春迎新送祝福	青春成长励志	歌颂劳动及各行各业工作者	幸福美好生活	其他	总计
1998	计数	2	6	0	2	0	1	1	2	4	3	0	3	1	20
	在年度内%	10.0%	30.0%	0.0%	10.0%	0.0%	5.0%	5.0%	10.0%	20.0%	15.0%	0.0%	15.0%	5.0%	
1999	计数	5	7	0	2	3	0	2	2	6	0	0	2	0	29
	在年度内%	17.2%	24.1%	0.0%	6.9%	10.3%	0.0%	6.9%	6.9%	20.7%	0.0%	0.0%	6.9%	0.0%	
2000	计数	1	1	1	7	1	0	3	2	4	1	1	3	0	22
	在年度内%	4.5%	4.5%	4.5%	31.8%	4.5%	0.0%	13.6%	9.1%	18.2%	4.5%	4.5%	13.6%	0.0%	
2001	计数	2	4	0	9	1	0	2	3	3	4	1	0	1	28
	在年度内%	7.1%	14.3%	0.0%	32.1%	3.6%	0.0%	7.1%	10.7%	10.7%	14.3%	3.6%	0.0%	3.6%	
2002	计数	2	4	0	5	1	0	3	1	6	1	0	2	0	23
	在年度内%	8.7%	17.4%	0.0%	21.7%	4.3%	0.0%	13.0%	4.3%	26.1%	4.3%	0.0%	8.7%	0.0%	
2003	计数	1	4	0	4	2	0	2	3	5	3	0	5	0	27
	在年度内%	3.7%	14.8%	0.0%	14.8%	7.4%	0.0%	7.4%	11.1%	18.5%	11.1%	0.0%	18.5%	0.0%	
2004	计数	0	4	0	5	1	1	1	1	7	3	3	0	3	27
	在年度内%	0.0%	14.8%	0.0%	18.5%	3.7%	3.7%	3.7%	3.7%	25.9%	11.1%	11.1%	0.0%	11.1%	
2005	计数	2	3	1	8	2	0	2	2	6	2	0	4	3	27
	在年度内%	7.4%	11.1%	3.7%	29.6%	7.4%	0.0%	7.4%	7.4%	22.2%	7.4%	0.0%	14.8%	3.7%	

歌舞主题[a]

续表

年度		传统文化中国年	爱祖国赞家乡	过年回家	亲情友情爱情	军旅与拥军	歌颂中国共产党	经济繁荣社会发展	和平和谐统一团圆	闹春迎新送祝福	青春成长励志	歌颂劳动及各行各业工作者	幸福美好生活	其他	总计
							歌舞主题[a]								
2006	计数	0	1	0	2	1	2	0	3	7	0	0	3	1	18
	在年度内%	0.0%	5.6%	0.0%	11.1%	5.6%	11.1%	0.0%	16.7%	38.9%	0.0%	0.0%	16.7%	5.6%	
2007	计数	3	3	0	5	1	0	1	3	3	2	0	0	0	20
	在年度内%	15.0%	15.0%	0.0%	25.0%	5.0%	0.0%	5.0%	15.0%	15.0%	10.0%	0.0%	0.0%	0.0%	
2008	计数	0	2	0	3	2	2	2	5	3	2	1	1	2	20
	在年度内%	0.0%	10.0%	0.0%	15.0%	10.0%	10.0%	10.0%	25.0%	15.0%	10.0%	5.0%	5.0%	10.0%	
2009	计数	1	7	0	3	0	0	2	3	4	3	0	0	0	21
	在年度内%	4.8%	33.3%	0.0%	14.3%	0.0%	0.0%	9.5%	14.3%	19.0%	14.3%	0.0%	0.0%	0.0%	
2010	计数	2	4	0	5	0	0	4	4	3	6	0	2	0	25
	在年度内%	8.0%	16.0%	0.0%	20.0%	0.0%	0.0%	16.0%	16.0%	12.0%	24.0%	0.0%	8.0%	0.0%	
2011	计数 G	0	1	3	4	1	2	0	2	0	2	1	2	1	15
	在年度内%	0.0%	6.7%	20.0%	26.7%	6.7%	13.3%	0.0%	13.3%	0.0%	13.3%	6.7%	13.3%	6.7%	
2012	计数	2	4	2	10	0	0	0	3	0	1	0	0	2	22
	在年度内%	9.1%	18.2%	9.1%	45.5%	0.0%	0.0%	0.0%	13.6%	0.0%	4.5%	0.0%	0.0%	9.1%	
2013	计数	2	6	0	5	1	0	0	1	3	2	0	3	3	25
	在年度内%	8.0%	24.0%	0.0%	20.0%	4.0%	0.0%	0.0%	4.0%	12.0%	8.0%	0.0%	12.0%	12.0%	

续表

年度		传统文化中国年	爱祖国赞家乡	过年回家	亲情友情爱情	军旅与拥军	歌颂中国共产党	经济繁荣社会发展	和平和谐统一团圆	闹春迎新送祝福	青春成长励志	歌颂劳动及各行各业工作者	幸福美好生活	其他	总计
		歌舞主题[a]													总计
2014	计数	0	6	1	7	2	0	0	0	3	1	1	4	1	23
	在年度内%	0.0%	26.1%	4.3%	30.4%	8.7%	0.0%	0.0%	0.0%	13.0%	4.3%	4.3%	17.4%	4.3%	
2015	计数	2	2	1	4	1	1	1	2	1	0	1	0	3	17
	在年度内%	11.8%	11.8%	5.9%	23.5%	5.9%	5.9%	5.9%	11.8%	5.9%	0.0%	5.9%	0.0%	17.6%	
2016	计数	2	9	0	2	2	1	2	3	4	2	0	5	2	25
	在年度内%	8.0%	36.0%	0.0%	8.0%	8.0%	4.0%	8.0%	12.0%	16.0%	8.0%	0.0%	20.0%	8.0%	
2017	计数	1	7	0	3	2	1	0	1	6	1	1	1	3	26
	在年度内%	3.8%	26.9%	0.0%	11.5%	7.7%	3.8%	0.0%	3.8%	23.1%	3.8%	3.8%	3.8%	11.5%	
2018	计数	3	4	1	2	0	2	2	1	0	4	0	4	1	24
	在年度内%	12.5%	16.7%	4.2%	8.3%	0.0%	8.3%	8.3%	4.2%	0.0%	16.7%	0.0%	16.7%	4.2%	
总计	计数	65	161	11	168	49	18	40	73	123	79	30	80	33	847

百分比和总数是基于响应者。

a. 二分法组值为 1 时进行制表。

参考文献

专著：

1. 中国梦：中国的奋斗与复兴编写组. 中国梦：中国的奋斗与复兴 [M]. 北京：人民日报出版社，2013.

2. 〔美〕艾尔·巴比. 社会研究方法（第十版）[M]. 邱泽奇，译. 北京：华夏出版社，2005.

3. 〔美〕本尼迪克特·安德森. 想象的共同体 [M]. 吴叡人，译. 上海：上海人民出版社，2016.

4. 〔美〕简宁斯·布莱恩特，道尔夫·兹尔曼. 媒介效果理论与研究前沿（第二版）[M]. 石义彬，彭彪，译. 北京：华夏出版社，2009.

5. 〔美〕罗杰·D. 维曼，等. 大众媒介研究导论（第七版）[M]. 金兼斌，等，译. 北京：清华大学出版社，2005.

6. 〔英〕安东尼·吉登斯，菲利普·萨顿. 社会学（第七版）[M]. 赵旭东，等，译. 北京：北京大学出版社，2015.

7. 〔英〕安东尼·吉登斯. 政治学、社会学与社会理论：经典理论与当代思潮的碰撞 [M]. 何雪松，赵方杜，译. 上海：上海格致出版社，上海人民出版社，2015.

8. 〔英〕约翰·B. 汤普森. 意识形态与现代文化 [M]. 高铦，等，译. 南京：译林出版社，2005.

9. 〔英〕詹姆斯·库兰〔美〕米切尔·古尔维奇. 大众媒介与社会 [M]. 杨击，译. 北京：华夏出版社，2006.

10. 〔美〕丹尼斯·麦奎尔、斯文·温德尔. 大众传播模式论（第2版）

［M］．祝建华，译．上海：上海译文出版社，2008．

11. 段鹏．传播学基础——历史、框架与外延［M］．北京：中国传媒大学出版社，2006．

12. 费孝通．江村经济——中国农民的生活［M］．北京：商务印书馆，2001．

13. 费孝通．社会调查自白——怎样做社会研究［M］．上海：上海人民出版社，2009．

14. 费孝通．乡土中国 生育制度［M］．北京：北京大学出版社，1998．

15. 耿文婷．中国的狂欢节——春节联欢晚会审美文化透视［M］．北京：文化艺术出版社，2003．

16. 宫承波，张君昌，王甫．春晚三十年［M］．济南：泰山出版社，2012．

17. 柯惠新，沈浩．调查研究中的统计分析法［M］．北京：中国传媒大学出版社，2005．

18. 柯惠新，王锡苓，王宁．传播研究方法［M］．北京：中国传媒大学出版社，2010．

19. 李强．中国社会变迁30年［M］．北京：社会科学文献出版社，2008．

20. 李庆山，李敬．中央电视台24届春节联欢晚会台前幕后［M］．北京：中共党史出版社，2007．

21. 潘知常．最后的晚餐——CCTV春节联欢晚会的文化阐释．文稿

22. 汝信，陆学艺，李培林．2011年中国社会形势分析与预测［M］．北京：社会科学文献出版社，2011．

23. 吴明隆．问卷统计分析实务——SPSS操作与应用［M］．重庆：重庆大学出版社，2010．

24. 杨继绳．中国当代社会阶层分析［M］．南昌：江西高校出版社，2011．

25. 袁方，王汉生．社会研究方法教程［M］．北京：北京大学出版社，1997．

26. 赵玉明，王福顺．广播电视辞典［M］．北京：北京广播学院出版

社，1999.

期刊论文：

1. "专"家、房价、诚心交织——央视春晚聚焦社会现实 [J]. 中国广告，2011（3）.

2.《小康》杂志社中国全面小康研究中心"中国民众最关注的十大焦点问题"，转引自新华网，2010 - 12 - 02.

3. 74.3% 的家庭"自始至终"收看了春节联欢晚会 [J]. 广告人，2004（Z1）.

4. 白小易. 对春节联欢晚会定位和创作理念的再思考——兼评 2003 年春节联欢晚会 [J]. 电视研究，2003（3）.

5. 鲍尔洛基奇、郑朱泳撰，王斌编译. 从"媒介系统依赖"到"传播机体"——"媒介系统依赖论"发展回顾及新概念 [J]. 国际新闻界，2004（2）.

6. 本刊记者. 满目缤纷竞风流，一腔热忱论伯仲——各界观众踊跃点评央视春节联欢晚会 [J]. 当代电视，2005（3）.

7. 本刊记者集体采访. 众说纷纭品评春节晚会 [J]. 当代电视，2004（3）.

8. 本刊记者组采写. 普天同乐又一春——观众评说中央电视台的 2006 年春节联欢晚会 [J]. 当代电视，2006（3）.

9. 毕静. 全媒体语境下央视春晚的发展现状——以 2014 年央视春晚为例 [J]. 科技传播，2014（7）.

10. 卞冬磊. 从仪式到消费：大众传媒与节日意义之生产 [J]. 国际新闻界，2009（7）.

11. 卜晨光. "三个维度"看 2016 春晚：媒介、传播、文化 [J]. 中国广播电视学刊，2016（4）.

12. 蔡晓琳. 央视春晚老歌新唱的利弊与反思 [J]. 重庆科技学院学报，2011（9）.

13. 蔡琰琰、姚卓珣. 央视"春节晚会"的昨天、今天和明天——浅析春晚的发展历程 [J]. 消费导刊，2007（7）.

14. 曹进、南红红.央视"春晚"传播符号学解析［J］.东南传播，2011（1）.

15. 曹元.浅谈春晚对"民俗文化"的影响［J］.文教资料，2009（18）.

16. 曾婧.游走于"国"与"家"之间：春晚叙事话语的逻辑分析［J］.东南传播，2014（6）.

17. 晁晓峰.从媒介仪式理论看"春晚"的新变化［J］.今传媒，2015（8）.

18. 陈灿.从叙事话语看"家国"身份塑造——以央视春节联欢晚会为例［J］.现代视听，2009（12）.

19. 陈晨.后现代语境下央视春晚的尴尬［J］.新疆艺术学院学报，2010（12）.

20. 陈大立.为"年"寻找新的坐标——浅谈央视春节联欢晚会遇"冷"［J］.现代传播，2005（6）.

21. 陈辉.大众文化视野下的春晚歌曲［J］.中国广播电视学刊，2013（5）.

22. 陈荣花.央视春节联欢晚会主题定位研究［J］.滨州学院学报，2010（4）.

23. 陈曦."媒介仪式观"视角下的春晚传统文化传播特色——以2018"狗年春晚"为例［J］.西部广播电视，2018（7）.

24. 陈晓红.别了，盛宴！——中国知识界犀评春节晚会［J］.艺术评论，2004（12）.

25. 陈孝英.春节晚会的新界碑——看中央电视台96春节晚会漫议［J］.中国电视，1996（5）.

26. 陈寅，杨洛琪.2017年央视春晚创作的三个关键词［J］.青年记者，2017（17）.

27. 陈寅、董小玉."电视的权力"：央视春晚仪式节目的文本解读［J］.新闻界，2015（23）.

28. 陈寅.影像春晚的历史源流与形成动因——基于"传播仪式观"理论的启示［J］.吉林艺术学院学报，2013（4）.

29. 成炘儒. 央视春晚集体记忆的符号化建构［J］. 传播与版权, 2016（3）.

30. 程东海. 春节联欢晚会的主题定义与情感定位［J］. 解放军艺术学院学报, 2009（1）.

31. 程芳. 春节联欢晚会的艺术性及文化意义［J］. 大众文艺, 2009（3）.

32. 程奇芳. 视觉盛宴, 精神会餐——虎年央视春晚评析［J］. 山西经济管理干部学院学报, 2010（6）.

33. 程千、刘力. 主流媒体对农民工的表征及其变迁——以中央电视台春节联欢晚会中小品节目为例［J］. 中国农业大学学报（社会科学版）, 2010（6）.

34. 楚卫华. 我看2005年春节联欢晚会［J］. 电视研究, 2005（3）.

35. 楚卫华. 形式与内容的双重创新——我看CCTV2003春节联欢晚会［J］. 中国电视, 2003（4）.

36. 《春节联欢晚会批判［J］. 观察与思考, 2001（1）.

37. 《此中甘苦谁心知——春节联欢晚会幕后种种［J］. 国际新闻界, 1992（2）.

38. 笪颖. 论09央视春晚中亲民思想的体现［J］. 新闻知识, 2009（4）.

39. 邓建平. 传播结构、电视艺术与自我认同：春晚与春节文化的现代性转型［J］. 西部广播电视, 2017（12）.

40. 邓秀军、汤思敏. 电视仪式的对话与狂欢——央视春晚微信使用的技术语境分析［J］. 现代传播, 2016（1）.

41. 刁生虎、黄子瑄. 传承与创新——论央视春晚对中华优秀传统文化的传播［J］. 现代视听, 2016（2）.

42. 丁宇. 央视春晚的两岸元素［J］. 两岸关系, 2011（2）.

43. 段然. 混搭：为春晚增添亮色［J］. 新闻研究导刊, 2014（1）.

44. 范缤月. 春节联欢晚会与国家意识形态的构建［J］. 青年文学家, 2009（14）.

45. 范红霞."春季联欢晚会"世俗神话的建构和消解 [J]. 新闻知识, 2006 (8).

46. 范选伟、周海燕. 节日的电视化——解读"2005 - 2006 年 CCTV 春节联欢晚会" [J]. 声屏世界, 2006 (6).

47. 范咏戈. 徜徉在艺术与民俗之间——97 春节联欢晚会随想录 [J]. 电视研究, 1997 (3).

48. 方驰环. 彷徨与创新中的中国狂欢节——解读春节联欢晚会的迷路与出路 [J]. 浙江传媒学院学报, 2006 (6).

49. 方宁兰. 寻求创新突破 打造联欢盛会——2017 年央视春节联欢晚会评析 [J]. 声屏世界, 2017 (5).

50. 冯晗. 2009 年央视春晚特色分析 [J]. 青年记者, 2009 (11).

51. 冯歆. 央视春节联欢晚会语言类节目的流变 [J]. 新闻知识, 2016 (6).

52. 付砾乐. 猴年春晚海外传播的民族化符号分析 [J]. 视听, 2016 (4).

53. 高皓亮、靳赫. 2010 年央视春晚与网络春晚的比较 [J]. 新闻世界, 2010 (7).

54. 高红波. 集群化:央视春晚 30 年节目形态的历时性考察 [J]. 青年记者, 2013 (5).

55. 葛军. 谈春晚的发展及改进 [J]. 记者摇篮, 2015 (5).

56. 葛曲. 基于政治传播学的春晚研究 [J]. 管理观察, 2016 (11).

57. 耿强. 从"新民俗"的角度看春节晚会 [J]. 当代电视, 2004 (9).

58. 耿文婷. 春节联欢晚会的理性思考 [J]. 文艺研究, 2003 (3).

59. 耿文婷. 春节联欢晚会走向成熟 [J]. 中国电视, 2005 (4).

60. 耿文婷. 神圣时间的镜像体验——春节联欢晚会本土文化定位 [J]. 现代传播, 2003 (1).

61. 耿文婷. 文化的"相关性"与艺术的"相异性"——试析春节联欢晚会精品节目的一般规律 [J]. 中国电视, 2003 (7).

62. 耿文婷. 央视,能否"将春节晚会进行到底" [J]. 艺术评论, 2004 (12).

63. 宫承波、田园. 在回归民俗内核中展现时代精神———对春晚三十一年的审视与思考 [J]. 新闻研究导刊, 2014 (1).

64. 郭建民、顾娜. 年年岁岁花相似, 岁岁年年歌不同——改革开放30年央视春晚歌曲追述 [J]. 音乐生活, 2009 (6).

65. 郭玉真、张冠文. 春节联欢晚会受众参与性研究 [J]. 现代视听, 2008 (4).

66. 郭镇之. 从服务人民到召唤大众———透视春晚30年 [J]. 现代传播, 2012 (10).

67. 海鸣、冀星. 为什么今年的"春晚"挺好看——访2008年中央电视台春节联欢晚会总导演张晓海、陈临春 [J]. 当代电视, 2008 (3).

68. 郝爽、刘永祥. 央视春晚如何再度辉煌 [J]. 文化月刊, 2002 (2).

69. 郝颖. 羊年央视春晚: 一次传播学意义上的涅槃 [J]. 新闻研究导刊, 2015 (3).

70. 郝雨、王祎. 新媒体环境下的"议程设置"嬗变——2005 - 2010 年央视春晚新闻报道分析 [J]. 平顶山学院学报, 2010 (8).

71. 何青志. 诙谐的狂欢——近年中央电视台新春联欢晚会部分获奖小品审美特质论 [J]. 长春大学学报, 1999 (12).

72. 何晓兵. 春节联欢晚会杂谭 [J]. 电视研究, 2003 (3).

73. 何晓兵. 我有一个梦——论春节综艺晚会的文化价值观 [J]. 电视研究, 2004 (2).

74. 贺桂梅. 马年春晚与"中国梦"想象 [J]. 文艺争鸣, 2014 (6).

75. 洪慧晨. 天涯共此时——从春晚看"想象的共同体" [J]. 青年记者, 2012 (5).

76. 洪晓. 央视"春晚"的国家意识形态表征演变 (1983 - 2017) [J]. 名作欣赏, 2017 (12).

77. 侯晓银. 历届央视春晚语言类节目的社会情境分析 [J]. 大众文艺, 2016 (4).

78. 胡笳. 由春晚看中国社会转型期的国内文化冲突 [J]. 文教资料,

2010（11）.

79. 胡久龙. 春晚小品《快递小乔》语言的幽默性——基于会话合作原则的探究［J］. 海外英语，2017（9）.

80. 胡妙德. 变与不变——兼谈 2002 年春节联欢晚会［J］. 电视研究，2002（3）.

81. 胡妙德. 雄关漫道真如铁——春节联欢晚会探踪［J］. 中国广播电视学刊，1994（6）.

82. 胡智锋、张国涛. 春节联欢晚会"模式"之思［J］. 电视研究，2004（2）.

83. 胡智锋、赵帆. 电视春节晚会三论——从 CCTV2002 春节联欢晚会说起［J］. 中国电视，2002（5）.

84. 胡智锋、周建新. 话说春晚"仪式秀" ［J］. 当代电视，2006（12）.

85. 胡智锋.96 春节联欢晚会感言［J］. 电视研究，1996（3）.

86. 黄典林. 从"盲流"到"新工人阶级"——近三十年《人民日报》新闻话语对农民工群体的意识形态重构［J］. 现代传播，2013（9）.

87. 黄良奇. "春晚"图腾仪式的文化贡献及内涵剖析［J］. 中国广播电视学刊，2010（4）.

88. 黄梦阮、詹正茂. 民俗传统与国家话语——2008 年春节联欢晚会中的主题宣传研究［J］. 今传媒，2008（3）.

89. 黄一鹤. 难忘除夕夜——从 1983 年春节联欢晚会谈起［J］. 电视研究，1999（5）.

90. 黄易蓉. 春晚记忆中的歌曲传播意义研究［J］. 新闻研究导刊，2016（1）.

91. 纪莉、吴逸悠. 口音歧视与社会群体的文化规训——以 30 年春晚小品的口音研究为例［J］. 现代传播，2015（7）.

92. 贾碧筱. 仪式的认同与结构：浅析新媒体语境下央视春晚面临的挑战［J］. 东南传播，2017（6）.

93. 贾佳. 浅谈在新的媒介生态下央视春晚的危机和生机——从"草根"

上春晚说起 [J]. 电影评介, 2011 (11).

94. 蒋菁祺. 论春节联欢晚会的舆论引导体现 [J]. 才智, 2008 (19).

95. 金希章. 为了这顿年年难烧年年烧的"荧屏年夜饭"——96 春节联欢晚会札记 [J]. 新闻记者, 1996 (4).

96. 金玉萍. 解读 2009 年央视春晚——国家认同建构的视角 [J]. 新闻传播, 2009 (6).

97. 金玉萍. 媒介中的国家认同建构——以春节联欢晚会为例 [J]. 理论界, 2010 (1).

98. 金越. 2003 年春节联欢晚会总导演阐述 [J]. 电视研究, 2003 (1).

99. 金柱. 回归电视——对改革央视"春节联欢晚会"的思考 [J]. 新闻知识, 2006 (4).

100. 靳斌. 丰富多元, 欢乐和谐——2007 年春节联欢晚会评析 [J]. 电视研究, 2007 (5).

101. 柯惠新. 央视春晚满意度调查两个版本之我见 [J]. 现代传播, 2011 (3).

102. 赖黎捷、李林容. 三十年"春晚"轨迹 [J]. 传媒观察, 2012 (3).

103. 郎昆. 春晚的文化属性谁也改变不了 [J]. 名人传记, 2010 (2).

104. 郎昆. 浅谈《春节联欢晚会》的走向 [J]. 中国广播电视学刊, 1995 (5).

105. 郎昆. 我对春节联欢晚会的一些粗浅认识 [J]. 中国电视, 1994 (11).

106. 李朝阳. "春晚"的身份定位与功能前瞻 [J]. 电视研究, 2010 (5).

107. 李东霞、陈娟. 从受众的角度看央视春晚受收到的挑战 [J]. 安徽文学, 2009 (7).

108. 李嘉. "春晚"对中国文化艺术的意义和影响——以 2009 年中央电视台春节联欢晚会为例 [J]. 文化研究, 2009 (4).

109. 李颉刚. 央视春晚语言类节目遭遇困境的原因 [J]. 青年记者, 2015 (17).

110. 李菁. 媒介事件视域下央视春晚的集体记忆解读 [J]. 新闻传播,

2018（4）．

111. 李婧．一台晚会与民族想象共同体的构建——以2009年春节联欢晚会为例［J］．新闻世界，2009（7）．

112. 李俊清、吴剑锋等．电视节目中的广东人形象研究——以央视春晚小品类节目为例［J］．东南传播，2010（9）．

113. 李兰．关于电视文艺创新三题——由2009年央视春晚引起的思考．当代电视［J］．当代电视，2009（5）．

114. 李黎丹．央视春晚意识形态运行模式的变迁［J］．现代传播，2011（5）．

115. 李立、王宇路．温暖、团圆、奥运——2008年央视春节联欢晚会文化意义解读［J］．当代电视，2008（3）．

116. 李三强．春节联欢晚会：发展历程中必须面对的问题［J］．声屏世界，2004（1）．

117. 李珊．从博弈论角度看央视春节联欢晚会的困境［J］．商业文化，2011（3）．

118. 李晓科．浅议新民俗之央视春晚社会效应［J］．中国广播电视学刊，2010（12）．

119. 李昕昕．春晚小品《喜乐街》女性形象的再现研究［J］．东南传播，2016年第3）．

120. 梁秉堃．关于春晚的数据调查［J］．当代电视，2007（10）．

121. 刘畅．春晚小品的生命力探寻［J］．电影评介，2012（1）．

122. 刘汉文．新时代 新春晚 新境界》，中国广播电视学刊，2018（2）．

123. 刘继锐、慕玲．解析春晚创作的"道"与"术"——以2016春晚为例［J］．现代视听，2016（2）．

124. 刘佳、李雪、陈婷婷．观看央视春晚能提升受众的政治认同吗？——以2016年央视春节联欢晚会为例［J］．知识经济，2017（12）．

125. 刘建明、刘一超．平平淡淡也是真——浅谈春节联欢晚会［J］．电视时代，2010（2）．

126. 刘杰．当代大众音乐文化在央视春晚歌曲中的体现［J］．音乐创作，2012（10）．

127. 刘金晶. 从缺失到赞美：央视春晚农民工叙事之流变 [J]. 新闻世界，2013（7）．

128. 刘立恒. 春节联欢晚会的文化学解读 [J]. 辽宁教育行政学院学报，2009（11）．

129. 刘睿萌. 从春节联欢晚会看共享语境下的文化幸福观 [J]. 湖北广播电视大学学报，2010（11）．

130. 刘辛未. 试论央视春晚中的民族国家形象建构 [J]. 新闻研究导刊，2015（8）．

131. 刘扬体. 情绪，氛围，格调——95 春节联欢晚会观后 [J]. 电视研究，1995（3）．

132. 刘怡. 春节晚会略论——电视观众调查报告分析 [J]. 当代电影，1998（1）．

133. 路云亭. 春晚是新型的剧种——央视春晚的仪式学考察 [J]. 江南大学学报（人文社会科学版），2013（3）．

134. 罗治林. 日渐明显的失衡——论春节联欢晚会的施众和受众 [J]. 视听纵横，2005（5）．

135. 吕新雨. 解读 2002 年春节联欢晚会 [J]. 读书，2003（1）．

136. 吕逸涛. 而立之年的华丽转身——谈中央电视台"春晚"第三十年的创新 [J]. 电视研究，2012（4）．

137. 吕逸涛. "春晚"创作"再扬帆"——探析央视"春晚"的理念创新和未来发展 [J]. 电视研究，2014（5）．

138. 吕逸涛. 2016 年央视"春晚"转型之中的再升级 [J]. 电视研究，2016（5）．

139. 吕逸涛. 2013 年央视"春晚"的创新点初探 [J]. 电视研究，2013（3）．

140. 马骁. 寓教于乐的好形式——浅析 2016 央视春晚对社会主义核心价值观的践行 [J]. 戏剧之家，2016（4）．

141. 马智宏. 以"新兴产业工人"替代"农民工"探讨 [J]. 中国党政

干部论坛，2012（6）.

142. 孟繁军．美的惊喜与美的领悟——由观看2010年春晚所体会到的[J]．时代文学，2010（5）.

143. 明磊、刘文武、薛源．中央电视台春节联欢晚会武术节目的发展演变与现状[J]．体育科研，2014（1）.

144. 明哲．春节晚会越办越精，百姓口味越看越高——97春节联欢晚会座谈调查情况综述[J]．当代电视，1997（4）.

145. 牛嫱、于巍．春节联欢晚会经典记忆[J]．音乐生活，2005（3）.

146. 欧阳宏生、徐书婕．文化记忆视域下央视春晚35年的影像表达[J]．西南民族大学学报（人文社会科学版），2018（5）.

147. 庞慧敏．春节联欢晚会的认同性分析[J]．新闻窗，2009（2）.

148. 彭红碧．"农民工"称谓的变迁及释义[J]．农业现代化研究，2012（3）.

149. 彭静．"亲民"也要尊重艺术规律——虎年春晚得失谈[J]．学理论，2010（13）.

150. 彭俐．缺少朴实欢乐的09春晚[J]．传媒，2009（2）.

151. 齐甜甜．"春晚"对语言类节目的影响[J]．大众文艺，2013（2）.

152. 祁建．历届春节联欢晚会总导演眼中的春节联欢晚会[J]．文化月刊，2000（10）.

153. 祁建．细解春节联欢晚会的七处硬伤[J]．文化月刊，2000（1）.

154. 乔超．论央视春晚武术节目的传播理念[J]．当代体育科技，2014（18）.

155. 任陇婵．春晚的变迁及其存在逻辑探析[J]．南方电视学刊，2018（1）.

156. 邵静．媒介仪式：媒介事件的界定与仪式化表述——以我国的春节联欢晚会为范本[J]．浙江传媒学院学报，2009（4）.

157. 邵静．以不变应万变——试析我国春节联欢晚会的仪式化特征[J]．中国传媒大学第三届全国新闻学与传播学博士生学术研讨会论文集，2009年

158. 邵培仁、范红霞. 传播仪式与中国文化认同的重塑 [J]. 当代传播, 2010 (3).

159. 申江. 春节联欢晚会: 作为看客的悖谬 [J]. 学园, 2008 (1).

160. 沈御风. 央视春晚的过去、现在与将来 [J]. 当代电视, 2015 (4).

161. 师力斌、刘岩. "春晚" 30 年: 我们的记忆与反思 [J]. 文艺理论与批评, 2012 (2).

162. 师力斌. 从 "本山下课" 看央视春晚的认同机制 [J]. 艺术评论, 2010 (4).

163. 师力斌. 我想有个家——中央电视台春节联欢晚会家庭想象的历史转变 [J]. 北京大学研究生学志, 2008 (3).

164. 师力斌. 劳动者: 草根中崭露的社会主体——从央视春晚到打工春晚 [J]. 创作与评论, 2014 (16).

165. 史谋. 春节晚会说 "三老" [J]. 传媒, 2001 (3).

166. 史卫民. 央视春节晚会的一声叹息 [J]. 传媒, 2001 (3).

167. 舒柳. 涵化理论在央视春晚中的体现与反思 [J]. 新闻研究导刊, 2017 (3).

168. 宋晨露、姜蔓. 央视春晚文化记忆的建构与传播 [J]. 新闻研究导刊, 2017 (7).

169. 隋雯茜. 春节联欢晚会: 依托传统文化的国家意识形态议程设置 [J]. 南方论刊, 2008 (5).

170. 孙红震. 2017 年央视春晚节目的价值担当与引领 [J]. 当代电视, 2017 (4).

171. 孙丽、虞满华. 央视春晚中农民工形象的变迁与影响因素探讨——基于媒体建构的视角 [J]. 安徽理工大学学报, 2016 (1).

172. 孙萌. 传统文化与收视心理——谈 2004 年春节联欢晚会 [J]. 电视研究, 2004 (2).

173. 孙伟. "春晚" 的思考 [J]. 中国电视, 2006 (12).

174. 《台湾人看央视春晚 [J]. 商周刊, 2009 (5).

175. 汤达琦. 从春晚三十年看 "新工人" 称谓的变迁 [J]. 美与时代,

2015（11）．

176. 汤天甜．08 央视春晚——痛并快乐地成长［J］．东南传播，2008（4）．

177. 唐任伍．春晚，中国社会变迁的缩影［J］．人民论坛（双旬刊），2007（3）．

178. 唐玉籍．歌盛世，颂中华——观 2003 央视春节晚会感言［J］．当代电视，2003（3）．

179. 仝广辉．以央视四届春晚为样本——浅析意识形态修辞和具象［J］．艺术科技，2015（3）．

180. 万阅歌．央视春晚的软伤［J］．采写编，2009（2）．

181. 汪小祥．基于莱文森"三原则"的春晚小品会话含义研究［J］．常州工学院学报，2015（10）．

182. 王凡．春晚语言类节目品评［J］．新闻论坛，2017（2）．

183. 王欢．解读马年春晚的温暖"回归"［J］．青年记者，2014（6）．

184. 王寄梅、薛薇．春晚的"后仪式"时代——思考媒介仪式的大众重塑与仪式理论［J］．新闻爱好者，2009（10）．

185. 王兰柱、肖海峰．2001 年央视春节联欢晚会收视状况分析［J］．广告大观，2001（4）．

186. 王立新．春晚如何？如何春晚——一种仪式符号学读解［J］．西南民族大学学报（人文社科版），2009（12）．

187. 王鹏民．仪式化春晚：从现实到网上"共在"——以马年春晚为例［J］．新闻传播，2014（2）．

188. 王少宁、刘文武．央视"春晚"武术节目的发展历程评述［J］．搏击·武术科学，2012（7）．

189. 王歆雅．论春节联欢晚会与国家意识形态的构建［J］．新闻传播，2009（9）．

190. 王秀梅．一场充满"中国味道"的视觉盛宴——从央视 2018 年春晚说起［J］．新闻战线，2018（1）．

191. 王秀云．2007 年春节联欢晚会的新媒体传播策略［J］．电视研究，2007（9）．

192. 王玉凤. 春晚作为媒介仪式塑造国家文化形象的功能浅析——以2016年央视猴年春晚的语言类节目为例［J］. 视听，2016（4）.

193. 王玉军. 试谈央视春晚节目结构模式与意义［J］. 东方艺术，2005（20）.

194. 魏南江. 2014央视"春晚"：以平实彰显温暖 以回归实现超越［J］. 中国电视，2014（4）.

195. 文卫华、李冰. "旧瓶"装"新酒"——看"国家定制"的"冯氏春晚"有感［J］. 影视制作，2014（2）.

196. 文艺报、钟艺兵. 我看2002年春节联欢晚会［J］. 电视研究，2002（3）.

197. 无忌. 央视春晚的悖论［J］. 神州，2011（3）.

198. 吴丹. 央视春晚南北收视悬殊的成因分析［J］. 电影评介，2009（11）.

199. 吴迪. 春晚：属于中国人的集体记忆［J］. 新闻研究导刊，2014（1）.

200. 吴迪. 马年春晚官方话语与民间话语的博弈［J］. 青年记者，2014（6）.

201. 吴海清. 论央视春节晚会对春节文化的重构［J］. 河北学刊，2004（11）.

202. 习文. 仪式的建构与颠覆——关于春节联欢晚会的个案分析［J］. 中国电视，2003（4）.

203. 夏凌捷. 春节联欢晚会与国家意识形态的建构［J］. 大众文艺，2008（5）.

204. 夏瑒. 20世纪央视春晚中的流行音乐初探［J］. 电影文学，2010（3）.

205. 肖海峰. 央视春节联欢晚会近几年的收视分析［J］. 市场观察广告主，2003（4）.

206. 小品《五十块钱》：打通央视春晚的"任督二脉"，中国新闻网，2010－02－03.

207. 晓民. 落套，怀旧，疏误——96 春节联欢晚会反思 [J]. 电影评价，1996 (3).

208. 新华网. 中央电视台 2005 年春节联欢晚会改革四大亮点 [J]. 山东视听，2004 (7).

209. 邢春燕、高丽萍. 伯克"同一理论"视角下的央视春晚小品修辞分析 [J]. 山东广播电视大学学报，2017 (4).

210. 徐爱华. 春晚：传统节日的现代仪式变迁 [J]. 青海社会科学，2012 (3).

211. 徐海龙. 从"农民小品"到"公民小品"——央视春晚观众对赵本山小品的接受差异和扬弃 [J]. 新闻知识，2016 (4).

212. 徐建东、肖龙. 浅析春晚社会图式的发展与转变——基于社会认知心理学的研究视角 [J]. 东南传播，2014 (11).

213. 言君. 1983 年"春晚"往事 [J]. 传承，2009 (1).

214. 杨党芳. 从春晚主持词看中国社会变迁——以 1997 年和 2016 年为例 [J]. 济源职业技术学院学报，2017 (9).

215. 杨华娟. 论央视春节联欢晚会对当代"新民俗"文化的重构 [J]. 中国电视，2005 (2).

216. 杨珺. 世俗仪式的庆典 [J]. 中国电视，1999 年 S1 期（增刊）

217. 杨丽君. 浅析在构建和谐社会背景下央视春节联欢晚会的重要意义 [J]. 电影文学，2008 (20 期/23).

218. 杨明品. 新春晚催生新综艺 [J]. 中国广播电视学刊，2018 (2).

219. 杨萍. 解构与狂欢："后春晚"的网络舆论透析 [J]. 新闻知识，2010 (4).

220. 杨蓉. 论媒介仪式的狂欢转向——基于央视春晚与天猫双十一晚会的比较分析 [J]. 东南传播，2016 (3).

221. 杨新敏. 2002 年央视春节联欢晚会点评 [J]. 中国电视，2002 (5).

222. 杨状振. 央视春晚："新民俗"更需政策引导 [J]. 广告大观，2007 (4).

223. 尹鸿.《春节联欢晚会》话短长——中国人贺岁的一种仪式 [J].电视研究，1999（3）.

224. 尹晓莉.2004年春节联欢晚会收视及广告效果分析 [J].大市场.广告导报，2005（1）.

225. 于隽.创新之美源于"贴近"——2012年央视春节联欢晚会评析 [J].中国电视，2012（2）.

226. 余金红.对央视春晚的研究综述 [J].东南传播，2018（4）.

227. 余金红.论央视春晚的社会记忆建构 [J].声屏世界，2018（3）.

228. 余潇茜.拿什么拯救你，我亲爱的春晚——记中央电视台二十八载春节联欢晚会 [J].百姓生活，2011（1）.

229. 余艳青.新时代国家主流价值观念的影像表征——以2018年央视春晚为例 [J].中国广播电视学刊，2018（4）.

230. 袁德旺.时代风貌是春节联欢晚会艺术生命的脉搏——97春节联欢晚会总体艺术构思 [J].电视研究，1997（4）.

231. 袁伟、申佩琦."互联网＋春晚"对于语言生命力的思考 [J].中国电视，2016（9）.

232. 源清智库.2016年"春晚评论"舆情分析 [J].经济导刊，2016（4）.

233. 张步中.春节联欢晚会盲点透视 [J].中国电视，2003（5）.

234. 张步中.春节联欢晚会需要脱胎换骨 [J].现代传播，2004（3）.

235. 张步中.对2006年春节联欢晚会的传播学解读 [J].中国电视，2006（4）.

236. 张春琳.媒介仪式下的草根狂欢与话题营销——解读2011年央视春节联欢晚会 [J].湖南大众传媒职业技术学院学报，2011（5）.

237. 张海燕.浅析央视春晚媒介景观符号的构建 [J].新闻爱好者，2013（4）.

238. 张华.作为电视仪式的春节联欢晚会 [J].宁波广播电视大学学报，2008（9）.

239. 张华.农民工的春晚镜像——媒介与权力合谋下的群体性身份再生

产［J］.徐州工程学院学报（社会科学版），2016（9）.

240. 张建堂.除夕夜，一处诱人的文化景观［J］.中国广播电视学刊，1998（4）.

241. 张军.从传播学视角看春晚小品《捐助》的传媒隐喻［J］.新闻记者，2010（4）.

242. 张利英.春晚三十年 不破怎能立——谈龙年央视春晚的革新［J］.声屏世界，2012（5）.

243. 张鸣."春晚"民俗姓民，还是姓官［J］.曲艺，2009（3）.

244. 张荣恺."春晚"喜剧小品的时代特征与主流价值传达［J］.中国电视，2017（7）.

245. 张瑞.品味相声这道"主打菜"——中央台历届春节晚会相声节目透视［J］.当代电视，2002（3）.

246. 张书省.高扬时代精神——央视庚寅春晚语言类节目管窥［J］.当代电视，2010（3）.

247. 张炜、张楠.央视春晚海外传播三题［J］.当代电视，2015（6）.

248. 张潇祎.春晚中的国家意识形态与"想象的共同体"的建构［J］.新闻传播，2018（1）.

249. 张雅婷.央视春晚的传播仪式观分析［J］.新闻研究导刊，2016（10）.

250. 张颐武."放下"的魅力——2012 年央视春晚的启示［J］.艺术评论，2012（3）.

251. 张应辉.质疑、创新、经典化——春节联欢晚会反思［J］.现代传播，2005（6）.

252. 张咏华.一种独辟蹊径的大众传播效果理论——媒介系统依赖论评述［J］.新闻大学，1997 年春.

253. 张媛.符号再现与记忆建构：传播仪式观视野下的"春晚"［J］.电视研究，2016（8）.

254. 张振华."春晚"五题［J］.中国广播电视学刊，2012（3）.

255. 张子扬、徐晓斌.笑的释放与延留——对近几年"春晚"小品创作

趋向的思考 [J]. 中国电视, 2013 (5).

256. 赵博文. 央视春节联欢晚会发展历程研究 [J]. 河北软件职业技术学院学报, 2011 (6).

257. 赵晖. 春节联欢晚会公众趣味的取向与竞争购买 [J]. 福建艺术, 2003 (5).

258. 赵丽薇、袁晓雪. 流行语的运用方式及使用规范探究——以春晚语言类节目为例 [J]. 青年记者, 2010 (23).

259. 赵平喜. 春晚受众心理与传播效果：江西个案 [J]. 重庆社会科学, 2011 (1).

260. 赵爽. 过度娱乐化对公共事务带来的价值危机——以马年春晚"微博吐槽热"现象为例 [J]. 青年记者, 2014 (17).

261. 郑鹏. 春晚语言类节目的社会功能 [J]. 双语学习, 2007 (5).

262. 郑向荣、武迪. 2014 年央视"春晚"的创作特点及其思考 [J]. 中国电视, 2014 (4).

263. 郑向荣. 艺术的晚会和民俗的晚会——2004 年中央电视台春节联欢晚会读解 [J]. 新闻战线, 2004 (3).

264. 钟艺兵. 我看《96 春节联欢晚会》[J]. 电视研究, 1996 (3).

265. 仲呈祥. 盛世大联欢, 荧屏谱新篇——观中央电视台 2005 年春节联欢晚会感言 [J]. 中国电视, 2005 (3).

266. 仲呈祥. 新的民俗庆典, 美的文化大餐——细看中央电视台 2003 年春节联欢晚会 [J]. 中国电视, 2003 (2).

267. 周金华.《春节联欢晚会》的传播效果及发展趋势 [J]. 中国广播电视学刊, 1997 (12).

268. 周敏. 内容为王, 形式为圣——从 09 年央视春晚看电视节目制作的创新 [J]. 采写编, 2009 (2).

269. 周敏. 试论后春晚时代的困境与出路——以 2011 年央视春晚为例 [J]. 新闻界, 2011 (2).

270. 周敏. 新瓶装旧酒：看 09 央视春晚形式上的创新 [J]. 新闻知识, 2009 (4).

271. 周思源. 论民俗仪式的神圣性缺失问题——以"春节联欢晚会"为例 [J]. 吉林省教育学院学报, 2010 (6).

272. 周粟. 没有终结的艺术俗变 [J]. 中国电视, 2002 (5).

273. 朱彬、高宏. 2014 马年央视春晚形式创新探析 [J]. 山西广播电视大学学报, 2014 (9).

274. 朱丽丽. 民族话语、视觉奇观与消费主义——2010 春晚的表征与传播 [J]. 江苏行政学院学报, 2010 (4).

275. 朱晓兰. 浅议春节联欢晚会的文化意义及其变迁 [J]. 新闻知识, 2009 (4).

276. 朱新农. 姹紫嫣红总是春——论春节联欢晚会的时代性命题 [J]. 电视时代, 2012 (2).

277. 朱星辰. 2013 年央视春晚艺术特色 [J]. 当代电视, 2013 (3).

278. 祝志满. 文化视野下的"央视春晚" [J]. 沈阳大学学报 (社会科学版), 2017 (12).

279. 卓玲. 浅谈央视春晚对电视传媒发展的启示 [J]. 当代电视, 2010 (11).

280. 邹欣、任金州. "春晚"还缺啥——龙年"春晚"后的思考 [J]. 中国广播电视学刊, 2012 (3).

281. 邹媛媛. "春晚"三十年：中国当代现象和文化形式解读 [J]. 黔南民族师范学院学报, 2012 (4).

282. 邹媛媛. "春晚"印象——中央电视台春节联欢晚会媒介特征浅析 [J]. 新闻爱好者, 2009 (8).

283. 邹媛媛. 盛世中国 和谐社会——央视"春晚"主题内容浅论 [J]. 黔南民族师范学院学报, 2009 (4).

学位论文：

1. 曹恩惠. "春晚"的民间记忆书写——以百度百科"春晚"词条在线书写为例 [D]. 南京：南京大学, 2016.

2. 陈灿. 春节联欢晚会："在家感"的营造 [D]. 济南：山东师范大学,

2010.

3. 陈佳丽 . "春晚"的文化解读与发展思考 ［D］. 南昌：南昌大学，2010.

4. 陈寅 . 央视春晚"传播仪式观"形成动力研究 ［D］. 重庆：西南大学，2012.

5. 崔可 . 央视春晚三十年流行音乐的回顾与反思 ［D］. 哈尔滨：哈尔滨师范大学，2013.

6. 方驰环 . 神圣时间的巅峰体验——春节联欢晚会新民俗现象探析 ［D］. 南昌：南昌大学，2007.

7. 付饶 . 央视春晚中的港澳台节目研究 ［D］. 上海：上海交通大学，2014.

8. 郭艺帆 . 新世纪以来央视春晚"家国"形象建构研究 ［D］. 重庆：西南大学，2017.

9. 姜晶 . 社会变迁中的农民工形象研究——基于央视春晚小品节目的内容分析 ［D］. 西安：西北大学，2016.

10. 焦石 . 主题流变、戏剧仿拟与文化表征——央视春晚小品研究 ［D］. 兰州：西北师范大学，2015.

11. 解鹏 . 电视仪式场域中的草根话语实践——以央视春晚为例 ［D］. 南京：南京师范大学，2013.

12. 井经纬 . 央视春晚南北文化失衡现象分析 ［D］. 南京：南京师范大学，2012.

13. 李萍 . 春节晚会的意识形态幻象研究 ［D］. 湘潭：湘潭大学，2010.

14. 刘艳青 . 央视春晚中的"国""家"镜像研究 ［D］. 昆明：云南师范大学，2014.

15. 马路平 . 关于春晚建构中国人的集体记忆的研究 ［D］. 西安：陕西师范大学，2015.

16. 牛泽明 . 论春节联欢晚会对传统文化的消解与重构 ［D］. 重庆：四川外国语学院，2010.

17. 钱珊慧 . 当代中国喜剧小品审美特征研究——以央视春晚喜剧小品

为例［D］. 扬州：扬州大学，2015.

18. 钱鑫. 春晚中农民工形象的建构和文化阐释——以1983年-2011年春晚节目为例［D］. 长春：东北师范大学，2012.

19. 任思慧. 农民工政策与"春晚"的互动——以农民工形象再现为中心［D］. 西安：陕西师范大学，2015.

20. 时颖. 中央电视台春节联欢晚会对少数民族文化的传播［D］. 北京：中央民族大学，2009.

21. 史家悦. 央视春晚社会主义核心价值观呈现的传播学探析［D］. 南京：南京师范大学，2017.

22. 田斌. 央视春晚传播社会主导价值观研究［D］. 晋中：山西农业大学，2016.

23. 王丹. 央视春晚中的传统文化表达——以媒介仪式理论为视角［D］. 呼和浩特：内蒙古大学，2016.

24. 工杰. 三十年央视春晚小品类节目价值取向变迁［D］. 北京：北京工商大学，2014.

25. 魏晓须. "央视春晚"小品的道德文化传播研究［D］. 石家庄：河北大学，2015.

26. 阎敏. 传播学视野下央视春晚语言类节目定位的实证研究［D］. 重庆：西南政法大学，2010.

27. 应晓菁. 以联欢之名——场域理论下央视春节联欢晚会研究［D］. 苏州：苏州大学，2010.

28. 余愿. 春节联欢晚会农民工形象再现研究［D］. 武汉：华中科技大学，2007.

29. 郑书筠. "笑"的晚会——春晚语言类节目的有限批评作为治理技术［D］. 上海：复旦大学，2014.

30. 周智芳. 总把新桃换旧符——央视春晚的符号学研究［D］. 南京：南京师范大学，2008.

报纸文章：

1. 曹林. 不必苛求春晚承担反腐宣传［N］. 新华每日电讯，2013-02-

05 (3).

　2. 陈尧. 春晚, 科班上得草根上不得? [N]. 广州日报, 2011 – 01 – 22 (2).

　3. 成文. 央视"春晚"明年"变脸"运作模式将全面创新 [N]. 中华新闻报, 2004 – 01 – 30.

　4. 耿文婷. 鸡年春节联欢晚会：迈向民主之路 [N]. 中国文化报, 2005 – 02 – 19.

　5. 黄典林. 春晚文化面面观 [N]. 光明日报, 2015 – 02 – 23 (3).

　6. 贾亮. 反腐相声接地气才有生命力 [N]. 中国纪检监察报, 2015 – 02 – 10 (4).

　7. 冷淞、张丽平. 温世事沧桑暖中国人心——2014 年央视春晚创新性的解析 [N]. 光明日报, 2014 – 02 – 01 (1).

　8. 李自强. 盘点春晚反腐元素 [N]. 中国纪检监察报, 2016 – 01 – 29 (5).

　9. 刘阳. 春晚要体现大国风范 [N]. 人民日报, 2016 – 02 – 4 (17).

　10. 刘颖余. 春晚式微：时间的力量 [N]. 工人日报, 2014 – 01 – 13 (5).

　11. 邱晓琴. 羊年春晚关键词：乡愁、反腐、点赞、草根 [N]. 中国文化报, 2015 – 02 – 26 (6).

　12. 苏丽萍. 春晚, 在创新中前行 [N]. 光明日报, 2013 – 02 – 14 (2).

　13. 王磊. 央视春晚还是"娱乐权威"吗? [N]. 文汇报, 2011 – 02 – 15.

　14. 王南. 冯氏春晚是资本欢场艺术墓地 [N]. 中国经济时报, 2014 – 02 – 10 (8).

　15. 王晓刚. 春晚：永恒的精神年夜饭 [N]. 光明日报, 2016 – 02 – 20 (9).

　16. 王彦. 春晚, 是家与国的温暖链接 [N]. 文汇报, 2018 – 02 – 17 (2).

　17. 王瑜. 春晚：一种年味和仪式 [N]. 工人日报, 2018 – 02 – 12 (6).

　18. 魏英杰. 春晚相声"说"反腐是艺术的回归 [N]. 中国联合商报, 2015 – 02 – 16 (C02).

　19. 吴文科. 透过春晚看相声 [N]. 中国艺术报, 2014 – 02 – 10 (3).

　20. 向云驹. 凝聚精气神 拥抱新时代——2018 年央视春晚观感 [N]. 经济日报, 2018 – 02 – 16 (3).

　21. 肖复兴."马年春晚"语言类节目之我见 [N]. 文艺报, 2014 – 02 – 10 (4).

22. 许晓青. "30多岁"的春晚："变革"已开始，且无回头路［N］. 新华每日电讯，2014－02－01（4）.

23. 易艳刚. 春晚应回归"春节联欢晚会"的初衷［N］. 新华每日电讯，2014－01－28（3）.

24. 张冠宇. 央视春晚三十年歌曲的风行与流变［N］. 文艺报，2012－02－06（4）.

25. 张建伟. 冯氏春晚的风光碉楼［N］. 检察日报，2014－02－07（5）.

26. 张颐武. 春晚，寻求"开门"与"创新"［N］. 人民日报，2014－02－03（4）.

27. 张英楠. 春晚小品32年演变［N］. 中国文化报，2014－02－11（6）.

28. 赵凤兰. 春晚一小步改革一大步［N］. 经济日报，2014－01－26（6）.

29. 郑娜. 2014春晚：改变从10％开始［N］. 人民日报海外版，2014－02－12（5）.

30. 周思明. 2018央视春晚：艺术地呈现"世界之中国"的新意［N］. 中国艺术报，2018－02－23（5）.

31. 周思明. 二〇一六央视春晚：在继承与创新中绽放精彩［N］. 中国艺术报，2016－2－15（6）.

32. 周思明. 央视马年春晚："年夜饭"烹出新滋味［N］. 中国艺术报，2014－02－07（4）.

33. 周思明. 2017央视春晚：金鸡高唱报春来［N］. 中国艺术报，2017－02－06（4）.

34. 周思明. 春晚"语言类"讽刺尺度如何？［N］. 文学报，2015－03－12（21）.

35. 专题. 提升舆论引导能力 推动语言类节目健康有序发展——2017年央视春晚语言类节目专题研讨会发言摘登［N］. 中国艺术报，2017－03－8（6）.

36. 左芳、魏延超. 春晚的"初心"［N］. 文艺报，2018－02－23（5）.

后 记

本书是在我博士论文基础上重新思考并增补数据而成。对央视春晚的探索与情怀伴随我已多年，如今终于得偿所愿集结成书，一时间竟不知从何处下笔是以为记。纵使时光飞逝，但这几年的心路历程历历在目，既有当年考博时的纠结与艰辛，又有求学三年中双城奔波的匆忙，更有这几年在家庭和工作之余不断调整，寻求平衡并探寻人生目标的思索。

2007 年秋天，我意外与中国传媒大学调查统计研究所（SSI）结缘，有幸先后认识了研究所的沈浩老师、柯惠新老师和丁迈老师诸位，让我对传播学的方法论和实践操作有了全新的认识。经过两年的努力，2009 年我终于有幸拜入柯惠新教授门下，使我的人生轨迹自此改变，不仅是学历的深造和学术的精进，更是思维方式和人生观的转变。三年中柯老师的悉心指导和点化，使我从一个调查统计学科的门外汉到慢慢地喜欢上了这个神奇的专业，更塑造了我严谨的研究精神和治学态度，使我懂得了在学术道路上的执着和坚持，且能够以更为理性视角思考和探求问题。更重要的是，柯老师的言传身教让我深刻认识到一个优秀教师之于学生的意义——也许穷尽一生仍无法望其项背，但我毕生心向往之，努力把一名教师对学生的温暖传递下去。此外，SSI 大家庭中团结有爱、积极向上的氛围，各位老师和同门多年以来给予我的亦师亦友的关爱，也为我人生的各个阶段提供了无限力量。

作为一个看着央视春节联欢晚会长大的 80 后，对于春晚的感情就像是除夕夜一道不可或缺的保留菜，一场一个也不能少的团聚。2012 年恰逢央视春晚三十而立，对经典的致敬和对现状的反思不绝于耳，这也促使我试图从本专业领域思考：央视春晚到底传播了什么，其受众、传播目的和传播效果又如何，一台晚会中蕴含了怎样的符号与意义、它们的意义何在，在三十年中，社会发展、媒介环境改变、民众思想变迁与春晚的形式、内容和思想产生了哪些互动；而另一方面，以往对央视春晚的探讨缺乏实证研究，无法理清春晚的全面图景以便客观反映其三十年发展的宏观和微观，使人们对春晚的认知浅尝辄止，批判隔靴搔痒，故而便萌生了撰写此论文的想法，构想依托扎实的实证研究为基础，探讨央视春晚的意识形态表征及其与社会、媒体变迁间的依存。2011 年秋天完成文献资料收集、综述和绪论的写作后，我便着手搜集历年晚会影像资料，这成为论文进展中的第一个难题——春晚开播之初的资料没有完整检索渠道，近几年官方发行的光碟也和当年现场直播的节目存在出入。本着研究的科学严谨性，我利用各种渠道找到当年的节目单并逐一寻找"凑齐"三十年中晚会节目的影像，过程颇为曲折；其次，一年看一次春晚是欢乐，一天看三四年的春晚便需要极大的耐性，逐一对上千个节目进行编码要求高度的客观、认真和谨慎。清楚记得我从 2012 年正月初六开始闭门不出，历时 3 个月在前期大量数据积累的基础上开始进行编码、数据分析和论文主体的写作，难忘论文完成后才发现窗外已寒暑相易，骄阳恣意妖娆的情景。这段虽艰辛但苦乐相伴的日子是我学术经历乃至人生的一次涅槃。2018 年春，机缘巧合得到光明日报出版社和天津市高等学校创新团队培养计划资助，我将博士论文中的研究数据更新并融入这几年的沉淀思考，进一步整合完成了书稿的撰写，著作未来可期也算对当年的求索与坚持有个交代。

回首来时路，从 2011 年 10 月开始动笔直至 2012 年 6 月答辩，论文的撰写得到了导师柯惠新教授耐心指正，研究所沈浩教授、王锡苓教授、丁迈教授和中国传媒大学的刘燕南教授、宫承波教授、刘京林教授、龙耘教授、凌昊莹教授以及中国社科院新闻研究所的宋小卫研究员的指点，并得到了同级博士同学刘绩宏、黄可以及常仕本、詹骞等诸位同门兄弟姐妹的大力相助，大家的热心赐教使我的研究方向和路径逐步变得清晰。

同时一路走来，不可忘怀的是天津师范大学新闻传播学院对我的栽培和影响。成长于斯，十几年的岁月中新闻学院于我是家一样的存在，与其说是老师、同事不如说是家人。感谢这些年新闻学院所有师长对我的教导，感谢学院历任领导对我的关照，更要感谢我亲如兄弟姐妹的同事们让我在身心愉悦的环境中从事自己喜欢的教学和科研工作。

此外还要感谢我的家人们在我读博、创作论文和撰写书稿期间对我的支持，特别是我可爱的儿子，你天真的笃信是妈妈最大的动力。

最后想说的是，此书由兴趣而生以学术探索为纲，但本人对一台晚会中所凝结的意义领悟有限，对其中蕴含的各学科领域掌握的知识仍有不足，且阅历尚浅，故难免文中顾此失彼，或浅陋疏忽或轻狂妄议，各中不足之处还请学界和业界各位前辈同仁海涵并赐教。

王娟
2018 年秋